*Historische Gärten
der Schweiz*

Hans-Rudolf Heyer

Historische Gärten der Schweiz

Die Entwicklung vom Mittelalter bis zur Gegenwart

Benteli Verlag Bern

Mit einem Beitrag von Albert Hauser
über die Bauerngärten

© 1980 Gesellschaft für Schweizerische Kunstgeschichte
und Benteli Verlag, Bern
Gestaltung: Benteliteam
Fotolithos: Schwitter AG, Basel
Satz und Druck: Benteli AG, 3018 Bern
Printed in Switzerland
ISBN 3-7165-0341-X

Umschlagbild: Bern · Schloss Gümligen. Ölgemälde.
Idealbild des Schlosses und der Gartenanlage. 18. Jahrhundert.
Bild auf Seite 6:
Bern · Hofgut Gümligen, erbaut um 1740 für Beat von Fischer.
Blick auf das Gartenparterre mit kunstvollen Obelisken und Figuren.

Inhalt

7 *Zum Geleit*

8 *Vorwort des Autors*

10 *Ursprünge der Gartenkunst*
Ägypten · Westasien · Griechenland · Rom ·
Byzanz · Islam · Die Schweiz zur Römerzeit

20 *Klostergärten*
St. Galler Klosterplan · Mittelalter · Kreuzgänge ·
Baumgärten · Kräutergärten · Renaissance · Barock

34 *Bauerngärten* (von Albert Hauser)
Frühzeit · Mittelalter · Renaissance · Hausväterliteratur · Barock · Die Patriotischen Ökonomen

44 *Burg- und Stadtgärten des Mittelalters*
Literarische und bildliche Darstellungen · Burggärten · Stadtgärten · Der zerlegte Baum

60 *Renaissancegärten*
Italien als Vorbild · Conrad Gesner · Renward
Cysat · Felix Platter · Frankreich als Vorbild ·
Landsitze · Renaissancepaläste · Schlösser

72 *Barockgärten*
Der französische Garten · Das Parterre ·
Solothurn · Bern · Basel · Zürich · Luzern ·
Graubünden · Tessin · Romandie · Genf und
Waadt · Neuenburg · C. C. L. Hirschfeld

120 *Öffentliche Promenaden im 18. Jahrhundert*
Die Allee · Genf · Lausanne · Neuenburg ·
Freiburg · Bern · Basel · Zofingen · Luzern · Zürich

128 *Der Landschaftsgarten*
England als Vorbild · Albrecht v. Haller · Jean-Jacques Rousseau · Salomon Gessner · Eremitage
in Arlesheim · Eremitagen Ernthalde und Bilstein

148 *Der englische Park*
C. C. L. Hirschfeld · F. L. von Sckell · Basel ·
Bodensee · Zürich · Winterthur · Aarau · Tessin ·
Genf · Lausanne · Neuenburg

172 *Öffentliche Promenaden und Parks im 19. Jahrhundert*
Ehemalige Befestigungsgürtel · Schaffhausen ·
Zürich · Winterthur · Basel · Bern · Freiburg ·
Genf · Neuenburg · Solothurn · Aarau · Zofingen ·
Zurzach · Glarus · Boulevards

186 *Botanische Gärten*
Universität Basel · Genf · Bern · Zürich ·
Solothurn · Gletschergarten Luzern · Alpengärten

192 *Quai- und Kuranlagen*
Zürich · Luzern · Genf · Neuenburg · Lugano ·
Bäder und Kurorte · Baden · Bad Ragaz ·
Kleinere Bäder · Solbäder · Rheinfelden · Luftkurorte · Interlaken · Davos · Parkhotels

210 *Gartenkunst der zweiten Hälfte des 19. Jahrhunderts*
Stilpluralismus · Schloss Schadau · Schloss
Hünegg · Schloss Oberhofen · Schlossgut Meggenhorn · Winterthur · Brissago-Insel

222 *Tiergräben · Tiergärten · Zoologische Gärten*
Tiergräben · Bärengraben in Bern · Tierpark Lange
Erlen in Basel · Tierpark Dählhölzli in Bern ·
Zoologischer Garten in Basel

230 *Denkmalgärten und Friedhöfe*
Denkmäler · Denkmalgärten · Friedhöfe · Kirchhöfe · Parkfriedhöfe · Waldfriedhöfe · Zentralfriedhöfe · Friedhofgärten

244 *Gartenkunst des 20. Jahrhunderts*
Der Architekturgarten · Villengärten in Winterthur ·
Der Wohngarten · Le Corbusier · Hofgärten ·
Gartenstädte · Der Schreber- oder Familiengarten ·
Hausgärten · Öffentliche Grünanlagen · «G 59» in
Zürich · «Grün 80» in Brüglingen bei Basel

268 *Literaturverzeichnis*

270 *Bildnachweis*

271 *Namen- und Ortsregister*

Zum Geleit

Seit uns die fortschreitende Umweltzerstörung in hohem Masse bewusst geworden ist, erwachte in uns auch wieder der Sinn für die Erhaltung und Gestaltung der Natur, und wir entdeckten den Garten als Naturdenkmal und Kunstwerk. Diese Wiederentdeckung erzeugte eine Flut von Publikationen, die den Garten vorwiegend unter populären Aspekten darstellen.

Die Gesellschaft für Schweizerische Kunstgeschichte, die dieses Werk aus Anlass ihres hundertjährigen Bestehens erscheinen lässt, verfolgt damit einen andern Zweck: Sie möchte nicht einfach ein weiteres Gartenbuch vorlegen, sondern, entsprechend der von ihr ganz allgemein übernommenen Aufgabe der Erforschung und Beschreibung der Baudenkmäler, nun erstmals unsere Gärten als architektonische Kunstwerke vorstellen. Dabei handelt es sich keinesfalls um ein umfassendes Inventar. Das Buch soll aber zeigen, wie reich und wie vielgestaltig das schweizerische Erbe der Gartenkunst ist. Wir stehen mit ihm erst am Beginn eines eher vernachlässigten Themas der schweizerischen Kunstgeschichte.

Möge diese Publikation verschlossene Tore öffnen und unseren Gärten auch wissenschaftlich jene Stellung einräumen, die ihnen angesichts ihrer Bedeutung als Kulturgut zukommt. Möge sie aber auch Behörden, Fachleuten und Gartenliebhabern Anregung bieten und die Freude am Pflegen und Gestalten fördern.

Lucie Burckhardt
Präsidentin der Gesellschaft
für Schweizerische Kunstgeschichte

Vorwort

Die Erforschung der historischen Gärten als Kunstgattung steckt trotz der zahlreichen populären Publikationen noch in den Anfängen. Selbst in jenen Ländern, in denen die Gartenkunst sehr bedeutend ist, sind nur die spektakulärsten Gärten bekannt, jedoch nicht nach den heutigen Kriterien durch neue Studien erforscht. Für die Schweiz finden wir einige kleinere Publikationen in Form von Aufsätzen über die Barockgärten von Solothurn, Graubünden und Basel. Einzig die Bauerngärten der Schweiz sind schon sehr früh von Hermann Christ entdeckt und vor kurzem von Albert Hauser in einer grösseren Publikation vorgestellt worden. Die übrigen Gartentypen und Epochen blieben unbeachtet und finden sich höchstens vereinzelt im Zusammenhang mit anderen Publikationen. Plänen und Ansichten von Barockgärten oder englischen Gärten begegnen wir in Verbindung mit der Architektur in den Publikationen «Das Bürgerhaus in der Schweiz» und «Die Kunstdenkmäler der Schweiz». Noch liegen in den Landsitzen und Villen, in den Museen und Archiven zahlreiche Gartenpläne und -ansichten, die ihrer Entdeckung harren.

Die Schwierigkeiten der Auswertung dieser Quellen liegt darin, dass ihre Aussage nicht unbedingt verbindlich ist. Pläne und Ansichten entsprachen oft nur einem Wunschdenken, das nie oder nur teilweise realisiert werden konnte. Dies gilt namentlich für das Barockzeitalter, das Idealpläne und -ansichten der Wirklichkeit vorzog. Selbst die Zeichner und Maler jener Zeit konnten sich der Idealisierung beim Festhalten der Gärten nicht entziehen.

Mein Einstieg in diese Kunstgattung erfolgte im Zusammenhang mit der Erforschung der Eremitage in Arlesheim für die Kunstdenkmäler des Kantons Basel-Landschaft. Angeregt durch diese Studien über den grössten Landschaftsgarten der Schweiz, stellte ich mich dem ICOMOS der Schweiz als Delegierter für dieses Fachgebiet zur Verfügung, nahm an internationalen Kolloquien über historische Gärten teil und wurde zu Vorträgen in die USA eingeladen. In der vom ICOMOS der Schweiz eingesetzten Arbeitsgruppe zur Erarbeitung eines Inventars der historischen Gärten der Schweiz wurde mir bewusst, dass sowohl die Grundlagenforschung als auch der Gesamtüberblick in chronologischer und typologischer Hinsicht hiefür noch fehlen.

Eine willkommene Gelegenheit zu einem ersten Überblick bot mir Prof. Dr. Albert Hauser, der mich zu Gastvorlesungen und zu einem Lehrauftrag an die ETH in Zürich einlud. Diese Vorlesungen bildeten den Ausgangspunkt zu vorliegender Publikation, die in erster Linie die Grundzüge der Entwicklung der Gartenkunst in der Schweiz darstellen will.

Täglich verschwinden Teile oder ganze Anlagen von historischen Gärten, ohne dass sich jemand für deren Erhaltung einsetzt. Dies betrifft namentlich den englischen Garten, dessen Verbreitung in der Schweiz erstaunlich gross war, und der noch heute den Löwenanteil der erhaltenen historischen Gärten ausmacht. Oft fehlen jedoch Massnahmen zur Pflege dieser stark überalterten Parks. Und wer ist sich heute beim Spazieren durch einen Park oder durch eine Allee überhaupt noch bewusst, dass er durch einen historischen Garten wandert? Mein Ziel war es deshalb, auch das Bewusstsein für unbekanntere Gartentypen zu fördern, damit diese und andere erhaltene Gärten erforscht und von den zuständigen Fachleuten mehr beachtet und besser geschützt werden.

Als Erstling in diesem Fachgebiet in der Schweiz beschränkt sich diese Publikation auf die wichtigsten Akzente, wobei die formalen Aspekte zur Förderung des Erkennens bewusst in den Vordergrund gestellt wurden. Aus diesem Grunde erweitert sich die chronologische Darstellung für das 18., 19. und 20. Jahrhundert durch eine typologische Gliederung, wobei ausserdem beachtet wurde, dass Beispiele aus der ganzen Schweiz Platz fanden.

Zwar bietet die Schweiz selbst in den Bergkantonen im Bereiche der Gartenkunst erstaunlich viel und weit mehr, als diese Publikation erfassen kann, doch finden wir im Vergleich mit anderen Ländern wenig Spektakuläres. Die Grösse liegt deshalb wie so oft in der Schweiz im Kleinen, das heisst im Detail und in der Vielfalt.

Der hier vorgestellte Ziergarten war offensichtlich immer ein Stiefkind in der Schweiz und lässt sich keineswegs mit ausländischen Massstäben messen. Trotzdem bietet das hier ausgewählte Material genügend Stoff und Anregungen für weitere Studien hinsichtlich der Geistesgeschichte, der Botanik und der Gartenarchitektur. Für mich als Kunsthistoriker war es besonders schmerzvoll, auf eine Untersuchung der Entwicklung der Architektur in bezug auf den Garten verzichten zu müssen, denn mit dem Garten oder seinetwegen haben sich auch die Grundrisse und Gartenfassaden der dazugehörigen Gebäude gewandelt. Die allmähliche Öffnung des Hauses zum Garten hin, seine Verbindung im 18. und seine Rückbildung im 19. Jahrhundert sind höchst interessant, doch nicht Gegenstand dieser Arbeit. Angesichts der Materialfülle war es auch nicht möglich, die bereits von Albert Hauser teilweise erforschte zeitgenössische Literatur und Gartenliteratur einzubeziehen. Auch zwang uns die Straffung zu Einschränkungen hinsichtlich der mit der Gartenkunst verwandten Aspekte, so dass die eigentliche Gartenarchitektur im Vordergrund der Betrachtung steht. Schliesslich ist sie es, die den Garten zum Kunstwerk emporhebt, auch wenn sie in einem guten Garten später nicht mehr erkennbar ist, weil die Natur die Architektur übertrumpft. Die Grenzen zwischen Kunst und Natur verwischen sich, doch das zugrunde gelegte Konzept, die Idee oder der Plan bleiben erhalten.

Die Präsidentin der Gesellschaft für Schweizerische Kunstgeschichte, Lucie Burckhardt, und der Delegierte des Vorstandes Dr. Hans Maurer haben zusammen mit dem Vorstand die Bedeutung dieser Publikation als Ergänzung zu den Kunstdenkmälerbänden erkannt und dafür gesorgt, dass sie als Jubiläumsgabe zum hundertjährigen Bestehen dieser Gesellschaft und zugleich zur Eröffnung der 2. Schweizerischen Gartenbauausstellung «Grün 80» erscheinen konnte. Der Regierungsrat des Kantons Basel-Landschaft, in dessen Hoheitsgebiet die «Grün 80» stattfindet, erteilte mir verdankenswerterweise die Erlaubnis zu dieser Arbeit. Ted Scapa vom Benteli Verlag in Bern gab als erster bereits 1976 die Anregung zu dieser Publikation. Hans Maurer half mir bei der Redaktion des Textes. Felix Gysin von der Mikrofilmstelle in Liestal sorgte für weitere Aufnahmen und für die Reproduktionen. Alice Weisskopf und Ruth Hartmann schrieben das Manuskript ins reine, und Jochem Rothe übernahm die graphische Gestaltung. Meinen Mitarbeitern Dr. P.P. Epple und C. Nadler verdanke ich zahlreiche Anregungen und meinem Schwager Kurt Lüthy manche wertvolle Hinweise. Mein Dank gilt besonders den Museen und Archiven, den Autoren der Kunstdenkmäler und den Denkmalpflegern für die Bereitstellung von Fotos und für Auskünfte. Aber auch den Besitzern der Gärten, die mir ihre Gartentore öffneten und den Zutritt in ihre Gärten erlaubten, danke ich herzlich.

Den innigsten Dank schulde ich jedoch vor allem meiner Frau Letizia, die mich auf zahlreichen Reisen durch Gärten im In- und Ausland begleitete, bei der Erarbeitung des Manuskripts und bei der Redaktion mithalf und das Register erstellte.

Hans-Rudolf Heyer

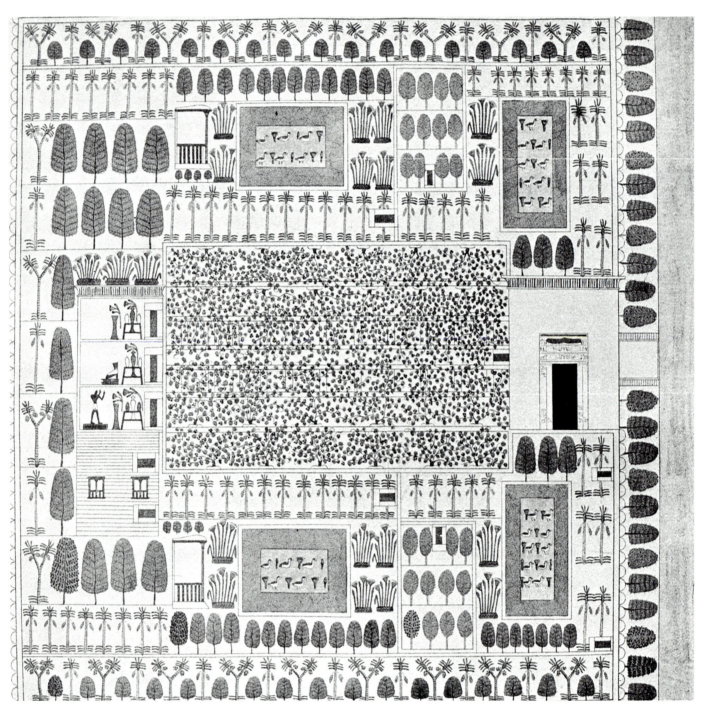

Ursprünge der Gartenkunst

Innerhalb des Kultivierungsprozesses unserer Erde zählt die Gartenkunst zu den bedeutendsten Leistungen. Bereits in der Antike zeichnen sich auf diesem Gebiet zwei nebeneinander verlaufende, jedoch einander völlig entgegengesetzte Strömungen ab. Auf der einen Seite entwickelte sich die Parklandschaft und auf der anderen die Gartenlandschaft. Beide entsprangen als gegensätzliche, raumbildende und landschaftsgestaltende Prinzipien den beiden grundlegenden kultivierenden Tätigkeiten des Menschen: der Weidwirtschaft und dem Ackerbau. Während die Weidwirtschaft erst sehr spät zur Parklandschaft, so wie sie beispielsweise England kennt, führte, entstand aus dem Acker-, Garten- und Weinbau schon sehr früh die Gartenlandschaft und schliesslich der formale Garten als Ursprung der Gartenkunst.

Die Anfänge der Gartenkunst fallen mit der Sesshaftigkeit des Menschen zusammen. Neben oder bei den ersten Behausungen lag als Gegensatz zum freien Feld der umhegte Garten. Er dürfte deshalb auch älter sein als der ungeschützte, bewirtschaftete Feldacker. Erst sehr spät löste sich der Garten von der Behausung ab. Seine Struktur oder Aufteilung richtete sich in der Regel nach der Beschaffenheit des Bodens, der Wüste oder des Urwalds, dem er abgerungen worden war. Die Pflege der Pflanzen verlangte jedoch von Anfang an regelmässige Beete.

Die ältesten bekannten Spuren von eigentlichen Gartenanlagen finden sich in *Ägypten*, wo das der Wüste abgewonnene und jedes Jahr überschwemmte Niltal allerdings keine Baumbestände oder Dauerpflanzen zuliess. Die künstliche Bewässerung sorgte jedoch für das Gedeihen der Pflanzen. Wälder für die Jagd und Bäume fanden sich nur am Talrand oder auf den Hügeln. Ausser den Feigenbäumen und Palmen kannte man in Ägypten um 1500 v. Chr. etwa zwanzig Baumarten.

Ägyptens Gartenkultur war bereits hoch entwickelt. Die Weinstöcke wurden in bogenförmigen Lauben oder Pergolen gezogen. Ein Kanal mit Wasserbecken umzog die quadratischen Gemüsebeete. Auch Kübelgewächse waren bekannt. Die Landhäuser der herrschenden Schicht verfügten über Gärten mit Baumalleen, Blumenbeeten, Weingärten mit Lauben, offenen Gartenhäuschen und Wasserbecken mit Rasenbändern. Die keinesfalls dominierenden Gebäude waren von Gartenbezirken mit klaren Abgrenzungen und strenger symmetrischer Aufteilung umgeben. Die Stadthäuser sowie die Gärten der Pharaonen waren ausserdem mit grösseren Teichen, Säulenhallen, Kiosken und künstlichen Rampen ausgestattet. Gartendarstellungen in Pharaonengräbern belegen die Tatsache, dass die Gartengestaltung die Architektur übertrumpfte. Die den Ägyptern heiligen Gärten finden sich auch bei den auf Anhöhen errichteten Tempeln, wo die Gärten vom Fluss her bis zum Tempel hinauf in Terrassen angelegt waren. Auch Totenfeiern in Gärten oder Totengärten bei Gräbern machen deutlich, wie beliebt die Gärten waren. Zahlreiche Tempelgärten und heilige Haine wurden deshalb auch von den Pharaonen gestiftet. Darstellungen mit Blumen in Form von Kränzen bei Festen und Gedichte über Blumen, mit erotischen Motiven bereichert, ergänzen das Bild einer reichen Gartenkultur, die bereits die Hauptmerkmale der Gartenkunst aufweist.

Einen wesentlichen Beitrag zur Entwicklung der Gartenkunst lieferten auch die Völker Westasiens. So gelten beispielsweise die *Babylonier* als Schöpfer des Parks. Waldschlösser und der Wächter eines Zedernwaldes werden bereits im Gilgamesch-Epos erwähnt. Wohl nach hethitischen Vorbildern legten die *assyrischen Könige* grosse Parks mit fremdländischen Bäumen und Tieren an. Sie bestanden aus regelmässigen Baumreihen, künstlichen Aussichtshügeln (ähnlich den Schneckenbergen der Renaissance), Wasserleitungen, Kanälen, Teichen mit Fischen, Rohrpflanzungen und Gondeln. Babylonier und Assyrer erfanden schliesslich auch die sogenannten «hängenden Gärten», die sehr verbreitet waren und anscheinend in jenem der Königin Semiramis aus dem 9. Jahrhundert gipfelten. Diodor schildert sie als einen viereckigen Berg mit allseitigen Terrassen, entfernt ver-

Ägypten · Gemälde aus einem thebanischen Grab eines Heerführers von Amenophis III. Ansicht eines Landhauses aus der Vogelschau mit grossem Garten und sehr kleinem Landhaus.

gleichbar mit der Isola Bella im Lago Maggiore, während Strabo sie eher als Terrassen an Berghängen sieht. Verbunden mit der Entstehung der Parks ist die Baumzucht und der verbreitete Baumkult. Doch die Parks dienten ausser der Jagd auch für Feste, Audienzen und Versammlungen und sogar für die Musterung des Heeres. Die Bedeutung dieser Parks geht auch daraus hervor, dass man den Feind mit dem Abholzen von Bäumen bestrafte.

Der später als Paradies bezeichnete *persische Garten* war ursprünglich ein grosser Park mit einem kleinen Palast als Residenz für den Herrscher. Xenophon bringt die Bezeichnung «Paradies» auf, worauf sie in hellenistischer Zeit in die Bibel übernommen wurde, obschon sie in Persien nicht bekannt war. Die persischen Grabhaine dürften demnach auch für die israelischen vorbildlich gewesen sein. Der *Garten Eden* der Juden, die Genesis und schliesslich der Privatgarten des Joseph von Arimathia in Gethsemane, wo Jesus begraben wurde, machen dies deutlich. In *Indien* schliesslich ist der Baum der Erleuchtung durch Buddha, den die Königin Maya unter einem Baume gebar, heilig geworden. Künstliche Nachbildungen des heiligen Baumes von Buddha bilden den Ausgangspunkt für die Lustparks der indischen Grossen, die Stadtparks und Vergnügungsorte, wo sich auch die indischen Anachoreten aufhielten. Sie alle sind ihrer Zeit weit voraus und fanden teilweise erst viel später im Abendland ihre Renaissance, wobei Byzanz die Rolle des Vermittlers übernahm. Einzig die völlig anders gearteten Landschaftsgärten *Chinas* und *Japans* sollten erst in der Neuzeit den abendländischen Garten beeinflussen und gehören deshalb nicht zu seinen Ursprüngen.

In *Griechenland* kannte vorerst nur die kretisch-mykenische Kultur mit ihren ausgedehnten Palästen auf Kreta grössere Gartenanlagen. Die griechische Polis dagegen verhinderte durch die demokratische Staatsform eine eigentliche Gartenkunst. Die von Homer geschilderten Landgüter von Laertes oder Alkinoos sind nichts anderes als idealisierte Nutzgärten. Dagegen bestanden heilige Haine als Kultstätten mit Altar, Bäumen und Quellen, sogenannte Nymphäen. Die anfangs noch seltenen Blumen finden sich vor allem in den Adonisgärtchen, die als Topfpflanzengärten zu betrachten sind. Das stark zer-

Assyrien · Chorsabad. Tempel und künstlicher Hügel, der mit Bäumen zu einem Park umgewandelt worden ist. Auf der Anhöhe ein kleines Denkmal; vor dem Tempel ein Wasserlauf.

stückelte und parzellierte Land verhinderte grosse Gartenanlagen. Ausserdem trieb der Peloponnesische Krieg die Herren auf dem Lande in die Stadt, wo die Polis und ihre Staatsform die Entwicklung privater Gärten hemmte. Im Gegensatz dazu stossen wir in Westgriechenland und vor allem in dem von Tyrannen beherrschten Sizilien auf grössere Garten- und Parkanlagen.

In Griechenland selbst verwandelten sich die heiligen Haine zu Tempelgärten. Es entstanden Fruchthaine und Heroenheiligtümer. Heilige Haine dienten auch als schattiger Schauplatz für Spiele und Wettkämpfe bei den Heiligtümern, wie beispielsweise der heilige Hain des Poseidon auf dem Isthmus von Korinth. In den Städten entstanden grössere Gartenanlagen erst in Verbindung mit den Gymnasien, wo sie als Spielplätze oder Spazierwege der Philosophen dienten. Säulenhallen mit Bosketten und Platanen, Ruhesitze mit Akanthus, Bassins und Terrassenanlagen wie in Delphi oder Pergamon zeichnen diese Gymnasien aus. Auf diese Weise entwickelte sich in Griechenland eine bisher unbekannte Gartengattung – die öffentliche Anlage zur Erholung, für den Dialog und Sport, also eine Art öffentlicher Lustgarten, der als typische Erscheinung des demokratischen Staatssystems zu betrachten ist.

Wegen der Umtriebe und Unruhen in diesen öffentlichen Gartenanlagen wurden diese später von den Philosophen gemieden. Sie legten sich deshalb eigene Gärten an. Nicht ganz zu Recht nennt Plinius den bekannten Epikur als Erfinder der Stadtgärten, denn diese gehörten damals zum Statussymbol jedes Schuloberhauptes. Dennoch sind es nicht die griechischen Stadtgärten, sondern die Gymnasien mit ihren Heiligtümern, Gräbern, Promenaden mit Sitzplätzen und Statuen, Spielplätzen und Alleen, die für die Gartenkunst Griechenlands repräsentativ sind und in der Folge als Vorbilder dienten.

Durch Alexander den Grossen, der die «Paradiese» der Perser kennengelernt hatte, erhielt die griechische Gartenkunst einen neuen Impuls, der dazu führte, dass auch Parks angelegt oder Haine in solche verwandelt wurden. In *hellenistischer Zeit* entstanden die berühmten Gärten von Alexandrien, die Gartenstrasse von Antiochien, Gräber mit Gartenanlagen und vor allem die zukunftweisenden Peristylgärten. Ihre Innenhöfe waren ursprünglich gepflästert und wurden erst später bepflanzt. Bei grösseren Häusern entstanden daraus Hofgärten mit Grotten in künstlichen Felsen, aber auch Blumenrabatten in Bleikisten oder Kübelpflanzen waren wesentliche Merkmale dieser Gärten. In der Literatur zeugen vorwegs die Liebesromane von dieser Gartenkunst, doch erschienen auch theoretische Schriften wie die Geoponika, die bereits den Garten beim Haus mit einem Brunnen in der Mitte verlangen.

Jedenfalls sorgte Griechenland vor allem in der hellenistischen Zeit dafür, dass die Gartenkunst des Orients, Ägyptens und Persiens weiterlebte und deren Elemente später von den Römern übernommen werden konnten.

Das Leben der vornehmen *Römer* war weitgehend durch die Res rustica, die Landwirtschaft, bestimmt, da sie nur vorübergehend in der Stadt wohnten. Dies bildete die beste Voraussetzung für eine Übernahme des hellenistischen Villengartens. Das römische Bauerngut wurde

ursprünglich «Hortus», also Garten, und erst später «Villa» genannt. Zur Zeit der Republik erfolgte die Trennung in zwei Typen, die Villa rustica als Meierhof und die Villa urbana als Herrensitz. Letzterer entwickelte sich zusammen mit der stadtnahen Villa suburbana zu einer Luxusvilla auf dem Lande.

Die Villa urbana besass keine Nutzgärten, sondern nur Zier- und Parkanlagen. Nach griechischen Vorbildern umfassten diese Statuen, Grotten, Nymphäen und Säulenhallen. Nachdem sie in republikanischer Zeit wegen ihres Luxus heftig kritisiert worden waren, nahmen sie vor allem im Rom der Kaiserzeit zu. Öffentliche Gärten, Tempelgärten, Grabgärten und Villengärten liessen Rom zu einer wahren Gartenstadt werden. Man sprach von einem Collis hortorum, einem Gartenhügel. Diese Entwicklung gipfelte in Neros Goldenem Haus mit seinen Gärten, Weinbergen, Viehtriften und Jagdgründen mitten in der Stadt. Während sich so die Stadt zu einem Garten entwickelte, wuchsen anderseits die Landgüter ausserhalb Roms zu kleineren Städten an. Obschon der Villen- und Gartenbau von hellenistischen Vorbildern geprägt war, übernahm man auch die ägyptische Gartenmode mit heiligen Bäumen, Gartenmalereien und Gartenzimmern. Gleichzeitig erfand man das Verschneiden von immergrünen Pflanzen wie Buchs und Zypressen. Trotz allen Bemühungen entstand keine Gemeinsamkeit zwischen Garten und Haus. Die Villen mit ihren Türmen am Meer, die toskanischen Villen und die Säulenhallen zeigen, dass ein Mangel an einheitlichen architektonischen Gedanken vorherrschte. Noch fehlte die Treppe als Gestaltungsmittel, doch entstanden Villen mit Terrassenanlagen an den Seeufern in Albano, am Comersee und am Meer. Die Summe all dieser Bestrebungen veranschaulicht noch heute am besten die Villa des Kaisers Hadrian in Tivoli bei Rom.

Das bekannte römische Atrium im Hause war ursprünglich gepflästert und höchstens mit Blumenkisten verziert, denn das alt-italienische Atriumhaus kannte den Garten nicht. Erst mit dem Eindringen des griechischen Peristylhauses zog der Garten als Zieranlage mit Bosketten und Blumenbeeten ins Innere des Hauses. Diese Verbindung des alt-italienischen Hauses mit dem griechischen Peristyl zeigen noch heute die Häuser in Pompeji, wo wir gepflästerte Atrien vor dem bepflanzten Peristyl und schliesslich auch mit Blumen verzierte Atrien finden.

Mit der dichteren Überbauung in Rom verschwanden die grossen Gärten der Stadt, so dass schliesslich auch Söller- und Dachgärten auftauchten. Sie entstanden allerdings erst am Ende des römischen Imperiums. Der Einfluss der römischen Gartenkultur machte sich schliesslich auch in den römischen Provinzen bemerkbar, doch sind die bekannten Parks der Römer in Afrika oder die Gärten im Rhein-Mosel-Gebiet der Völkerwanderung zum Opfer gefallen.

Pompeji · Wandgemälde mit der Darstellung eines Heiligtums, das von einem sakralen Baum dominiert wird.

Rom · Relief einer Nymphengrotte, mit heiligem Baum und Pan, aus hellenistischer Zeit. Lateranmuseum.

Das Erbe Roms ging zunächst an *Byzanz,* wo sich die römische Gartenkunst mit persischen Elementen vermischte. Bezeichnend dafür ist die Übernahme der orientalischen Brunnenkunst, der Pinienbrunnen im Kaiserhof, der später auch im Vatikan in Rom auftauchen wird. Die orientalische Prunk- und Prachtliebe erfreute sich an kostbarem Material, an Weinbrunnen oder Brunnen mit süssen Getränken. Gleichzeitig vermehrten sich die Bäder mit Gartenanlagen. Grössere Bedeutung erhielt auch der einzelne Baum. Entsprechend dem Metallbaum der Mahawansa oder der vergoldeten Platane des persischen Throns stand vor dem Kaiserthron in Byzanz ein vergoldeter Baum mit künstlichen Vögeln. Als Standorte für die byzantinischen Villen wählte man die Jagdparks in der Umgebung von Byzanz.

Mit dem Eindringen der *Araber* änderte sich hinsichtlich der Gartenkunst des Orients wenig, da diese die Gärten schätzten. In der Wunderstadt Samarra begegnen wir dem grossen Kalifenpalast mit einem axial dazu angeordneten Garten. Das an Gärten reiche Bagdad besass am Ufer des Tigris nicht weniger als dreiundzwanzig Landsitze, einen Tierpark, ein Haus des Baumes sowie einen Baum aus Silber und Gold in einem Teich mit Vögeln aus Gold und Silber. Das Tulmidenschloss in Kairo wies ausser künstlichen Bäumen, Vogelhäusern und Kiosken als Besonderheit sogenannte Brunnenbäume auf. Als Vorbild für ihre Gartenanlagen dienten den Arabern die ägyptischen Gärten, die römischen Villen, die persischen Parks, die byzantinischen Wasserkünste, die pompejanischen Hofgärten und ganz allgemein der hellenistische und römische Garten.

Innerhalb der arabischen Gartenkunst ist besonders jene des *Reichs der Omajaden in Spanien* hervorzuheben, weil sie in ihrer besonderen Eigenart teilweise bis heute noch erhalten geblieben ist. Als Hofgärten, Patio genannt, waren sie mit hohen Mauern umschlossen und vorwiegend mit Palmen bepflanzt. Byzantinische Werkmeister schufen die Tiere, Wasserspiele und Pavillons im Wasser, doch erinnern ihre Lage auf Anhöhen und ihr Wasserreichtum vor allem an das antike Rom.

Das kostbarste Zeugnis jener Zeit ist zweifellos die teilweise noch bestehende Alhambra in Granada, deren Terrassengärten berühmt waren. Der Myrtenhof in der Alhambra war ursprünglich nicht gepflastert, sondern besass eine kostbare, üppige Vegetation mit Sträuchern und Blumen. Auch der Löwenhof war einst mit Beeten und Pflanzenkübeln besetzt. Das etwas höher gelegene königliche Lustschloss Generalife aus der zweiten Hälfte des 13. Jahrhunderts bestand aus mehreren sogenannten Patios, also Gartenhöfen mit Wasserbecken. Das Wasser floss durch den Palast und die einzelnen Zimmer. Selbst Wassertreppen und Wasserspiele waren vorhanden. Jedenfalls waren diese grossartigen Anlagen, die von fremden Gesandten in Cordoba, in Sevilla und in Granada bewundert wurden, so kostbar, dass sie nach dem Zerfall des maurischen Reiches und seiner Kalifate von den spanischen Königen nicht zerstört worden sind.

Ihr Einfluss auf die Gartenkultur des Mittelalters und vor allem der Renaissance dürfte nicht gering gewesen sein, doch befanden sich in Italien selbst, auf Sizilien in der Umgebung Palermos, zahlreiche arabische Landsitze,

Pompeji · Bepflanztes Atriumgärtchen mit Säulengang und Abschlussmauer, an deren Ecke links ein Altar steht.

deren Gartenanlagen nicht ohne direkte oder indirekte Wirkung auf die Neuschöpfungen der Renaissance in Italien gewesen sind. Die islamischen Gärten in Spanien und in Italien dürften dafür gesorgt haben, dass die Errungenschaften der Gartenkultur während des Mittelalters nicht vollständig untergingen und in der Renaissance wieder aufgenommen werden konnten.

Im Blick auf die Ursprünge der Gartenkunst ist zu vermuten, dass diese in der *Schweiz* erst im Zuge der *römischen Kolonisation* in Erscheinung trat. Die Römerforschung in der Schweiz hat allerdings diesem Aspekt der römischen Kultur in unserem Lande bisher wenig Beachtung geschenkt, so dass nur indirekt oder in Analogie zu anderen römischen Kolonien und Siedlungen auf römische Gartenanlagen in der Schweiz zu schliessen ist.

Immerhin darf man die Vermutung äussern, dass die grösseren Römerstädte in der Schweiz, wie Aventicum, Augusta Raurica und Genava, aber auch Vindonissa und Octodurus, mit privaten und öffentlichen Gärten durchsetzt waren. Dies ergäbe zweifellos für die zahlreichen erhaltenen Tempel-, Theater- und Thermenruinen ein völlig anderes Bild. Einzig in den Kastellen dürfte kaum Platz

Spanien · Granada. Myrtenhof in der Alhambra in der Art eines Patios, das von Gebäuden umgeben ist. In der Mitte ein rechteckiges Wasserbecken, von Myrtenhecken umsäumt.

für Gartenanlagen vorhanden gewesen sein. Anderseits darf man annehmen, dass sich wie in Italien auch in der Schweiz bei den über das ganze Land verstreuten römischen Villen und Gutshöfen mehr oder minder aufwendige Gärten befanden. Dies wahrscheinlich weniger bei den landwirtschaftlichen Gutshöfen, der Villa rustica, als vielmehr bei den Luxusvillen, der Villa urbana, und später bei der Villa suburbana in der Nähe grösserer Siedlungen. Zu diesen zählte beispielsweise die Villa La Grange in Genf, wo Peristyl, Thermen, Atrium und Terrassen auf grössere Gärten schliessen lassen. Wenn in einzelnen Orten wie Orbe, Yverdon, Zofingen und Zurzach die Ausstattung oder Ausdehnung der römischen Bauten das Vorhandensein von Gärten vermuten lässt, so sind es an anderen Orten bestimmte Fundstücke. In Munzach bei Liestal ist es ein Brunnenstock aus Carrara-Marmor mit Efeuranken und einem Delphin. In Buchs, Windisch, Augst und Oberentfelden sind es Wandmalereien mit

Augst · Römerhaus in Augusta Raurica, erbaut 1954/55 mit reizvollem Atriumgärtchen, das nach dem Vorbild des Hauses der Vettier in Pompeji rekonstruiert worden ist. Für die Bepflanzung griff man auf römische Literatur zurück.

Schilfmotiven, und in Buchs bei Kloten freistehende Pfeiler für Ziervasen oder Statuen, Wandmalereien mit pflanzlichen Motiven, ein flaches Labrum, also ein Wasserbecken, und Ziervasen aus Carrara-Marmor. Beim römischen Gutshof in Seeb im Kanton Zürich soll unter anderem ein grosser Park mit einem Herrenhaus bestanden haben. So stossen wir denn vornehmlich auf Fragmente von Fundstücken, die zum üblichen Inventar eines Gartens gehörten.

Über die Gärten selbst, deren Gestaltung und Aufteilung wissen wir nichts. Hier könnten Pollenanalysen zumindest über die Vegetation Auskunft geben.

Wenn nicht in Pompeji, so kann man sich heute zumindest im Römerhaus in Augst ein Bild eines römischen Atriumgartens machen, denn die dort rekonstruierte Villa urbana besitzt ein kleines Atrium, dessen Bepflanzung mit Hilfe römischer Literaturhinweise angelegt worden ist. Als Vorbild diente der Garten des Hauses der Vettier in Pompeji. Eingefasst ist der Garten mit einer Tropfrinne aus rotem Sandstein, damit das Abwasser der Dächer nicht in die Beete läuft. Wie es in römischen Gärten üblich war, ist der Garten durch schmale Wege streng symmetrisch in vier Beete aufgeteilt. In der Mitte steht auf einem Säulenstumpf eine Bronzekopie der Statuette des Dionysos aus Pompeji.

Die Bepflanzung besteht aus Thuja (als Ersatz für die Zypresse, die in unserem Klima nicht gut gedeiht), aus Buchs, Eibe und Stechpalme und einem Feigenbaum. An Blumen finden wir die beliebten Rosen und Lilien, im Winter die Christrose und als Frühlingsblumen Veilchen und Schlüsselblumen. Ausserdem sehen wir die bevorzugten duftenden Heil- und Gewürzpflanzen wie Rosmarin, Salbei, Thymian, Lavendel, Majoran und Minze, die auch in der Küche geschätzt waren. Efeu und Immergrün füllen die Lücken, während die Raute unter den Sträuchern anzutreffen ist.

Es bleibt zu hoffen, dass die Aufmerksamkeit der Römerforscher sich in Zukunft vermehrt diesem Aspekt widmet und mit der Zeit bessere Auskunft über römische Gärten in der Schweiz vermitteln kann.

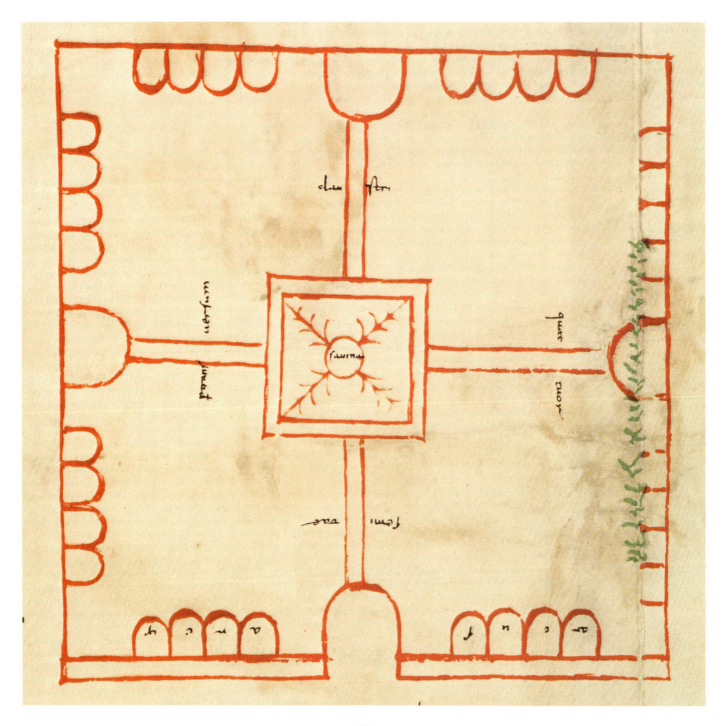

Klostergärten

Die Ursprünge der mittelalterlichen Gartenkultur in der Schweiz sind zweifellos in den Klöstern zu suchen, da diese einerseits das antike Erbe überlieferten und andererseits als kulturelle Zentren die Bewirtschaftung des Bodens förderten. Sie führten neue Pflanzen und Anbaumethoden ein und sorgten für deren Verbreitung auch ausserhalb des Klosters. Sie empfahlen aber auch die Verwendung von Heilkräutern und wurden zu eigentlichen ärztlichen Versorgungsanstalten des Landes.

Ebenfalls in den Klöstern entwickelte sich durch die Lektüre der antiken Schriftsteller ein neues Naturgefühl, das sich alsbald in der Dichtkunst und in der Gartenkunst niederschlug. Die Grundlage lieferte ein inniges, lebendiges Verhältnis zum Garten und zur Natur schlechthin.

Der St. Galler Klosterplan

Mit dem St. Galler Klosterplan von 816 besitzt die Schweiz das älteste bekannte Plandokument einer Klosteranlage des Frühmittelalters. Interessanterweise sind die Gärten auf diesem Plan nicht nur zeichnerisch dargestellt, sondern auch mit einer Beschreibung der Bepflanzung versehen. Selbst wenn dieser Plan nur eine Art Anweisung für die Anlage eines Klosters ist und nicht verwirklicht wurde, so vermittelt er dennoch eine genaue Vorstellung von den frühmittelalterlichen Klostergärten. Ausserdem enthält er verschiedene Gartentypen, die später in grösseren Klöstern erscheinen und zu Prototypen der klösterlichen Gartenkunst und zu Vorbildern für Burg-, Bürger- und Bauerngärten des Mittelalters werden sollten. Jedenfalls darf im Blick auf die langlebige Tradition der Klöster eine breite Ausstrahlung dieser Art von Gärten aufgrund dieses Planes vermutet werden. Der St. Galler Klosterplan enthält nicht weniger als vier Gartentypen: die Kreuzgänge, den Baumgarten oder Friedhof, den Wurz- oder Krautgarten und den Gemüsegarten.

St. Galler Klosterplan von 816. Grosser Kreuzgang der Klausur. Im Schnittpunkt des Wegkreuzes war ein Sevenbaum vorgesehen, der auf einer quadratischen Fläche steht.

Von den drei *Kreuzgängen* sind jene beim Hospital und beim Noviziat ohne Einteilung. Die Mitte bildet jeweils ein Quadrat mit einem Kreis. Obschon keine näheren Angaben vorhanden sind, ist aufgrund späterer Anlagen zu vermuten, dass in der Mitte dieser beiden kleinen Kreuzgänge nicht ein Baum, sondern ein Brunnen stand, und dass die Fläche begrünt und mittels eines Wegkreuzes gegliedert war.

Der grosse Kreuzgang der Klausur hingegen ist detailliert eingezeichnet und auch beschriftet. Die Fläche wird von den aus vier Toren ausgehenden Wegen in vier Quadrate unterteilt, wobei in der Mitte ein Quadrat mit einem Baum eingezeichnet ist. Die vier Beete waren entweder mit Gras oder mit Efeu bepflanzt, jedenfalls nicht mit Blumen, da das Mittelalter den Blumengarten nicht kannte. Die einfache und ruhige Bepflanzung stellte dennoch eine Art Ziergarten dar und diente vorwiegend der Kontemplation. Im Mittelpunkt stand nach der Beschriftung ein Sevenbaum, vermutlich ein Wacholder, der als immergrüner Baum an die Zypressen der italienischen Klostergärten erinnert.

Die übrigen Gärten lagen auf der Ostseite des Klosterbezirks innerhalb einer Gruppe von fünf in sich geschlossenen und durch die Funktion zusammengehörenden Anlagen: der Geflügelhof, der Nutzgarten, der Baumgarten oder Friedhof, das Hospital mit dem Noviziat und das Arzthaus mit dem Apothekergarten.

Vor dem langgestreckten *Gemüsegarten* stand in gleicher Breite das Gärtnerhaus mit einem Aufenthaltsraum für den Gärtner und einem Raum für die Gartengeräte und die Sämereien. Der Garten, als «Hortus» bezeichnet, war ringsum ummauert und beidseits eines Weges in der Mitte in je neun längsrechteckige Beete unterteilt. Auf dem Mittelweg steht der lateinische Hexameter eingeschrieben: «Hic plantata holerum pulchre nascentia vernant.» Zu deutsch: «Hier grünen die schön aufwachsenden Gemüsepflanzen.» Das Adjektiv «pulchre», also «schön» oder «hübsch», weist bereits auf die damals in den Klöstern aufkeimende Naturbegeisterung. Die auf den achtzehn Beeten eingetragenen Pflanzennamen finden

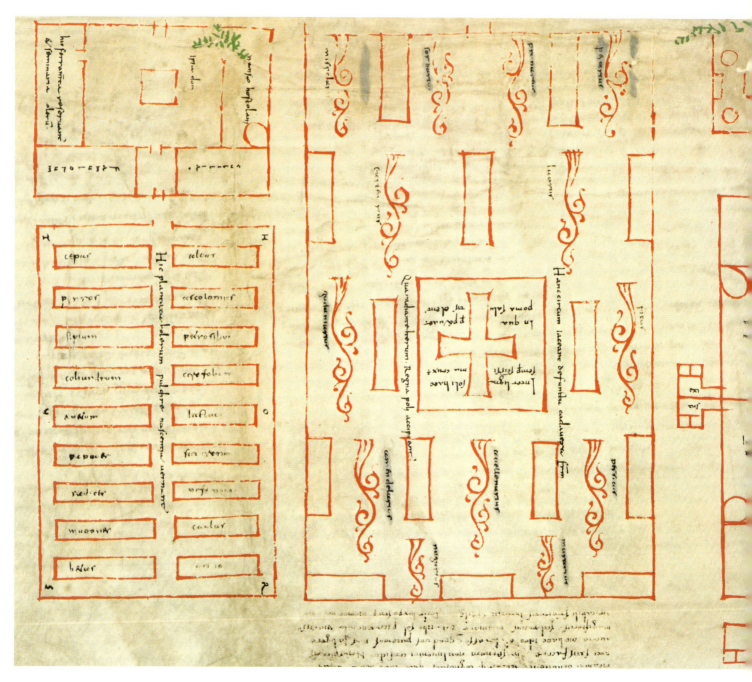

Ausschnitt aus dem St. Galler Klosterplan von 816. Von links nach rechts: Gemüsegarten mit langen, schmalen Beeten, Friedhof mit Bäumen, Konventgebäude mit Kreuzgang und Arzthaus mit Wurz- oder Kräutergärtchen (rechts unten).

sich auch in der Landgüterverordnung Karls des Grossen von 795, im «Capitulare de villis», doch sind sie dort einfach aufgezählt und nicht systematisch geordnet. Die Einteilung entspricht weitgehend jener, die wir noch heute in den Gemüsegärten finden. Links waren Zwiebel, Lauch, Sellerie, Koriander, Dill, Mohn, Rettich, Mohn und Mangold, und rechts Knoblauch, eine Zwiebelart, Petersilie, Kerbel, Lattich, Pfefferkraut, Pastinak, Kohl und Schwarzkümmel. Sie waren als Beispiele und nicht verbindlich angeschrieben, doch fällt uns auf, dass der Gemüsegarten nur das Feingemüse, das oft auch als Gewürz verwendet wurde, enthält. Das bekanntere und hier fehlende Grobgemüse wurde offensichtlich ausserhalb des Klosters in grösseren Flächen feldmässig angepflanzt.

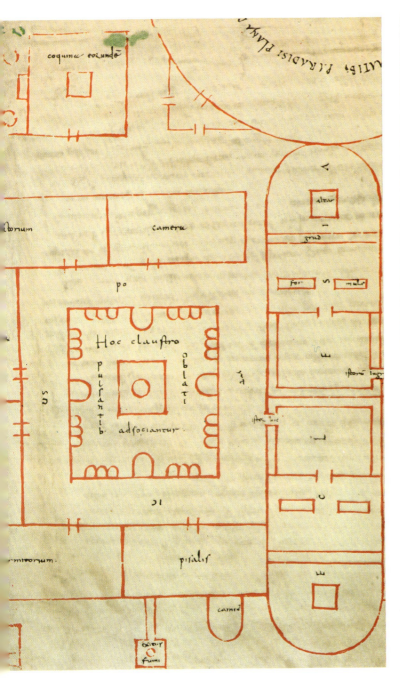
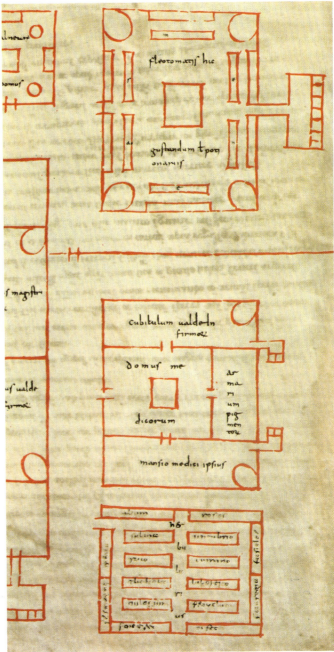

Weitaus die meisten Pflanzen waren südlicher Herkunft. Bei den einheimischen Pflanzen begegnen wir nur den verfeinerten Arten.

In der Nordecke des Klosters lag östlich des Arzthauses der *Wurz- oder Kräutergarten*. Er ist ähnlich wie der Gemüsegarten angelegt, doch schmiegen sich acht Beete allseits um die Umfassungsmauer einem Weg entlang, während in der Mitte nur acht Beete zu je vier beidseits eines Mittelweges gruppiert sind. Man spürt deutlich das Bemühen um eine räumliche Gestaltung, die deshalb angestrebt wurde, weil der Kräutergarten zugleich Ziergarten war. Dies geht auch aus der Bepflanzung hervor, die ausser den Heilkräutern auch Blumen umfasst. Nach dem Vorschlag des Planverfertigers sollten hier weisse Lilien, Gartenrosen, Stangenbohnen, Pfefferkraut, Frauenminze, Griechisches Heu, Rosmarin, Pfefferminze, Salbei, Raute, Schwertlilien, Polei, Krauseminze, Kreuzkümmel, Liebstöckel und Fenchel gepflanzt werden. Der Ziergarten ist in den Nutzgarten integriert, indem die Blumen mitten unter den Heilkräutern aufgeführt sind. Rosen, Lilien und Schwertlilien dienten einerseits zur Herstellung von Arzneien und anderseits als Symbole und Schmuck. Das Kräutergärtchen setzt sich somit aus Gewürzpflanzen, Gemüse und Blumen zusammen und bringt damit ein Schema, das sich bis in unsere Zeit hinein in den Bauerngärten erhalten hat.

Nördlich des Gemüsegartens lag der Baumgarten, der zugleich Friedhof war und im ganzen fünfzehn Bäume enthielt: Apfelbaum, Birnbaum, Pflaumenbaum, Pinie, Speierling, Mispel, Lorbeerbaum, Kastanie, Feigenbaum, Quittenbaum, Pfirsichbaum, Haselnuss, Mandelbaum, Maulbeerbaum, Walnussbaum. Nur fünf davon waren Obstbäume, doch ist wie beim Gemüsegarten zu vermuten, dass für die Obstbäume ausserhalb des Klosters ein grösserer Baumgarten lag. Sämtliche Bäume sind bereits im «Capitulare de villis» aufgeführt. Ausser dem Lorbeer wären auch die Mispel und die Haselnuss als Zierbäume oder -sträucher anzusprechen. Da ein Teil der angeführten Bäume im Norden selten ganzjährig im Freien stehen konnte, dürfte wiederum das «Capitulare de villis», das für den Süden des Reiches erlassen worden ist, als Vorbild gedient haben. Wie in den übrigen Gärten sind die Namen zufällig und die Auswahl als Beispiel anzusehen.

Bäume und Grabplatten sind regelmässig angeordnet. Den Mittelpunkt bildete ein Kreuz. Gräber und Bäume sind nur als Hinweise gedacht. Die Anordnung der Bäume ist so sorgfältig abgestuft, dass sich eine räumliche Abfolge ergibt. Die Verbindung von Baumgarten und Friedhof ist insofern symbolisch zu deuten, als hinter dem Baumgarten die Paradiesvorstellung steht. Damit konnte man den Baumgarten vom Gedanken an den Lustgarten bannen. Der Baumgarten wird in Verbindung mit den Gräbern zum Abbild des Gartens Eden, also ein Paradies, das mit dem Kreuz in der Mitte zugleich an den Garten Gethsemane und an Golgatha erinnert. Schliesslich ist der Baumgarten in der Art seiner Anlage auch ein Ziergarten.

Das Neue an den Gärten des Klosterplans ist die Ordnung, die sich im Absondern der Pflanzenbestände bemerkbar macht. Noch ist die klare Trennung in Pflanz-, Zier- und Kräutergarten nicht vollzogen, doch erscheinen drei in unterschiedliche Funktionen aufgeteilte Gartenformen: der Gemüsegarten, der Kräutergarten und der Baumgarten, der zugleich Friedhof war, was später selten der Fall ist.

Vorbild für den Kreuzgang war das griechisch-römische Peristyl, das in der Antike oft auch bepflanzt war. Neu hingegen sind der Wurz- oder Kräutergarten und der Baumgarten. Dem Wurzgarten begegnen wir später auch

Kloster St. Gallen. Ausschnitt aus der Stadtansicht von 1596 von Melchior Frank mit grossem Baumgarten im Vordergrund.

beim Gutshof, beim Bauernhaus und bei der Burg. Im 15. Jahrhundert entsteht daraus der botanische Garten. Ebenfalls aus dem Kräutergarten heraus entwickelt sich später der Blumengarten. Die Verbindung zwischen Baumgarten und Friedhof taucht erst in der Neuzeit mit dem Waldfriedhof wieder auf. Der Baumgarten als Anger wird im späten Mittelalter zum Lustgarten und in der Renaissance zum Boskett.

Eine weitere Quelle des frühmittelalterlichen Gartens in der Schweiz ist das Gedicht «Hortulus» des Mönchs *Walahfrid Strabo* auf der Reichenau (809–849). Es ist dem Gartenbau gewidmet und nennt sich «Liber de cultura hortorum». Angeregt durch die Lektüre antiker Schriftsteller und durch seine eigene Erfahrung, schildert Strabo in lebendiger Sprache, wie er sein Gärtlein pflegt. Ein Exemplar des «Hortulus» gelangte auch nach St. Gallen, wo es 1461 in der Bibliothek erwähnt wird. Das von der grossen Liebe zu seinen Pflanzen zeugende Gedicht schliesst mit einer Widmung an den Abt Grimald von

Schaffhausen · Kloster Allerheiligen. Heilkräutergärtchen, rekonstruiert 1938, mit romanischer Arkadenreihe im Hintergrund.

St. Gallen, der, im Schatten der Apfel- und Pfirsichbäume sitzend, dieses Büchlein lesen möge. Die Beziehung zu St. Gallen ist offensichtlich, doch ist nicht bekannt, wie weit der Einfluss des «Hortulus» reichte, denn er wurde erst im Jahre 1510 gedruckt.

Nach der Betrachtung des St. Galler Klosterplans wird man sich fragen müssen, wie die Gartenanlagen der mittelalterlichen Klöster und vor allem jene von St. Gallen in Wirklichkeit ausgesehen haben. Die Quellenaussagen über Gärten jener Zeit sind spärlich, und die ersten zuverlässigen Bilddokumente von Klosteranlagen mit Gärten stammen erst aus dem 16. Jahrhundert. Erst die Stadtansicht von Melchior Frank von 1596 zeigt die tatsächlichen Verhältnisse im *Kloster St. Gallen*. Eine gewisse Verwandtschaft mit dem Klosterplan von 816 besteht darin, dass der Baumgarten, der Gemüsegarten und der Kräutergarten ebenfalls im Ostteil des Klosterbezirks liegen. Allerdings sind Kräuter- und Gemüsegarten im Vergleich mit dem Plan vertauscht, indem sich der Kräutergarten im Süden bei der Apotheke und der Gemüsegarten im Norden bei der Weinschenke befinden. Der Baumgarten war nicht zugleich Friedhof, sondern lag östlich der Pfalz als eine Art Anger oder Spaziergarten, auch «Recriergarten» genannt. Daraus entwickelte sich folgerichtig im 17. Jahrhundert ein anmutiger Ziergarten im Stil der französischen Barockgärten mit der Bezeichnung «fürstlicher Garten». Der zweite Gemüsegarten zwischen dem Bruderhaus und dem Friedhof wurde im 17. Jahrhundert zu einem kleinen Baumgarten umgewandelt. Dies entspricht der Tendenz jener Zeit, die Nutzgärten innerhalb des Klosterbezirks durch Ziergärten oder Baumgärten zu ersetzen und ausserhalb der Klostermauern neue Nutzgärten anzulegen. Im Kreuzgang stand wie auf dem Klosterplan ursprünglich nur ein Baum in der Mitte. Im 16. Jahrhundert legte man darin acht Laubengänge an, doch ersetzte man auch diese im 17. Jahrhundert durch einen Ziergarten. Der ursprünglich auf der Südseite des Kreuzgangs gelegene Gemüsegarten erfuhr schon im 16. Jahrhundert eine Umwandlung als Recriergarten und war mit Bäumen bepflanzt. Gegen Ende des 17. Jahrhunderts entstand aus-

Schaffhausen · Kloster Allerheiligen. Aquarell von Hans Caspar Lang, um 1600, ohne Bezeichnung der einzelnen Gärten.

serhalb der Klausur ein zweiter Konventgarten, bestehend aus einem Rondell mit einem Brunnen in der Mitte.

Ein Blick auf die Gartenanlagen des Klosters St. Gallen im 16. und 17. Jahrhundert ist wegen der Lage der Gärten innerhalb des Klosterbezirks höchst aufschlussreich. In Übereinstimmung mit dem Klosterplan von 816 und zahlreichen anderen Klosteranlagen der Schweiz befanden sich die Gärten im Ostteil des Klosterbezirks. Die Neuerungen der italienischen Gartenkunst der Renaissance wurden, wie die Lauben im Kreuzgang zeigen, offenbar bereits im 16. Jahrhundert auch in die Klostergärten aufgenommen. Im 17. Jahrhundert schliesslich setzte sich auch in den Klöstern der französische Barockgarten als Zier- und Repräsentationsgarten durch und verdrängte die eigentlichen typischen Klostergärten des Mittelalters nahezu vollständig.

Etwas anders liegen die Verhältnisse im *Kloster Allerheiligen in Schaffhausen,* das nach seiner Aufhebung hinsichtlich der Entwicklung der Gärten stagnierte. Auf dem Aquarell von Hans Caspar Lang in der Chronik von Johann Jakob Rüeger um 1600 sind die ursprünglichen Bezeichnungen der Gärten durch andere ersetzt worden, doch sind der Kreuzganggarten, der von einem Bache durchflossene Klostergarten, das heisst der Gemüsegarten, der Pfrundgarten (also der Kräutergarten) und der Baumgarten mit einem zerteilten Baum auf dem Aquarell deutlich erkennbar. Der Herrengarten und der Friedhof lagen ausserhalb des eigentlichen Klosterbezirks. Die herkömmlichen mittelalterlichen Gartentypen des Klosters waren somit noch vorhanden, doch fehlen die Elemente der Gartenkunst des 16. und 17. Jahrhunderts. Der grosse Kreuzgang diente von 1582 bis 1874 als Begräbnisplatz für die regimentsfähigen Geschlechter der Stadt, hiess daher «Junkernfriedhof», und ist noch heute mit Bäumen und Sträuchern bepflanzt. Der ehemalige Kräuter- und spätere Pfrundgarten wurde 1938 als Heilkräutergarten rekonstruiert. Der dabei gewählte Grundriss mit den sechzehn von Buchs eingefassten Beeten entspricht mit dem Springbrunnen in der Mitte eher einem barocken als einem mittelalterlichen Wurzgarten. Die rund siebzig Pflanzenarten in den längsrechteckigen Beeten sind hingegen den mittelalterlichen Kräuterbüchern entnommen. Mit der rekonstruierten romanischen Arkadenreihe im Hintergrund und unter der Annahme, dass sich in unmittelbarer Nachbarschaft das Hospital-Noviziat und das Krankenhaus befanden, ergibt sich damit ein anschauliches und aufschlussreiches Bild eines Kräutergärtleins.

Die *Kreuzgänge* wurden in nachmittelalterlicher Zeit nicht nur in aufgehobenen Klöstern als Friedhof verwendet. Auch in der Kartause Ittingen bei Frauenfeld und bei der Stiftskirche St. Ursanne im Jura diente der Kreuzgang als Friedhof. In der Regel lagen jedoch die Friedhöfe im Westen nördlich des Kirchenschiffs oder – wie z.B. in Müstair in Graubünden – östlich des Kirchenchors.

Stein am Rhein · Ehemaliges Benediktinerkloster St. Georgen. Kreuzganggarten mit neuem Brunnen in der Mitte.

Die Kreuzgänge waren jedoch meist – wie noch heute jene des Basler Münsters – mit Gras oder Efeu bedeckt. In ihrer Mitte stand entweder – wie in Wettingen, Königsfelden und Muri – ein Baum oder – wie in St. Georgen bei Stein am Rhein oder im Kloster Paradies bei Schaffhausen – ein Brunnen. Später wurden sie im Stil der Zeit im 16. Jahrhundert mit Lauben oder Zierbäumen bepflanzt, doch ersetzte man diese im 17. und 18. Jahrhundert durch Ziergärten in der Art des französischen Barocks. Wegen ihres aufwendigen Unterhalts verschwanden diese im 19. Jahrhundert und machten einem Rasen mit Bäumen Platz, es sei denn, man schuf – wie im Kreuzgang der Collégiale in Neuenburg – im Laufe des späten 19. Jahrhunderts einen neuen Ziergarten.

Nahezu jedes grössere Kloster besass seit dem Mittelalter umfangreiche *Baumgärten,* die sich auch auf die Umgebung ausdehnten. Sie sind heute noch bei den Klosteranlagen von Muri, Wettingen, Königsfelden oder Ittingen erkennbar, auch wenn sie im Laufe des 19. Jahrhunderts in eine Art englische Parkanlagen umgewandelt worden sind. Jedenfalls sind diese Baumgärten ursprünglich als reine Nutzgärten, vielmehr als Obstgärten angelegt worden und dienten später innerhalb des Klosterbezirks als schattenspendende Recriergärten. Dies führte dazu, dass man im 19. Jahrhundert die Obstbäume durch Exoten ersetzte, was unweigerlich zur Anlage von englischen Parks führte.

Die *Gemüsegärten* der Klöster lagen ursprünglich in der Nähe der Küchen oder Bruderhäuser, doch sind auch sie – wie das Beispiel des Klosters Wettingen zeigt – durch Ziergärten verdrängt worden. Nur die *Kräuter- und Wurzgärtchen* blieben mehr oder weniger geschlossen intakt. Sie allein haben die Verweltlichung während der Renaissance und des Barocks überstanden und sind uns als eigentliche Leistungen der klösterlichen Gartenkultur zum Teil bis heute erhalten geblieben. Bezeichnenderweise sind es vorwiegend die Frauenklöster, die diese im Frühmittel-

alter entstandene Gartengattung weiter gepflegt haben. Das wohl am besten erhaltene Beispiel eines klösterlichen Kräutergartens ist jenes von Fahr in der aargauischen Enklave nahe bei Zürich. Der Kräutergarten ist hier ringsum von den Konventgebäuden und der Kirche umgeben und erinnert mit seinen zahlreichen von Buchs eingefassten, runden oder rechteckigen Beeten und den Kieswegen dazwischen durchaus an mittelalterliche Anlagen, obwohl er aus dem 17. Jahrhundert stammt. Ein ähnlicher Kräutergarten befindet sich im Frauenkloster der Visitation in Solothurn. Hier und nicht in den grossen Renaissance- oder Barockgärten der Klöster des 16. bis 18. Jahrhunderts liegt die eigentliche Errungenschaft der klösterlichen Gartenkultur, denn nur diese Gattung hat Jahrhunderte überdauert und bis in unsere Zeit hinein auf die Bürger- und Bauerngärten eingewirkt.

Angesichts der Blüte der klösterlichen Gartenkultur im Mittelalter erstaunt es keineswegs, dass auch in der Schweiz die neue Gartenkunst der italienischen *Renaissance* in den Klöstern schon sehr früh aufgenommen worden ist. Zusammen mit den Humanisten haben die Klöster diesen Neuerungen zum Durchbruch verholfen. Dies zeigt sich vorwiegend bei eigentlichen Zier- oder Lustgärten. Selbst das abgeschiedene Kloster Engelberg erhielt um 1600 einen Herren- oder Lustgarten mit einem Gartenkabinett in der Mitte, doch wurde gerade diese Anlage später dem Abt zum Vorwurf gemacht. Die zahlreichen Klosteransichten auf den Stichen von Matthäus Merian aus der Mitte des 17. Jahrhunderts beweisen die Existenz derartiger Lustgärten mit Lauben, Hecken, Zierbeeten und Springbrunnen bei nahezu jedem grösseren Schweizer Kloster. In Wettingen lagen die von Laubengängen umgebenen Ziergärten auf der Südseite etwas erhöht am Ufer der Limmat. In Muri befand sich der Konventgarten auf der Südseite des Konventgebäudes. Er dürfte auch als Heilkräutergarten gedient haben, denn an der Südmauer war eine Apotheke geplant. In grösseren Städten

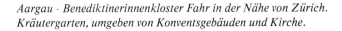
Aargau · Benediktinerinnenkloster Fahr in der Nähe von Zürich. Kräutergarten, umgeben von Konventgebäuden und Kirche.

Unterwalden · Kloster Engelberg. Stich von Merian, 1654. Im Vordergrund links der Lustgarten der Renaissance, 1600.

Aargau · Kloster Wettingen. Stich von Merian, 1654. Links an der Limmat die beiden Renaissance-Ziergärten.

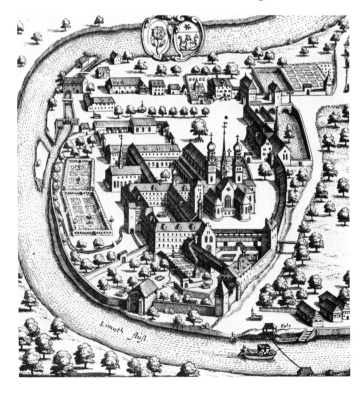

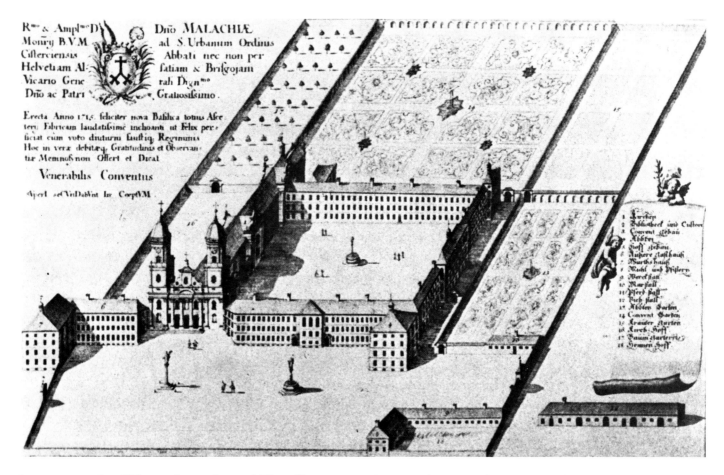

hatte ausser den Klöstern kaum jemand Platz für ausgedehntere Ziergärten, und auch die Klöster fallen vor allem durch die Baumgärten auf, wie sie in Basel beim Predigerkloster, bei der Kartause, beim St.-Alban- und beim Klingentalkloster vorhanden waren.

Selbstverständlich hielten die Fürstäbte der grossen Klöster in der *Barockzeit* mit aufwendigen Gartenanlagen nicht zurück. Die Idealpläne von Einsiedeln oder Muri aus dem Beginn des 18. Jahrhunderts zeugen von Prachtentfaltung mit grossen Repräsentationsgärten, wie sie in der Schweiz bei Profanbauten mangels Fürstenhöfen unbekannt waren. Wenn auch vieles unverwirklicht blieb, so sind doch einige barocke Klostergärten damals von grosser Bedeutung gewesen. Nach dem Idealplan sollte Muri im Aargau einen kunstvoll angelegten Konventgarten, einen grossen Küchengarten und nicht weniger als drei fürstliche Lustgärten erhalten. In der Tat ist dort der alte Konventgarten der Renaissance mit seinen Lauben um

Luzern · Kloster St. Urban. Barocker Planprospekt von 1720 nach Plänen von Franz Beer mit französischen Parterregärten.

1600 angelegt und um 1694/95 erweitert und mit einem Springbrunnen bereichert worden. Abt Gerold I. Haim liebte die Gärten und vergrösserte den Konventgarten gegen die Stallungen, liess zwischen dem alten und neuen Teil einen Pavillon errichten und 1742 eine Orangerie erbauen. Ausserdem kaufte der Hofgärtner in Basel vierzehn Pomeranzenbäume (Orangenbäume). Auch der Planprospekt von Franz Beer für das Kloster St. Urban im Kanton Luzern (1711) beweist mit aller Deutlichkeit die Übernahme der Fürstengärten in die Klosterarchitektur. Er enthält den Abt-, den Konvent- und den Kräutergarten, den Kirchhof und einen weiteren Konventgarten, die alle im Stil der französischen Parterres angelegt waren. Im Gegensatz zu anderen Schweizer Klöstern ist hier ein grosser Teil des Projektes tatsächlich verwirklicht

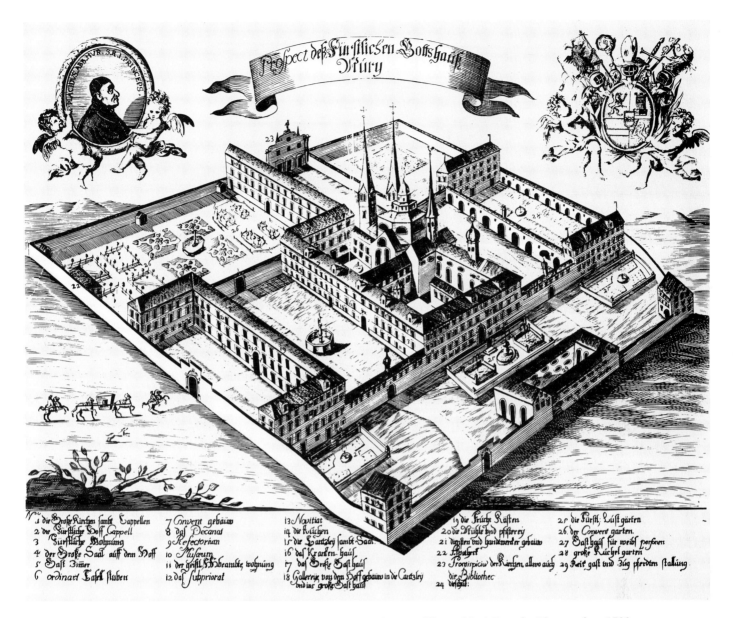

*Aargau · Kloster Muri. Barocke Klosteranlage 1720.
Stich von Matthäus Wickart. Im Vordergrund drei kleine fürstliche Lustgärten, im Hintergrund links der Konventgarten.*

worden. 1758 wird vermerkt, dass der Kunstgärtner Franz Joseph Meyer von Solothurn den Garten «in einen anderen Riss bringen und verfertigen» solle. Ausserdem entstand zwischen 1777 und 1780 eine barocke Orangerie für zwanzig Orangenbäume, Palmen, Kaffeebäume, Zukkerrohr, Mimosa pudica, Melonen und Ananas. Schon 1760 unterhielt der Gärtner Johann Caspar Pappenschuhe den Konvent- und Abteigarten mit dem Wasserwerk und den Springbrunnen. Ähnliche Verhältnisse herrschten im Kloster Einsiedeln, wo sich auf der Ostseite des Klosters ein umfangreicher Herrengarten mit französischem Parterre erstreckte. In St. Gallen liess Abt Beda im Jahre 1778 in St. Fiden südlich des Amtshauses einen «fürstlichen Garten zur Ergötzung der Klosterherren» in französischer Art errichten.

Diese grossen barocken Klostergärten sind längst verschwunden und im Laufe des 19. Jahrhunderts – in Wettingen, Muri, St. Urban und Königsfelden – durch englische Parks ersetzt worden. Von der einstigen Bedeutung dieser Barockgärten zeugt nur noch die grosse Orangerie in St. Urban. Das originelle Grottenwerk von 1761 in der Magdalenenkapelle auf der Rheinau ging leider 1931 verloren.

Die Verweltlichung der Klostergärten vom 16. bis 18. Jahrhundert entsprach weitgehend der Tendenz der Klosterarchitektur jener Zeit. Die Barockgärten der grossen Schweizer Klöster lassen sich deshalb durchaus mit den Fürstengärten jener Jahrhunderte vergleichen und übertrafen in dieser Hinsicht auch die weltlichen Barockgärten der Schweiz. Nicht die Schweizer Handelsherren, Bankiers und Kaufleute, sondern allein die Fürstäbte der Klöster konnten sich derartig aufwendige, hinter den Klo-

Links: Zürich · Kloster Rheinau. Inneres der Magdalenenkapelle mit dem 1931 entfernten, künstlichen Grottenwerk von 1761.

Solothurn · Frauenkloster der Visitation. Intimes Kräutergärtchen mit Wegkreuz und Blumenrondell in der Mitte.

stermauern verborgene Gartenanlagen leisten. So bietet denn die Entwicklung der klösterlichen Gartenkultur in der Schweiz folgendes Bild:

Von den vier Gattungen des St. Galler Klosterplans von 816 blieb einzig der Kreuzganggarten dem Kloster vorbehalten, denn Kräuter-, Gemüse- und Baumgärten sind auch ausserhalb der Klöster im profanen Bereich anzutreffen. Der in der Regel eher bescheidene Kreuzganggarten war jedoch hinsichtlich seiner Gestaltung und Bepflanzung sehr stark der jeweiligen Entwicklung der profanen Gartenkunst unterworfen und besass keinen autochthonen Charakter.

Anders verhielt es sich bei den Wurz- und Kräutergärten, die als eigentliche Erfindung oder Schöpfung der klösterlichen Gartenkunst schon sehr früh als Burg-, Bürger- und Bauerngärten auftauchen, sich in ihrer ursprünglichen Zusammensetzung erhielten und noch bestehen. Der Wurz- und Kräutergarten blieb somit – im Gegensatz zum Kreuzganggarten – nicht dem Kloster vorbehalten. Zweifellos haben die Klöster auch die Gemüse- und Baumgärten im Rahmen ihrer kultivierenden Tätigkeit gefördert, doch sind diese als Nutzgärten Allgemeingut geworden und in den Klöstern nicht zur Kunstform entwickelt worden.

Eigenartig verlief die Entwicklung der Zier- und Lustgärten, zu denen die Klöster mit dem Kräutergarten den Grundstock legten. Sie wurden, nachdem sie ausserhalb der Klöster eine ungeahnte Vollkommenheit erreicht hatten, vom 16. Jahrhundert an von den Klöstern in dieser weltlichen Form sozusagen als neue Gärten wieder übernommen. Somit schufen die Klöster die Basis zu zahlreichen Gartentypen, die sich ausserhalb des Klosters voll entfalten konnten.

Der Beitrag der Klöster zur Gartenkunst in der Schweiz besteht deshalb einerseits in der Tradition der Kräutergärten, die vor allem im Schweizer Bauerngarten zu einer in Europa einzigartigen Blüte gelangten, anderseits in der Übernahme der französischen Parterregärten, sozusagen stellvertretend für die in der Schweiz fehlenden Fürstengärten.

Bauerngärten

Innerhalb der historischen Gärten stellt der Bauerngarten eine Erscheinung eigener und besonderer Art dar. Seine Geschichte ist zwar eng verbunden, ja verwandt mit jener der herrschaftlichen und klösterlichen Gärten. Bisweilen geht die Verwandtschaft so weit, dass es schwierig ist zu sagen, wer eigentlich den Anstoss zu einer Innovation gegeben hat, wer bei der Einführung neuer Gestaltungs- und Ordnungsprinzipien führend gewesen ist. Haben beispielsweise die Bauerngärten den alten Klostergärten als Vorbild gedient, oder war es umgekehrt? Bevor wir auf diese und ähnliche Fragen eintreten können, müssen einige elementare Feststellungen gemacht werden. Der Bauerngarten verdankt seine Geburt einem Loslösungsvorgang. Er entstand in jenem Augenblick, in welchem ein Bauer ein Stück Land von der genossenschaftlichen Flurnutzung ausnahm, um es als Sondernutzungsrecht zu erklären. Das geschah verhältnismässig früh, denn wir finden bereits in St. Galler Urkunden des 8. Jahrhunderts Hinweise auf eingefriedete, eingezäunte Gärten. Sicher ist aber der Bauerngarten älter als diese sehr frühen schriftlichen Hinweise und Nachweise. Wir gehen nicht fehl in der Annahme, dass er so alt ist wie die bäuerliche Kultur selber, das heisst, dass er auf rund viertausend Jahre zurückblicken kann. Dank den archäologischen Forschungen wissen wir, dass in der jüngeren Steinzeit (4000–1800 v.Chr.) Weizen, Mohn und Hirse gepflanzt worden sind (Funde in Robenhausen/Wetzikon, Zürich). In der *Bronzezeit* (1800–800 v.Chr.) pflanzte man, wie wir aus einer Ausgrabung vom Zürcher Alpenquai wissen, auch Gemüse wie Kohl. Wie die Gärten der Frühzeit aussahen, weiss man nicht, da es für die Frühzeit keine schriftliche Quellenüberlieferung gibt. Besser unterrichtet sind wir über die *römische Zeit*. Damals gab es bereits eine eigentliche Gartenkultur. Aus schriftlichen Quellen – wir denken etwa an die grossen Agrarschriftsteller – wie auch aus archäologischen Untersuchungen ist bekannt, dass zu den römischen Landhäusern immer ein Garten gehörte. In ihm gab es verschiedene Arten von Gemüse, Salat, Gewürzpflanzen sowie Blumen wie Rosen und Lilien. Als Einfassungspflanze verwendeten die Römer, wie wir etwa aus den Untersuchungen im englischen Fishbourne wissen, Buchs.

Wieweit die *Alemannen* die Erkenntnisse der römischen Landwirtschaft und Gartenbaukunst übernahmen, ist noch wenig abgeklärt. Sicher hatten sie eigene Erfahrungen im Pflanzenbau. Bekannt ist jedenfalls, dass sie viele Ausdrücke des Feld- und Gartenbaues dem Lateinischen entlehnten. Dazu gehören Gebäudebezeichnungen wie Speicher, Werkzeuge wie Sichel, Striegel, Stiel, Flegel, Wanne, Korb, Gemüsepflanzen wie Erve, Wicke, Kohl, Rettich, Zwiebel, ebenso alle Obstsorten ausser dem Apfel. Auf Grund von Grabungsergebnissen lassen sich für die alemannische Zeit Erbsen und Bohnen sowie auch Färberwaid nachweisen. Diese Pflanze ist noch in spätmittelalterlichen Bauerngärten anzutreffen, sie wurde erst durch importierte Färbemittel wie Indigo verdrängt. Manche Aufschlüsse über den Gartenbau der Alemannen erhalten wir aus den Volksrechten. Ihre Durchsicht ist äusserst aufschlussreich. Sie zeigt, dass die Volksrechte sich in ihrer Grundhaltung nicht als Spiegel landestypischer Rechte erweisen. Sie sind vielmehr Erzeugnisse einer europäischen Schicht, die das Gedankengut der Antike in die germanische Welt hinübergerettet und verarbeitet hat. Wenn sie nun immer wieder und überall die gleichen Pflanzen, ja selbst ähnliche Zäune erwähnen, müssen wir auf eine ähnliche Gartenkultur und gemeinsame Wurzeln schliessen. Sie sind in der antiken Welt zu suchen.

Die Gartenkultur, auch die bäuerliche des *frühen Mittelalters*, wurde indessen wesentlich auch von den Klöstern beeinflusst und gefördert. Sie verbreiteten die gärtnerischen Kenntnisse der Antike, doch sind die klösterlichen Gärten ihrerseits Nutzniesser bäuerlicher Gartenkenntnisse. Dank der Lektüre antiker Schriftsteller erhält das Naturgefühl eine andere und neue Dimension: es entsteht so etwas wie ein eigentliches Gartengefühl. Dafür allerdings scheint der Boden bei der bäuerlichen Bevöl-

Zürich · Pfarrhaus von Schlieren, um 1695. Jedes Pfarrhaus besass wie die Bauernhäuser einen Gemüse- und Kräutergarten. Hier liegt er links neben dem Haus nahe beim Baumgarten.

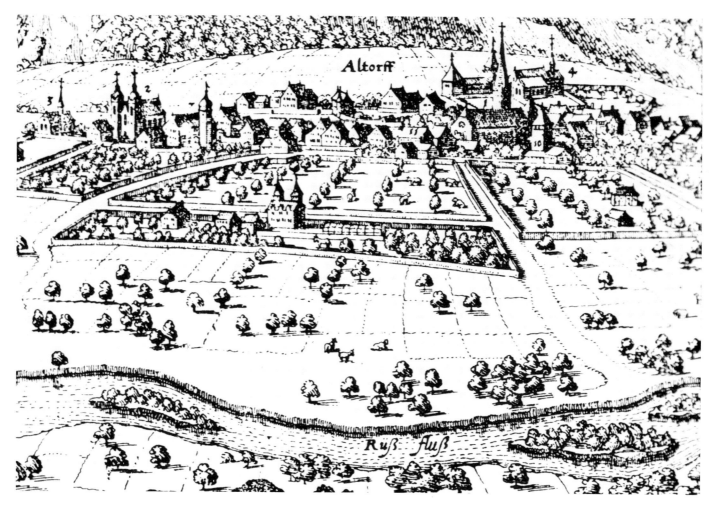

Altdorf. Stich von Merian, 1654. Die einst mit Staketen eingefassten Gärten und Baumgärten sind mit Mauern umgeben. Im Vordergrund ein Herrensitz mit grösserem Garten.

kerung noch kaum vorbereitet; hingegen war sie sicher empfänglich für gärtnerische Techniken und für Nutzpflanzen. Wie diese Technik damals aussah und welche Pflanzen die klösterlichen und somit im übertragenen Sinne auch die bäuerlichen Gärten enthielten, wissen wir dank dem *St. Galler Klosterplan* von 816. Da gab es Zwiebel, Lauch, Sellerie, Rettich, Mangold, Knoblauch, Schalotten, Kerbel, Lattich, Pastinak, Kohl und Schwarzkümmel. An Gewürzen werden aufgezählt: Koriander, Dill, Mohn, Petersilie, Liebstöckel, Rosmarin, Minze und Salbei. Dazu kommen Rosen, Lilien und Schwertlilien. Die Blumen sind Teil des Nutzgartens und nicht abgetrennt.

Das Schema des Klostergärtchens hat während rund tausend Jahren dem Bauerngarten als Vorbild gedient. Fortan gibt es im Bauerngarten diesen Dreiklang: Gemüse, Gewürzpflanzen und Blumen. Neue, andere Gruppierungen sind selten. Alle Wandlungen haben sich innerhalb dieses Schemas vollzogen. Das ist ebenso erstaunlich wie die Tatsache, dass der Garten von St. Gallen in dieser frühen Zeit bereits alle wesentlichen Elemente enthält. Nur deshalb konnte er ja auch zum Prototyp werden.

Im *Hochmittelalter* mehren sich die Angaben über den Gartenbau in unserem Land. Allerdings sprechen die Urkunden aus ländlichen Gegenden zunächst nicht von «horta» (Gärten), sondern, wie die Einsiedler Urkunde von 1143, von «culta» (Pflanzungen). Es ist in vielen Fällen nicht ersichtlich, ob das Gemüse feldmässig oder in Gärten angebaut worden ist. In Urkunden vom Jahre 1290 wird hingegen deutlich von einem Haus, einer Hofstatt und dem dazugehörigen Garten gesprochen. Erstmals wird hier auch von Gartenzehnten berichtet. So heisst es in einer Urkunde von 1284, dass die Altdorfer der Äbtissin von Zürich einen Gemüsezehnten schuldeten. Im Hochmittelalter bildeten indessen nicht nur diese Gärten, sondern auch die städtischen Gärten einen wichtigen Teil der Selbstversorgung. Es überrascht deshalb nicht, wenn sie in den Urkunden recht zahlreich erscheinen. Es handelt sich zumeist um Nutzgärten bäuerlicher Art. Allerdings gibt es schon im 15. Jahrhundert auch Angaben über Ziergärten. In seiner Beschreibung der Schweiz aus dem Jahre 1479 notiert Albrecht von Bonstetten, dass die Berner ihre Häuser mit «gertlinen» geziert hätten. Neben den Gemüsegärten hätten sie auch

Lustgärten gehabt. Stadtdarstellungen aus dem Ende des 15. oder aus dem beginnenden 16. Jahrhundert zeigen geschlossene Gemüsepflanzungen in einfacher, beetmässiger Aufreihung sowohl innerhalb wie ausserhalb der Mauern.

Der Bauerngarten selber trat im 16. Jahrhundert in eine neue Phase. Damals liess er sich von herrschaftlichen, nach italienischer Art angelegten *Renaissancegärten* beeinflussen. So wurde die Beeteinteilung übernommen, und sodann begann man mehr und mehr im bäuerlichen Garten auch den Buchs zu verwenden. Das äussere Bild des bäuerlichen Gartens jener Zeit unterscheidet sich denn auch kaum von einem «giardino segreto», einem kleineren Renaissancegarten Italiens oder der Schweiz. Ja, zwischen einem typischen Renaissancegarten, jenem der Villa Capponi in Arcetri etwa, und einem Emmentaler Bauerngarten bestehen so frappante Übereinstimmungen, dass man an direkte Bezüge denkt. Die wirklichen Beziehungen waren komplexer und vielfältiger. Zweifellos haben auch die Naturforscher aus dem Kreis der Humanisten grossen Einfluss gehabt. So wissen wir beispielsweise, dass Conrad Gesner sich nachhaltig mit den bäuerlichen Gärten befasste; er hat sie ja auch beschrieben. Zahlreiche Anregungen gingen von ihm wie auch vom Luzerner Renward Cysat aus. Besonders Cysat pflegte enge Kontakte mit Bauern, und seine Erkenntnisse kamen unmittelbar auch den bäuerlichen Gärten zugute. Dank ihm weitete sich auch der bäuerliche Pflanzenbestand aus. So führt er beispielsweise aus Italien neue Birnensorten und auch Pfirsiche ein. Seine Anstrengungen bilden einen Teil des gesamten – zweifellos nirgends beschriebenen – «Programms» des 17. Jahrhunderts, das eine Ausweitung des früheren, bescheidenen Pflanzenbestandes anstrebte.

Die Kenntnis, die wir über die Gärten des 17. Jahrhunderts haben, hat uns unter anderem Bauhin vermittelt, und über den klassischen Garten gibt uns auch ein Rheinauer Mönch Aufschluss. In einem Küchenrodel beschrieb er alle im Kloster angebauten Gemüse, Gewürze und Obstsorten. Er zählt nicht weniger als 23 Gemüsesorten auf, dazu kamen die Gewürze.

Gefördert wurde die Gartenkultur auch durch Gartenanleitungen und Topographien. Wir denken da etwa an Merians Werke sowie vor allem an die *Hausväterliteratur*. Als «Hausväter» bezeichnet man herkömmlicherweise jene Agrarschriftsteller, die in weitausladender Barockfülle Regeln und Anleitungen zur Hauswirtschaft übermitteln. In der gesamten Hausväterliteratur spielt der Garten eine zentrale Rolle. Das Wissen war damals schon so gross, dass es selbst in einem umfangreichen und dicken Hausväterbuch nicht mehr Platz hatte. Es spalteten sich denn auch dauernd Teile ab, und es entstanden die speziellen Lehren für die Verwaltung, dann auch die Kräuter-, die Tier- und Gesundheitsbücher. Dazu kamen namentlich auch Gartenbücher. Zu ihnen gehört der «Pflantzgart» des Berners *Daniel Rhagor,* der im Jahre 1639 erschien und den Obst-, Kraut- und Weingarten beschreibt. Wie weit er auch die bäuerliche Praxis beeinflusst hat, ist

Baselland · Hofgut Mittlerer St. Romai oberhalb von Lauwil. Bauerngarten in Kreuzform mit Rondell in der Mitte.

Bern · Emmentaler Bauernhaus bei Signau. In ganzer Breite dem Hause vorgelagert, enthält der Bauerngarten verschiedene Formen von Blumen- und Gemüsebeeten in symmetrischer Anordnung.

natürlich schwer zu ermitteln. Sicher ist, dass ihm zahlreiche Impulse vor allem auf dem Sektor Obstkultur und Baumzucht, insbesondere der Technik des Pfropfens, zu verdanken sind. Um 1705 erschien auch das erste und einzige Hausväterbuch der Schweiz, die «Georgica helvetica curiosa» des Baslers *Emanuel König*. Sie ist noch ganz der Tradition des 17. Jahrhunderts verpflichtet, enthält aber doch gegenüber Rhagor einige Neuigkeiten. König selber bemerkt in der Vorrede, dass sich seit Rhagor Verschiedenes gewandelt und gemehrt habe. Viele zu dieser Zeit gebräuchlichen Gartengewächse seien nicht erwähnt. Von Pomeranzen- und Zitronenbäumen sowie vom Blumenwerk sei fast gar nichts, von den Arbeiten im Stall nur wenig zu lesen. Auch finde man keine Angaben über die jetzt (zu Königs Zeiten) immer mehr sich ausbreitenden kleinen Zwergbäume, die Spalier- und Buschbäume. Auch König erwähnt, dass in den bäuerlichen Gärten Buchs gehalten werde. Man benütze ihn auch zur Herstellung von Pyramiden oder gar Portalen. Die Beete werden mit Kies oder mit Sand bestreut, es sei aber auch üblich, sich aus den Lohmühlen Abfälle, das heisst kleine eichene Rindenstücklein, zu holen. Wegen ihrer «Schärffe verhindern sie Ungeziefer und Unkraut». Bei König finden sich nun auch alle Elemente des *französischen Barockgartens*. So hat er unter anderem empfohlen, in die Mitte oder in die Ecken des Bauerngartens einen sogenannten Musterbaum (buisson) zu pflanzen. Sicher war Emanuel König nicht der einzige, der den schweizerischen Bauern die Kenntnisse des französischen Barockgartens übermittelte und beibrachte. Manches fusst auf der direkten Anschauung der damals neu angelegten oder umgewandelten architektonischen Herrschaftsgärten. So wurde damals im tektonischen Garten eine ganze Gruppe von Blumen in Beeten ornamentartig gefasst. Mehr und mehr ist im 18. Jahrhundert der Garten mit dem Haus durch die Wiederholung etwa der Ründe (Giebelbogen) mit dem Haus verbunden worden – wie wir das im Emmental feststellen können. Springbrunnen, Gartenhäuser und andere Dinge sind sicher auch dem herrschaftlichen Bereich entnommen worden.

Zehn Jahre nach König erschien in Zürich der «Eydgnössische Lustgarte» des Zürchers *Johannes von Muralt*. Er gibt an, welche Gemüse, Gewürze und Blumen sich zu seiner Zeit namentlich in zürcherischen Gärten befanden. An Gemüsen und Gewürzen zählt von Muralt auf: die Schwarzwurzel – sie war damals noch ziemlich selten –, sodann Borretsch, Salbei, Wallwurz, Violen, Pastinak, Artififi, Blauer Bocksbart, Kürbis, Stielmangold, Peterli, Lavendel, Estragon, Mönchsrhabarber, Fleischkraut, Tomate (neu) und das grosse Peterskraut. Dass die herrschaftlichen Gärten als Formbilder und Vorbilder Kraft hatten, geht aus verschiedenen zeitgenössischen

Schilderungen, vor allem aber aus Ansichten und Plänen hervor. So zeigt etwa der Plan des Zürcher Geometers Müller, dass im Bereich der Stadt Zürich auch bäuerliche und bürgerliche Gartengestalter den grossen Vorbildern nachzueifern suchten. Selbst auf der Landschaft sind solche Tendenzen greifbar. So werden auf dem Islerschen Plan von Wädenswil um 1769 Gärten gezeichnet, die deutlich städtischen beziehungsweise französisch-italienischen Einfluss verraten.

Solche Tendenzen sind indessen nur auf dem Hintergrund der allgemeinen sozialen und ökonomischen Wandlungen verständlich, und vor allem sind sie nicht erklärbar ohne das grosse und umfassende Wirken der *Patriotischen Ökonomen*. Der Anbau von Gemüse und von Obst, bisher vor allem den Frauen überlassen, müsse im Interesse einer vielfältigen Ernährung auch von den Männern in Angriff genommen werden, war ihr Credo. In ihren Anleitungen traten die Ökonomen für mannigfache Verbesserungen des Gartenbaues ein, sie propagierten Mittel gegen Gartenschädlinge wie Maulwürfe, Blattläuse und Schnecken; ausserdem machten sie Propaganda für neue Gemüse- und Salatsorten und gaben Anleitungen zur Anpflanzung lebender Hecken und Hänge heraus. In Bauerngesprächen versuchten sie, ihren Partnern beizubringen, dass der Nutzen im Garten grösser sei als der Aufwand. *Kleinjogg,* das grosse Idol und Vorbild der Patriotischen Ökonomen, schenkte dem Garten grösste Aufmerksamkeit. Im Garten setzte er vor allem auch die Kinder ein. Die Gartenarbeit sei, so meinte er, eine leichte und angemessene Arbeit, und die Kinder könnten sich im Garten nach und nach an härtere Feldarbeiten gewöhnen.

Allein, das 18. Jahrhundert war nicht so rational, wie wir uns das gemeinhin vorstellen. Es trachtete nach Schönheit, und vor allem auch nach «Rarität». Neue, seltene, fremde und exotische Blumen waren begehrt. Die *Tulpomanie* – schon im 17. Jahrhundert bekannt – verbreitete sich im 18. Jahrhundert weiter. Man könnte allerdings ebensogut von einer allgemeinen Exoten-Manie sprechen. Kaum ein Jahrhundert war wie das 18. Jahrhundert so bereit, neue Kulturpflanzen einzuführen. In der Literatur wird vom Mandelbaum, vom Feigenbaum, vom Lorbeer- und Granatbaum, ja selbst vom Ölbaum, der in der Westschweiz vorkommt, gesprochen. Ein Autor erwähnt den Anbau von Melonen in Unterseen, ein anderer in Bern, und schliesslich wird auch von Artischocken in Orbe gesprochen. Die Fülle von verschiedenen mediterranen Kulturpflanzen vor allem in der Westschweiz würde die Frage nach einer Änderung des Klimas aufwerfen, doch wie Untersuchungen des Witterungsverlaufes er-

Baselland · Gelterkinden. Bauerngarten am Dorfrand mit vier von Buchs umrandeten Blumenbeeten in der Nähe des Hauses.

Bern · Lützelflüh im Emmental, Bauerngarten Lüthy.
Klassische Anordnung der Blumen in einem fünfteiligen Rondell.

gaben, war das Agroklima in dieser Zeit nicht günstiger als das heutige.

Im *19. Jahrhundert* erhält der Bauerngarten neue Funktionen. Es kommt zu einer Aufwertung, teilweise auch Neuinstrumentierung. Sein neues Gesicht ist nicht denkbar ohne die allgemeinen wirtschaftlichen, soziologischen und geistigen Wandlungen. Vor allem haben wir immer wieder zu bedenken, dass im Zeitalter der Massenarmut der Garten tatsächlich auch wesentliche Beiträge zur *Selbstversorgung* erbringen konnte. Allerdings scheint diese Erkenntnis damals nicht überall vorhanden gewesen zu sein. Um 1855 bemerkte der grosse schweizerische Statistiker und Bundesrat Stefano Franscini, dass viele Leute, auch Bauern, in Graubünden, im Wallis und im Tessin «die Vorteile verkennen, die eine Familie aus kleinen, gut kultivierten Gärten ziehen kann». Im Tessin werde trotz der Fruchtbarkeit des Bodens und der guten Möglichkeiten jährlich Gemüse im Betrag von 80 000 Livres eingeführt. Ähnliche Klagen hören wir auch aus anderen Kantonen. Obschon man im Kanton Zürich – so meinte zum Beispiel H. Schinz – «leicht alle Arten von Gemüse pflanzen könnte, die man in Deutschland pflanzt, so werden doch viele wenig oder nicht gepflanzt. Wir stehen weit hinter unseren Nachbarn in Basel und in einigen Gegenden vom Thurgau zurück.» Offenbar kam es aber um die Jahrhundertmitte zu einer Änderung. Ein Kenner der Gartenkunst registriert um 1852, dass die Gärten bis vor kurzem noch sehr einfach angelegt waren, dass man in der Pflanzung wenig Abwechslung hatte: Mangold, Spinat, Kefen, Kabis, Zwiebeln waren die gewöhnlichen Gartenprodukte. Nirgends fanden sich Zwergbäume und feines Obst in den Gärten, jetzt sei das ganz anders geworden. Man könne jetzt auch verschiedene Zuckererbsen, ferner feine Stickel- und Buschbohnen und Kohlarten, Blumen und Rosenkohl, frühe und späte Wirzsorten, frühe und späte Kohlraben feststellen. Der alte, schöne Grundsatz, es müsse bei jedem Haus auf dem Lande auch ein Garten sein, sei jetzt allgemein: «Jetzt finden sich nur wenige Häuser vor, bei denen keine Gärten vorhanden sind.» Auch die Blumensortimente seien erweitert, ja wie ganz allgemein der Sinn für das Schöne und Liebliche zugenommen habe. Von grossen Fortschritten im bäuerlichen Garten zwischen 1815 und 1860 berichtet auch der Rafzer Arzt Johann Jakob Graf. Aus anderen Kantonen vernehmen wir gedämpfteres Lob. Im Kanton Schaffhausen sei der Gartenbau, schreibt Eduard Imthurn, um 1840 recht unbedeutend, und im Kanton Unterwalden war die Gartenkunst, nach A. Businger, sozusagen unbekannt. Dagegen befand sich der Gartenbau im Kanton

Solothurn · Wolfwil, Gasthaus «Zum Kreuz». Die Mitte der mit Buchs eingefassten Beete wird von dem aus den Herrschaftsgärten übernommenen Springbrunnen aus dem 18. Jahrhundert betont.

Appenzell um 1835 nach dem Zeugnis von Gabriel Rüsch im freudigen Fortschreiten. Auch im Kanton Glarus gehörte noch in der Mitte des letzten Jahrhunderts zu jedem Haus ein Garten. Im Kanton Schwyz werden nach Gerold Meyer von Knonau zwar Küchengewächse gezogen, doch reiche das nicht für den Bedarf hin, obwohl er relativ klein sei. Erspriessliche Fortschritte sind nach dem Zeugnis von Franz Xaver Bronner im Kanton Aargau gemacht worden. Im Kanton Graubünden konnte der Gartenbau im 19. Jahrhundert an eine reiche Tradition anknüpfen. Vor allem hat sich am Ende des 19. Jahrhunderts im Engadin der Garten grosser Beliebtheit erfreut. In den sonnigen Gärten von Zuoz, so berichtet ein Chronist, «wird neben zahlreichen zur Zierde gezogenen Blumen in grosser Menge Gemüse verschiedener Art gepflanzt, welches den Sommer über den ersten Gasthöfen der Verkehrsgemeinden verkauft und von denselben teuer bezahlt werde». Im 19. Jahrhundert mehren sich auch die Stimmen und Kräfte, die für eine *Rationalisierung* des Gartens eintraten, und erstmals kommt es nun zu einer Auseinandersetzung zwischen den verschiedenen Strömungen. Mit Freude registrierte ein Verfasser im «Landwirtschaftlichen Wochenblatt» von 1862, dass viele alte Bauerngärten nach französischem Stil in den letzten fünfzehn bis zwanzig Jahren verschwunden seien, das Zeitalter der englischen Anlagen sei gebrochen. Die Exoten werden bekämpft. Um 1889 machte Xaver Steiner, ein Gärtner aus Schwyz, den Vorschlag, anstelle der Exoten heimische Obstbäume einzuführen. «Dazu kämen Himbeeren und Brombeeren, Weinreben und Efeu, lauter Arten, die wir auch im Bauerngarten finden.» Mancher Ratgeber und Gartenfreund ging damals von der Nützlichkeit der Erwägungen aus und übersah bewusst oder unbewusst alte Gartentraditionen. So riet zum Beispiel A. H. Frey in einem Gartenbüchlein von 1897 von Buchseinfassungen ab, weil sie öfters verpflanzt und geschnitten werden müssten und ausserdem als Schlupfwinkel für Ungeziefer dienten.

Die Auseinandersetzungen um eine zeitgemässe Gartengestaltung gingen im *20. Jahrhundert* weiter. Es wurde beinahe leidenschaftlich darüber diskutiert, ob der Garten «landschaftlich» oder «architektonisch» zu gestalten sei, ob der Naturstil oder der Kunst- beziehungsweise Kulturstil besser sei. Zur gleichen Zeit, das heisst in den zwanziger Jahren, kam es zu einer Aufwertung des Hausgartens mit sozialen Motiven. Wiederum wird auch auf den Bauerngarten zurückgegriffen. Allgemein kann man feststellen, dass es in den zwanziger Jahren zu einer *Neuentdeckung des alten Bauerngartens* kam. Als im Jahre 1925 der Botanische Garten Bern anlässlich der schweizerischen Ausstellung für Landwirtschaft, Forstwirtschaft und Gartenbau einen Bauerngarten schuf, war dies eine kleine Sensation. Glücklicherweise wird dieser Garten auch heute noch betreut. Das ist für unser Thema von grosser Bedeutung. Denn wir wissen ja nicht mit Sicherheit, ob sich auch in Zukunft noch Bäuerinnen bereitfinden werden, den traditionellen Garten weiterzuführen. Eine eigentliche Unterschutzstellung kommt ja beim Garten – im Gegensatz zum Haus – zudem wohl kaum in

Baselland · Hofgut Marchmatt oberhalb von Reigoldswil. Bauerngarten in Hanglage auf zwei Terrassen mit Buchseinfassungen.

Frage. Der Botanische Garten Bern ist deshalb zusammen mit dem neugeschaffenen Bauerngarten des Au-Konsortiums auf der Halbinsel Au sowie in dem neuen Bauerngarten der Landwirtschaftlichen Schule in Eschikon (Zürich) Garant dafür, dass der Bauerngarten als Kulturdenkmal erhalten bleibt. Ähnliche Ziele wie die Schöpfer dieser Gärten verfolgte auch der Gartengestalter J. Schweizer, als er für die Landesausstellung 1939 in Zürich zwei Bauerngärten schuf. Der eine mit der traditionellen Buchseinfassung befand sich beim grossen Bauernhaus, der andere mit Steineinfassung vor dem Haus des Bergbauern.

Wieweit dieses und andere Beispiel damals anspornend wirkten, wird schwer zu ergründen sein. Tatsache ist, dass zwischen 1935 und 1945 mancher Garten umgestaltet wurde. Im ganzen gesehen verlor der traditionelle Bauerngarten nach 1945 an Bedeutung, «denn der Einfluss des städtischen Gartens ist bis in die entlegensten Dörfer vorgedrungen und hat das noch Vorhandene wenn nicht ganz verdrängt, so doch in seiner ursprünglichen Art stark verändert. Schuld daran tragen nicht nur die Bäuerinnen, sondern auch die Gärtner. Bei jeder Änderung wurde das Alte oft absichtlich entfernt und durch Neues, Unpassendes ersetzt.» D. Woessner, der zu diesem Urteil kam, hat einige Gründe richtig gedeutet. Die Ursachen sind indessen komplexer und auf ganz verschiedenen Ebenen zu suchen. Zunächst ist die Wandlung zum grossen Teil auch auf die Überbeanspruchung des Bauern und der Bäuerin zurückzuführen. Dazu kommen psychologisch-geistige Faktoren. Mehr und mehr setzte sich in den letzten Jahrzehnten vor allem bei den jüngeren Bauern die Auffassung durch, dass der bäuerliche Betrieb in erster und letzter Linie nach dem Prinzip der Rendite zu führen sei. Die rein rationale Denkweise trat in den Vordergrund, wenn auch nicht zu verkennen ist, dass sie vor allem in den allerletzten Jahren nicht allein Ziel und Leitmotiv der jüngeren bäuerlichen Generationen darstellt. Neuerdings beginnt sich die Auffassung durchzusetzen, dass mit der Aufgabe von traditionellen Werten – und dazu gehört auch der Bauerngarten – ein Stück alte Kultur unwiederbringlich verlorengeht. Es ist deshalb glücklicherweise so etwas wie eine zweite «Renaissance» des klassischen Bauerngartens vorauszusehen.

Burg- und Stadtgärten des Mittelalters

Die Klöster, die ritterlich-höfische Gesellschaft und die Städte des Mittelalters kannten keine eigentliche Gartenkunst und widmeten sich vor allem dem Nutzgarten, obschon Literatur und Kunst jener Zeit ein völlig anderes Bild vermitteln. Das Vorbild blieb der in den frühmittelalterlichen Klöstern entstandene Garten, auch wenn dieser den jeweiligen Bedürfnissen entsprechend umgewandelt worden ist. Bereits die Landgüterverordnung Karls des Grossen, das «Capitulare de villis», entstanden um 800, beweist eindeutig, dass im frühen Mittelalter die grundherrschaftliche Naturalwirtschaft überwog und für die Gartenkunst wenig Raum übrigblieb. Die Klerikerschriften und Hofgüterinventare geben deutliche Hinweise für die Nutzgärten, nicht aber für die Ziergärten. Aus diesem Grunde sind auch die Kloster- und Burggärten des Mittelalters vorwiegend Nutzgärten – mit Ansätzen oder Vorformen von Ziergärten. Die *karolingische Villa* und später der *fränkische Hof* umfassten lediglich den eingefriedeten Bezirk von Wohn- und Wirtschaftsgebäuden, Äckern, Wiesen und Feldern und erweisen sich unter diesem Aspekt als Hofgut, vergleichbar mit einer Art Manoir oder Landsitz, der von einer Mauer umschlossen war, weil er auf dem Lande lag. Ein typisches Beispiel hiefür dürfte der erst 1227 erwähnte Birsfelderhof bei Basel sein. Er gehörte später dem Kloster St. Alban in Basel, erhielt sich aber in der Form eines fränkischen Hofes bis weit ins 17. Jahrhundert hinein und glich eher einer Klosteranlage denn einer antiken Villa urbana.

Erst das berühmte Werk von *Albertus Magnus* (1193–1280), Bischof von Regensburg, lieferte die Grundlage zur Entwicklung von eigentlichen Lustgärten, obschon die naturwissenschaftliche Schrift «De vegetabilibus, liber septimus de mutatione plantae ex silvestritate in domesticationem» erst 1517 in Venedig veröffentlicht worden ist. Auch das Werk des Bologneser Adligen Petrus de Crescentius, das 1305 vollendete «Opus ruralium commodorum», veröffentlicht 1471 in Augsburg, sowie Boccaccios Gartenschilderungen und andere Gartenanweisungen beeinflussten nur die Oberschicht.

Die zahlreichen Nachrichten über das Leben der *ritterlichen Gesellschaft* im Garten des 12. und 13. Jahrhunderts lassen vermuten, dass damals dieser Stand in Europa die kulturelle Führung übernahm. Die Zeit des Burgenbaus, des Minnesangs und der Kreuzzüge trug wesentlich zur Verbreitung der Kenntnisse über die Gartenkunst bei. Die dominierende Rolle, die der Garten im Leben des Adels einnahm, führte dazu, dass sich darin die Lebensweise und die Denkart des Adels am vortrefflichsten widerspiegelte. Minnedienst und Marienverehrung steigerten die Stellung der Frau als Betreuerin des Gartens und rückten diesen in den Vordergrund des gesellschaftlichen Lebens. Die Darstellungen von Paradies- und Liebesgärtchen in der Literatur und in der Malerei, der «Roman de la Rose» und die Mariengärtchen zeugen von der Verwendung des Gartens als Sinnbild der Frau, vermischt mit erotischen Gefühlen, als Mariensymbol mit dem «hortus conclusus», als Symbol der Kirche, des Paradieses, der Unkeuschheit und des Lebens schlechthin.

So wird beispielsweise das Wort «Blumenpflücken» in den «Carmina Burana» von einem Mädchen eindeutig doppelsinnig verwendet, wenn es sagt:

«Ia wolde ih an di wisen gan
flores adunare
do wolde mich ein ungetan
ibi deflorare.»

Heinrich von Laufenberg dichtet noch um die Mitte des 15. Jahrhunderts im Sinne der Mariensymbolik:

«Gleich als eine grüne Wies ist g'ziert
lustlich mit Blümlein schön,
so ist Maria figuriert ...»

Da man sich das himmlische Paradies als Garten vorstellte, sah man im Garten das himmlische Paradies, so dass Erec dichten konnte:

«wir haben hie besezzen
daz ander paradise»

Wirkteppich mit der Darstellung eines Liebesgartens im Stil des elsässischen Meisters E.S., 1460–1470. Dame windet ihrem Liebhaber einen Kranz. Historisches Museum Basel.

Paradiesgärtlein, um 1420. Idealisierte Darstellung eines Burggärtleins mit Maria und zahlreichen Heiligen im höfischen Stil. Städelsches Kunstinstitut in Frankfurt.

In der Schweiz sind literarische und bildliche Darstellungen dieser Gartensymbolik vorwegs im Umkreis von Konstanz und am Oberrhein zu suchen. In ihren engen Burgen eingeschlossen, entwickelten die Adligen ein besonders intensives Naturgefühl. Man genoss das freie Leben im Baumgarten und auf dem Anger, spielte und speiste auf den Wiesen oder suchte dort Erholung. Auch wenn die Bäume und Wiesen auf den Darstellungen der Manessischen Liederhandschrift aus dem Beginn des 14. Jahrhunderts noch sehr stilisiert sind, so zeugen sie doch von der Liebe zur freien Natur. Jacob von Warte nimmt sein Bad unter einem Baum im Garten, Chunrat von Altestetten schläft in den Armen seiner Geliebten unter einem Baum, und Rost Kilcherre zu Sarne wird im Garten zum Ritter geschlagen.

Noch aufschlussreicher in dieser Hinsicht sind die zum grossen Teil in Basel und im Elsass im 15. Jahrhundert entstandenen Wirkteppiche. So zeigt beispielsweise der im

Historischen Museum in Basel aufbewahrte *Liebesgarten* ein Liebespaar beim Schachspiel, ein kosendes Paar beim Tisch mit einem bekränzten Jüngling, der eine Traube abschneidet, eine Dame, die ihrem Liebhaber einen Kranz windet, einen Liebhaber, der seiner Dame eine Fruchtschale reicht, und ein Liebespaar beim Kartenspiel. Sämtliche Szenen spielen sich vor einem Rebspalier ab. Ein anderer Liebesgartenteppich zeigt ein kartenspielendes Paar im Minnezelt. Diese prächtigen Teppiche hingen in den Räumen reicher Basler Bürger, die es sich leisten konnten, «Heidnischwerkerinnen» anzustellen. Typisch für die Basler Teppiche ist der mit einem Blumenhag oder einem Rebspalier abgeschlossene Bildhintergrund, der eine realistische Fassung des gotischen Rankenmusters darstellt.

Ebenfalls am Oberrhein, wenn nicht sogar in Basel, dürfte das bekannte *Paradiesgärtlein* (um 1420, im Städelschen Kunstinstitut in Frankfurt) entstanden sein. In dem mit einer Zinnenmauer umgebenen Burggarten sind Maria und zahlreiche weibliche und männliche Heilige wie eine ritterliche Gesellschaft dargestellt. Der Garten enthält die damals bekannten Elemente: die Blumenwiese, den Baum, den Brunnen und die mit Brettern und Pflöcken gestützte Rasenbank, die gleichzeitig als Blumenbeet diente, wie es Albertus Magnus empfohlen hatte. Ein sechseckiger Steintisch lädt zu Mahlzeiten im Freien ein. Auch die Blumen sind uns aus der Dichtung bekannt: auf der Rasenbank finden wir Malven, Schwertlilien, den Goldlack, die Levkoje und die Vexiernelke. Auf der Wiese blühen der Mauer entlang die rote Taubnessel, Ehrenpreis und ein Rosenstock. Am Brunnentrog wächst die Bachbunge, und am unteren Bildrand breiten sich Maiglöckchen, Gänseblümchen, Pfingstrosen und Akeleien aus. An der rechten Bildkante stehen hintereinander Schlüsselblumen, Johanniskraut und weisse Lilien. Im Rasen wachsen ausser Schlüsselblumen und Massliebchen auch Veilchen, Erdbeeren und Märzbecher. Maria sitzt wie eine Burgherrin vor der Rasenbank und blättert in einem Buch. Dorothea pflückt Kirschen von einem Baum in einen Flechtkorb, Cäcilia spielt zusammen mit dem Christuskind auf einem Psalterium, während eine andere Hei-

Manesse-Liederhandschrift, Anfang des 14. Jahrhunderts. Jacob von Warte im Bade im Garten unter einem Baum mit Helmzier und Wappen. Die Blätter des Baumes sind als Herzform stilisiert.

lige aus dem Brunnen Wasser schöpft. Auf der rechten Seite findet sich die Gruppe von drei Heiligen mit Georg und Michael mit erlegtem Drachen. Die im höfischen Milieu versammelten Heiligen umhüllt nicht ernsthafte Feierlichkeit, sondern die Heiterkeit der zauberhaften Natur, obschon die Pflanzensymbolik die Mystik jener Zeit widerspiegelt. Marienminne und mystische Naturbeseelung

«Madonna in den Erdbeeren», oberrheinisch, um 1400. Maria sitzt auf einer Rasenbank. Kunstmuseum Solothurn.

fliessen hier zusammen und vermitteln die Paradiesvision eines Ritters.

Eng verwandt mit dem Frankfurter Paradiesgärtchen ist das Bild der «Madonna in den Erdbeeren» in Solothurn, ebenfalls um 1420 entstanden. Maria sitzt hier auf einer von Holzplanken eingefassten Rasenbank, die dicht mit Erdbeeren bepflanzt ist. Dahinter erhebt sich ein Hag mit weissen und roten Rosen, während die Erde mit Veilchen, Maiglöckchen und Märzbechern verziert ist. Die späteren berühmteren Werke dieser Art, Stephan Lochners «Maria in der Rosenlaube» in Köln und Martin Schongauers «Maria im Rosenhag» in Colmar, illustrieren deutlich, dass der am Oberrhein entstandene Typus auch anderswo gepflegt wurde, auch wenn er später stilisierter und weniger naturnah erscheint.

In der Tat dürfte die Rasenbank unter der Rosenlaube ein beliebtes Element der noch kleinen mittelalterlichen Burg- oder Stadtgärtchen gewesen sein. Wir finden das Motiv deshalb auch auf einem Monatsbild vom zweiten Zürcher Rathaus aus dem 15. Jahrhundert und auf einem Teppich mit Tristan und Isolde aus dem 16. Jahrhundert, heute im Berliner Schlossmuseum.

Gärten dieser Art befanden sich beispielsweise in Zürich vor dem Lindentor, denn hier war ausser dem Wolfbach auch Quellwasser für einen Gartenbrunnen vorhanden. Der Ratsherr Rudolf Stüssi besass hier bereits 1425 einen Garten mit einem Privatbrunnen. Eine Vorstellung des Lebens in den Gärten reicher Stadtbürger einer mittelalterlichen Stadt vermittelt eine bemalte Bohlenwand aus dem Haus zum hinteren Pflug in Konstanz, seit 1902 im Schweizerischen Landesmuseum in Zürich. Die aus dem 15. Jahrhundert stammende Malerei zeigt unter anderem vor den Toren einer mittelalterlichen Stadt modisch gekleidete Paare, die sich neben einem Brunnen mit Lauten- und Kartenspiel, an Tafelfreuden oder mit Lustwandeln vergnügen, während rechts vom Brunnen eine Frau im Badebassin zu erkennen ist, das sich bis zu einem von drei Paaren belebten Aussichtsturm ausdehnt und mit einer Zinnenmauer abgeschlossen ist.

Auch wenn wir annehmen dürfen, dass am Rande der Städte mehr Platz für derartige Gärten vorhanden war als

Konstanz · Bemalte Bohlenwand aus dem Haus «Zum hinteren Pflug», aufbewahrt im Schweizerischen Landesmuseum, Zürich.

auf den Burgen, so dürfen wir uns nicht darüber wundern, wenn damals Schilderung und Wirklichkeit keineswegs übereinstimmten. Ja, man darf sogar vermuten, die in der Literatur und in der Kunst geschilderten Gartenideale seien ein Ersatz gewesen für das, was man so sehr vermisste. Oft ist es Wunschdenken und Wunschtraum, was als Wirklichkeit beschrieben wird. Nachrichten von Baumgärten und Angern, die man zum Vergnügen aufsuchte, besitzen wir nur von Fürstenhöfen, nicht aber von den Burgen und Städten der Schweiz.

Burggärten

Ideal und Wirklichkeit klafften bei den Burggärten noch weiter auseinander. Von keiner der zahlreichen mittelalterlichen Burgen der Schweiz erfahren wir etwas über einen Garten. Die ersten Ansichten von Burgen stammen aus dem 17. und 18. Jahrhundert und lassen deshalb höchstens hypothetische Rückschlüsse auf frühere Gärtchen zu. Die Burgenforschung hat sich mit diesem Thema noch nicht befasst. Immerhin vermittelt sie uns ein realistischeres und weniger romantisches Bild der Burgen und ihrer Bewohner und bestätigt in diesem Sinne indirekt, dass der mittelalterliche Burgbewohner das idyllische Leben auf der Rasenbank vor der Rosenlaube nicht kannte, sondern ein einfacheres Leben führte.

Zur Burg gehörte in der Regel als Existenzsicherung die Naturalwirtschaft eines Sennen- oder Bauernhofes, der in der Nähe oder ausserhalb der Burg lag und für den Unterhalt der Burgbewohner, die teilweise selbst landwirtschaftlich tätig waren, sorgte. Wenn wir ausserdem in Betracht ziehen, dass viele Burgen im Zusammenhang mit einer Rodung entstanden sind, so muss man im Lichte der neuen Burgenforschung immerhin festhalten, dass der Existenzkampf für die Gartenkunst keinen Raum übrigliess. Eine botanische Untersuchung einiger Burgruinen hat allerdings zu Ergebnissen geführt, die gewisse Hinweise auf Wurzgärtchen bei den Burgen liefern. Die Hypothese, dass sich aufgrund der *Flora der Burgruinen* Rückschlüsse auf die ehemaligen Burggärtchen ziehen lassen, ist allerdings mit Vorbehalt aufzunehmen. Ob es sich dabei tatsächlich um Überreste einer ehemaligen Kultur handelt, also um Pflanzen der ehemaligen Burgbewohner in meist kleinen Burg- oder Kräutergärtchen, wird schwer zu beweisen sein. Das Vorkommen zahlreicher, in der weiteren Umgebung der Burgruinen fehlenden Pflanzenarten lässt sich immerhin nur schwer anders erklären, als dass es sich um Reste früherer Gartenkulturen auf den Burgen handelt. Irgendwo auf der Burg, vorweg bei grös-

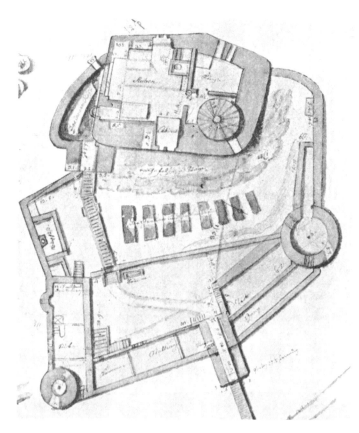

Baselland · Grundriss des Schlosses Wildenstein mit den Gartenbeeten im Burggraben, gezeichnet von G. F. Meyer, 1681.

Baselland · Schloss Waldenburg und Garten mit Springbrunnen in der Mitte. Stich von Büchel/Herrliberger, um 1750.

seren Anlagen, fand sich immer ein Platz, wo Kräuter, Heil- und Gewürzpflanzen sowie Blumen gehegt werden konnten. Einige davon haben sich nun tatsächlich in verwilderter Form auf den Burgruinen erhalten. Es sind dies die Kornelkirsche, auch «Dierlibaum» genannt, eine Pflanze des Südens, die in Kloster- und Burggärten angepflanzt wurde und als Mittel gegen chronischen Darmkatarrh Verwendung fand. Der Dierlibaum ist noch heute auf den Burgruinen Birseck, Dorneck, Reichenstein und Farnsburg anzutreffen. Auch die Stachelbeere, der schwarze und rote Holunder und die Berberitze gehören zu den Wildpflanzen auf Burgruinen. Der Mauerpfeffer als Mittel gegen Fieber, die Mehlbeere, die Vogelbeere und der Speierling waren bei den Burgbewohnern ebenfalls beliebt.

Unter den Kulturpflanzen findet man in der Nähe von Burgruinen den Gemüselauch, den Schlangenlauch, den Sauer- und den Gemüseampfer. Portulak, ein altes Suppenkraut, trifft man bei Angenstein und auf dem Wartenberg. Von den Heilpflanzen in der Nähe der Burgruinen seien folgende genannt: das Schöllkraut gegen Gelbsucht, Wechselfieber, Wassersucht und Warzen, der Dost gegen Krämpfe, Erkrankungen der Luftwege und des Darmes, die alten Heilmittel, das Mutterkraut und der Rainfarn sowie das Johanniskraut. Krautholunder soll von den Trossknechten in der Nähe der Burgen angepflanzt worden sein, um die Pferde gegen das Eindringen von Krankheiten zu schützen. Wacholder und Reckolder dienten den Burgbewohnern zum Würzen der Speisen.

Von den Zierpflanzen erhielten sich in der Nähe der Burgruinen die weisse Lilie und die Schwertlilie, die beide auch Heilzwecken dienten. Die ebenfalls vorkommende Apfelrose war bereits im Mittelalter eine Heil- und Zierpflanze. Auf Burgruinen fanden sich sodann der Goldlack, die Felsennelke und die Flaumeiche.

Als weitere Pflanzenart begegnen wir den sogenannten «Wehrpflanzen», die den Burgbewohnern zur Herstellung von Waffen dienten. So fand die Eibe Verwendung für Armbrustbögen sowie für Schäfte der Hellebarden und Spiesse.

Urkundliche Erwähnungen von Burggärten sind spärlich und selten erfasst worden. Einzig für den Jura-Nordfuss liegt ein Quellenwerk von Walther Merz vor, das auch über die Gärten bei oder in den Burgen Auskunft gibt. So wird beispielsweise für die im 14. Jahrhundert erbaute Farnsburg bereits im Jahre 1472 ein «Krutgarten under dem huss» erwähnt. 1696 lag er zwischen den beiden Fallbrücken und noch später im Graben zwischen der Burg und dem Felsen, während zwischen Burg und Berg ein Buchsgarten angelegt worden war. Auf Schloss Dorneck wird erst 1641 eine Mauer für den Krautgarten erwähnt. Häufiger stossen wir auf Erwähnungen von Gärten bei den Weiherschlössern. Beim Schloss Pratteln erscheint bereits 1440 ein Garten «der da lit in dem Bifang an der Burg», und 1521 erwähnen die Urkunden ausser dem Burggarten auch einen Baumgarten. Beide lagen wie beim Schloss Binningen 1547 und wie in Bottmingen ausserhalb des Weihers beim Burghof, wobei beim Schloss Bottmingen der Name des Burggartenschulhauses noch an den Standort des ehemaligen Gartens erinnert.

Darstellungen des Schlosses Hallwil und des Schlosses St-Maire in der Waadt aus dem 17. Jahrhundert zeigen uns Gärtchen innerhalb der Burg in der Form der gleich-

Schloss Greyerz. Barocke Gartenanlage auf der Ostseite des Schlosses, von Mauer mit Wehrgang und Türmen umgeben.

zeitigen Bauerngärten. Einen ähnlichen Garten finden wir im 17. Jahrhundert im ehemaligen Burggraben der Baselbieter Höhenburg Wildenstein. Weitere Bilddokumente aus dem 17. und 18. Jahrhundert lassen uns wenigstens die Existenz und den Standort von Kleinanlagen auf den Burgen erkennen. Beim Schloss Angenstein am Eingang ins Laufental lag das Gärtlein auf der Südseite der Burg. Das Schloss Birseck besass als zeitweilige Bischofsresidenz ausser einer Kapelle auch einen Burggarten auf einer künstlichen, südseitig gelegenen Terrasse. Auf Waldenburg lag der erste obere Schlossgarten auf der Südseite ausserhalb der Mauern, während sich der spätere untere Garten auf der Nordseite beim Wirtschaftshof befand. Auf der Homburg lagen ebenfalls zwei Gärtchen ausserhalb der Mauern. Die Lage der Burggärtchen entsprach somit der Zweckmässigkeit und der Besonnung. Oft befanden sie sich nicht mehr innerhalb der Burg, aber auf der unzugänglichen Seite oder dann – wie auf Neu-Thierstein bei Büsserach – ausserhalb der Burg.

Meist handelte es sich um einfache Kräuter- oder Wurzgärtlein, zum Teil mit Blumen, in längsrechteckigen oder quadratischen Beeten. Die ähnlich geformten Gemüsegärten der Burgen lagen indessen bei den zur Burg gehörenden Bauern- oder Sennhöfen. Erst im 16. und 17. Jahrhundert entstanden auch bei den Burgen grössere Gartenanlagen, sofern hierfür Platz vorhanden war. Sie entsprachen allerdings nicht mehr dem mittelalterlichen Burggärtchen, sondern den französischen Schlossgärten. Eigentliche Ziergärten, wie wir sie auf den mittelalterlichen Bildern und in der Literatur finden, gab es auf den Burgen in der Schweiz nicht. Wie die Klöster, so folgten auch die Burgen in der Renaissance und im Barock der jeweiligen Gartenmode und erhielten Gartenparterres, Gartenpavillons und Laubengänge, wie wir sie noch heute auf den Schlössern Greyerz, Wildenstein, Wartenfels, Heidegg und Ortenstein antreffen.

Schloss Wartenfels bei Lostorf. Gartenterrasse auf der Südseite. Im Vordergrund Gestaltung um 1920, im Hintergrund Hagebuchenhecken mit Aussichtstürmchen aus dem 17. Jahrhundert.

Stadtgärten

Mit der Verlagerung der wirtschaftlichen und politischen Macht vom Adel in die Städte und der Wandlung von der feudalen Naturalwirtschaft zur städtischen Geldwirtschaft tritt im späten Mittelalter die Stadt und mit ihr das Bürgertum an die Stelle des Adels. Erst der Stadt und dem reichen Stadtbürger war es vergönnt, das in Wirklichkeit zu erleben, was der Adel als Ideal von den Minnesängern hörte oder auf den Bildern sah.

Was für die Burgbewohner die Enge der Burgmauern, das war für die Städter die Enge der Stadtmauern. Zu Beginn der Stadtgründungen im 12. und 13. Jahrhundert kannte man diese Enge noch nicht, so dass auch innerhalb der Mauern grössere *Bürgergärten* und sogar Reben Platz fanden. Das Aufblühen der Städte im späten Mittelalter liess dort ausser den Bürgergärten auch die ersten *öffentlichen Gärten* entstehen. Wie die Stadtansichten von Matthäus Merian aus dem 17. Jahrhundert beweisen, waren die Kerngebiete der alten Städte damals mit wenigen Ausnahmen vollständig überbaut. Erst die Stadterweiterungen im 15. und 16. Jahrhundert erlaubten wieder grössere Bürgergärten und öffentliche Anlagen innerhalb der Mauern. Letztere waren vor allem in den Stadtrepubliken Italiens im 13. und 14. Jahrhundert beliebt. In der Schweiz lagen die Verhältnisse anders, da die Fürstenhöfe und deren Impulse in den Städten fehlten. Einzig Basel besass als mittelalterliche Weltstadt eine in der übrigen Schweiz damals unbekannte Grosszügigkeit. Auf der Nordseite des Münsterplatzes auf Burg, also im Zentrum des ehemaligen Römerkastells, befanden sich Lindenbäume und darunter die der Rechtsprechung des Bischofs dienende grosse Gerichtslinde von 1259. Diese war mit Steinbänken umgeben und wurde erst 1561 als völlig morscher Baum abgetragen. Der Platz mit den Linden diente dem Volk für Feste und Tänze und spendete den Zuschauern bei den Turnieren auf dem grossen Münsterplatz wohltuenden Schatten. Auf der Pfalz hinter dem Münster stand eine grosse Linde mit einem Umfang von 70 Schritten. Sie war laubenartig mit hölzernen Säulen und Querbalken gezogen. Bereits 1512 war der untere Teil des Stammes ummauert; 1734 musste der völlig morsche Baum entfernt werden.

Zahlreiche *Linden* markierten in den Städten alte Grenzen. Die bekannte Murtener Linde in Freiburg i. Ü. bezeichnete die Scheide zwischen dem älteren Stadtkern und der späteren Stadterweiterung. In Basel erinnert der Name Bäumleingasse an eine Linde, die im Halsgraben des ehemaligen keltischen Oppidums stand. Die Linde auf dem Rümelinsplatz bestimmte die Pfarreigrenze zwischen St. Leonhard und St. Peter, und die Linde beim Lindenberg in Kleinbasel teilte dieses in einen oberen und unteren Teil, während der Gerberplatz, wo die Gerichtslinde stand, auch für Tänze diente. In St. Gallen markierte ebenfalls ein Baum die Grenze zwischen dem Kloster und seiner ersten Vorstadt.

Wandel- und Schattengänge konnten sich im Mittelalter meist nur die Fürsten und Stadtrepubliken im italienischen Sprach- und Kulturbereich leisten, doch sind auch sie nördlich der Alpen festzustellen. Aeneas Silvius Piccolomini, Sekretär des Konzils zu Basel, erwähnt solche aus Eichen, Ulmen und Linden bestehenden Wandelgänge 1434 und 1438 für den Petersplatz in Basel, der 1277 erstmals von den Stiftsherren von St. Peter mit Bäumen bepflanzt worden war. Er diente allerdings auch dem Spiel, dem Tanz und den Waffenübungen und wird 1581 in einem Lobgedicht über die Stadt Basel vortrefflich geschildert:

> «Der Petersplatz als ein Lustgart
> ganzt umb und umb gar wol verwart
> damit weder Wagen noch Viehe
> Ihm schaden zuofuegt spat und fruehe
> Inn seiner lenge hat hiemit
> Bey hundert neun und achtzig schritt
> Darauf man Ulmenbäum und Linden
> Bey hundert und viertzig thuot finden
> Darzuo so ein schoenen Eichbaum
> Dergleichen hast gesehen kaum
> Den thuot gar mancher frembder Mann
> für ein gross Wunder schauen an:
> Sieben schouh hoch ist der stamm sein
> Daraus gehen sieben Este fein
> Die zerteilen sich widerumb
> Inn zwey, drey und vier Arm herumb
> Dass so der Eich umbkreis gerath
> hundert und fünffzehen schritt hat:
> Darunder auch ein Brünnlein kalt
> Gleich als der Eichen auffenthalt
> Der macht dass noch mit grosser freud
> sie thuot erscheinen alle zeit
> Was Lustes da zu schoepfen ist
> für ganzt wahr mans geschriben list
> Dass Kaiser Fridrich auff ein mal
> Mit dem hoffgesind allzumal
> und seim Sohn Maximilian
> Mit Lust zuo Nacht da gessen han.»
> (Huldreich Frölich, 1581)

Basel · Pfalz hinter dem Münster mit «zerleitem» Baum, Stich von Merian, 1654. Im Vordergrund ein Renaissancegärtlein.

Rechts oben: Zürich · Lindenhof. Ansicht von Zürich. Federzeichnung von Christof Silberisen in der Schweizerchronik von 1576.

Rechts unten: Basel · Petersplatz. Stich von Merian, 1654. Blick vom Peterskirchhof auf den mit hohen alten Bäumen bepflanzten Platz.

Bulle · Uralte Linde zwischen Schloss und Altstadt mit von Steinpfeilern gestützten Ästen.

Was für Basel der Petersplatz, das war für Zürich der Lindenhof. Ursprünglich ein römisches Kastell und später eine karolingische Pfalz, war er seit dem 13. Jahrhundert als Steinbruch verwendet worden. Anfangs des 15. Jahrhunderts erfolgte die Umgestaltung zu einem mit Linden bepflanzten Festplatz. Auf dem grünen Rasen standen zweihundertfünfzig grosse Linden und darunter Tische mit Schach- und Brettspielen, eine Kegelbahn und Armbruststände. Der Lindenhof war somit zu einem sommerlichen Schau-, Spiel- und Ringplatz geworden. Derartige Lindenhöfe entstanden aber auch auf dem Lande in Bülach und Marthalen.

Der zerlegte Baum

Im Mittelalter besonders beliebt war der «zerleite» oder zerlegte Baum. Er ist seit dem ausgehenden 15. und beginnenden 16. Jahrhundert literarisch überliefert und übernahm als Einzelobjekt die Rolle jener aus einer Mehrzahl von Laubbäumen gebildeten Schattengänge, die sich im Mittelalter die Fürsten und Städte des Südens leisteten. Sie waren vorweg im Burgund, in der Schweiz und in Süd- und Westdeutschland verbreitet. Meist handelte es sich um recht alte Exemplare, an denen die spielerische Liebe an der Kunstform des zerlegten Baumes in der Gotik erwachte. Die antike Tradition für diese Baumart lässt sich nachweisen, denn zur römischen Kaiserzeit stand in Volterra ein solcher Baum. Hiezulande reicht der Ursprung der zerlegten Linde bis tief ins 15. Jahrhundert zurück. Aus dieser Zeit stammten vermutlich die berühmte Eiche im Kloster St. Alban in Mainz und die nicht minder bekannte Eiche auf dem Petersplatz in Basel. Der Humanist Geronimo Cardano verglich die nach menschlichem Willen geformte Eiche, die den Baslern als Lokal für Schmausereien diente, mit der wild gewachsenen Riesenplatane, die im Altertum unter Kaiser Nero im kleinasiatischen Lykien stand.

Das genaue Datum eines «zerleiten» Baumes erfahren wir aus Winterthur. Dort wurde im Graben vor dem Versammlungslokal der Zunft zur Oberstube 1540 eine dergestalte Linde gesetzt, wobei ein nicht mehr ganz junger Baum Verwendung fand, denn bereits nach siebzehn Jahren konnte man auf der «zerleiten» Linde das erste Festgelage abhalten.

Eine besondere Vorliebe für zerlegte Bäume zeigten im 15. und 16. Jahrhundert die städtischen Schützengesellschaften. Die Bäume waren dort Annexe zu Schützenwirtschaften und konnten nur von diesen aus betreten werden. Auch die Basler Eiche auf dem Petersplatz war ursprünglich eine Schützeneiche. Conrad Gesner beschreibt die beiden «zerleiten» Linden beim Schützenhaus an der Limmat in Zürich folgendermassen:

«Wahre Schaustücke dieser Art sind aber die zwei Linden, die gleich unterhalb der Stadt bei der Limmat sichtbar sind; zwischen ihnen steht in der Mitte ein Haus, mit dem jede Linde durch einen Laufgang verbunden ist.

Brugg · Ehemaliger Schützenpavillon, errichtet 1615 über einer «zerleiten» Linde, mit Zugang über eine hölzerne Brücke als Verbindung zum Schützenhaus.

St. Gallen · Ausschnitt aus dem Holzschnitt mit der Stadtansicht von Heinrich Vogtherr, 1545. Gartenpavillon in einem Weiher.

Diese Linden sind dermassen auseinander gelegt, dass an den etlichen Tischen, die auf jeder von ihnen aufgestellt sind, eine recht hohe Zahl von Gesellen plaziert werden können, wenn man hier zum Essen und Trinken zusammenkommt. Dabei sind sie unten, oben und ringsum von den Ästen und vom Laub der Linden umgeben. Bei allen Bäumen, die man derart gestalten will, hat man darauf zu sehen, dass sie im Stamm nicht höher als vier Ellen werden, dass das, was über diese Höhe hinausgeht, d. h. Äste und Zweige, restlos waagrecht zu einem Boden auseinandergelegt wird. Aufgrund dieser pietätlosen Verwendung des Baumes bezeichnete die ältere Generation solche Linden als schamloses Kraut.»

Wohl die schönste «zerleite» Linde der Eidgenossenschaft stand im Herrenbaumgarten zu Schaffhausen bei der Schiessstätte der Armbrustschützen. Noch 1580 beschrieb M. Montaigne diesen Baum als Sehenswürdigkeit. Oft stand über der Linde, bevor diese tragfähig war, ein hölzerner Pavillon, wie wir ihn noch heute bei der Schützenlinde in Brugg vorfinden. 1687 wurden in Zofingen auf dem Platz beim alten Schützenhaus zwei mit Stiegen verbundene Linden für fünfzig Personen eingerichtet.

Zerlegte Bäume, die weniger dem Festen als dem Schattenspenden dienten, fanden sich auch in Klöstern und Schlössern, so vor der Kirche Münchenstein bei Basel und im Schlosshof von Wädenswil. Gleich zwei «zerleite» Bäume besass das Kloster Einsiedeln, während bei den Klöstern Muri, St. Urban und Allerheiligen je einer stand. Erhalten haben sich nur mehr die von Stützen umgebene Linde von Bulle, die Murtener Linde in Freiburg und der hölzerne Schützenpavillon von Brugg, der auf einer «zerleiten» Linde und acht Spätrenaissance-Säulen ruht und nur über die Brücke vom Gesellschaftshaus zugänglich ist.

Zerlegte Bäume im Sinne des Mittelalters pflanzte man später keine mehr. Conrad Gesner verweist bereits auf die Kritik der älteren Generation und nimmt damit selbst Abstand von dieser Art von Baumkunst, denn sie war nicht mehr zeitgemäss. Man zog später fremdländische Bäume vor. Höchstens konservative Privatleute, wie der Besitzer eines Landsitzes vor den Toren der Stadt Luzern, bevorzugten noch immer den zerlegten Baum und gaben noch um 1700 ihrem Landgut den Namen «Zum zerleiten Baum». Alle anderen Repräsentanten dieser beliebten Baumform sind in der Schweiz längst verschwunden, hatten jedoch im Mittelalter im kulturellen Leben der Städte eine wichtige Rolle gespielt und gehören zu den einzigen bedeutenden städtischen Baumgärtnerkünsten jener Zeit.

Von den *Privatgärten* des Mittelalters vor den Toren der Städte wissen wir wenig, da sie uns nicht im Detail beschrieben werden. Sehr beliebt waren die Gartenhäuser vor der Stadt. Ein besonders reizvolles Exemplar besass St. Gallen noch im 16. Jahrhundert. Es stand als Mittelpunkt einer Gartenanlage neben der Strasse, war sechseckig und schloss mit einem fialenartigen Dach. Von einem Teich umgeben und über eine Brücke zugänglich, dürfte es als Lusthaus einer städtischen Gesellschaft gedient haben. Jedenfalls war die Gartenanlage mit den Reben und Staketenzäunen auf den runden Weiher ausgerichtet, während der offene Pavillon einem Taubenschlag glich.

Der Gartenpavillon in St. Gallen war zweifellos keine Ausnahme, sind doch bereits im 15. Jahrhundert Lustgärten oder Lusthäuser in den Vorstädten oder ausserhalb der Städte nachgewiesen. So liess sich der Domkantor Hartmann Münch von Münchenstein im Jahre 1406 ausserhalb Basels bei Muttenz das Weiher- und Lusthaus Fröscheneck erbauen. Matthias Eberler am Engelberg in Basel besass um 1480 das Schloss Hiltelingen bei Riehen als Landsitz, die Familie Rot bereits 1445 das Weiherhaus Klybeck.

Besonders beliebt waren die Vorstädte. Der Lautengarten an der Malzgasse in Basel war der Lustsitz des Hauses «Zur Laute» am Marktplatz. Die Familie Zschekkenpürlin an der Freien Strasse hatte ihren Sommersitz in der Aeschenvorstadt, so wie auch der Goldschmied Georg Schongauer, um 1490 an der Hebelstrasse, in der St. Johannvorstadt einen Garten pflegte.

Leider besitzen wir keine genauen Beschreibungen der Gärten dieser Zeit. Die späteren Darstellungen der Burg- und Stadtgärten zeigen jedoch, dass damals in der Literatur und Kunst und sogar in Wirklichkeit selten das vorhanden war, was später Realität werden sollte. Weder in den Burgen noch in den Städten des Mittelalters war es möglich, den Idealen jener Zeit konkrete Formen zu geben. Gewissermassen als Kompensation erlebte man den Garten in der Malerei und in der Dichtkunst, wo er eine Verinnerlichung und Verherrlichung unerfüllter Wunschträume darstellte. Die Geisteshaltung des Mittelalters erfüllte nicht nur diese, sondern auch die wenig bekannten Beispiele der Gartenkunst, auf Anweisungen beruhend, deren Ziel nicht die Prachtentfaltung, sondern die Beschränkung war. So betrachtet, war im Mittelalter der Kontrast zwischen Wirklichkeit und Ideal in der Gartenkunst nur schwer zu überbrücken. Erst einer von neuen Impulsen und Ideen getragenen Bewegung, die Natur und Kunst in einem neuen Verhältnis sah, sollte es gelingen, diese Widersprüche zu beseitigen und damit sich und die Natur zu befreien.

Renaissancegärten

Der Übergang vom Mittelalter zur Renaissance vollzog sich auch in der Gartenkunst schrittweise, denn die neuen Ideen konnten sich nur allmählich durchsetzen. Mittelalterliche Gartenelemente lebten auch in der Renaissance weiter und erhielten ihre Impulse durch das neue Lebensgefühl der Renaissance, das nördlich der Alpen von den Humanisten verbreitet wurde.

Das entscheidende Vorbild für die Epoche der Renaissance lieferte *Italien*, das mit der Schweiz durch Handel und Kriegsdienst aufs engste verbunden war. In Italien selbst betraten die Architekturtheoretiker vorerst noch Neuland, als sie in Anlehnung an römische Schriftsteller das Landleben priesen, denn die Blütezeit der italienischen Stadtrepubliken war noch nicht zu Ende. Die Verwirklichung der neuen gartenkünstlerischen Vorstellungen liess denn auch bis in die Hochrenaissance auf sich warten, da in der Frührenaissance die Nutzbarkeit des Gartens und das botanische Interesse eindeutig im Vordergrund standen. Bereits Jacob Burckhardt stellte deshalb fest, dass die Gärten der römischen und florentinischen Landvillen im 15. und 16. Jahrhundert wie botanische Gärten aussahen. Erst als sich der Garten von der Sammlerlust seiner Besitzer befreit hatte, wuchs er zu einer architektonischen Anlage zusammen.

Leon Battista Alberti hielt um 1450 jene Elemente fest, die später dem italienischen Garten ein eigenes Gepräge verleihen sollten. Es sind dies die Tuffsteingrotten, die mit Muscheln belegte Quellgrotte, der schattenspendende Gartenportikus, immergrüne Alleen aus Buchs, Myrten und Lorbeer, die mit Efeu umrankten Zypressen, die mit Hecken eingefassten viereckigen, runden oder halbrunden Gartenfelder, antike Säulen als Stützen für Reblauben, Inschriften in Buchsbeeten, Rosenhecken und antike Statuen. Beliebt waren auch der Baumschnitt, die Labyrinthe, die Schneckenhügel, die Fischteiche und die Erinnerungsstücke an die Antike.

Eibe (Taxus Baccata L.). Kolorierte Zeichnung aus dem Nachlass Conrad Gesners (1516–1565). Original in der Universitätsbibliothek Erlangen, datiert 13. September 1561.

Zur Entwicklung dieser Gärten lieferten auch die Dichtungen des 15. Jahrhunderts entscheidende Impulse. Um die Mitte des Jahrhunderts beschrieb der venezianische Mönch Colonna in seinem berühmten Werk «Il Sogno di Polifilo» den Garten als eine Insel ohne Haus, und um 1500 erschien das Werk «De Hortis Hesperidum» von Jovianus Potanus mit der ersten Beschreibung eines Lustgartens.

Oft wird allerdings ausser acht gelassen, dass die Landvillen der Frührenaissance in Italien vorerst noch festungsähnliche Bauten mit Graben und Zugbrücken waren, was den Zugang zum Garten erschwerte. Erst später wich die Wehrhaftigkeit einer direkten Verbindung zwischen Haus und Garten. Soderinis Traktat über die Gärten verlangte ausdrücklich eine Übereinstimmung der Hauptachsen des Gartens mit dem Haus und legte die Abfolge Villa–Ziergarten–Obstgarten–Nutzgarten sowie jene der seitlichen Weiher und Wiesen fest. Das Quadrat mit immergrünen, geschnittenen und beim Haus liegenden Räumen bildete die Grundlage, wobei die Pergola als gemauerte Wand oder als Reblaube nie fehlen durfte. Mit der Zeit tauchten auch die ersten Ruinengärten oder Gärten mit antiken Skulpturen auf, aus denen in Florenz und Rom eine Art Gartenmuseen mit Antikensammlungen entstanden. Hinzu trat als typisches Motiv der italienischen Gartenkunst die vom Weinbau übernommene Terrasse, die nun mit der Treppe verbunden wurde. Neben den grossen Terrassengärten lagen die «Giardini secreti» als in sich geschlossene kleine Blumengärten. Doch vorerst herrschte in Wirklichkeit noch die Natur vor und verhinderte eine strenge architektonische Ordnung. Erst im Laufe des 16. Jahrhunderts gewann die Architektur in diesen Gärten die Oberhand und schuf Anlagen, die den Vorstellungen in den Traktaten entsprachen.

Nun legte man die Gartenbeete wie architektonische Ornamentfelder an. Terrassenbauten mit Treppen, Futtermauern, Nischen und Grotten bestimmten zusammen mit den beliebten Wasserkünsten – Springbrunnen, Wasserscherzen und Wasserorgeln – die Gestaltung der Gärten. Die um 1550 aufkommenden Laubengänge fanden ebenfalls rasche Verbreitung. Die Entwicklung des architektonischen Gartens ging im 16. Jahrhundert so weit, dass der Garten das Haus oder die dazugehörige Villa verdrängte. So fehlt beispielsweise im Garten der zwischen 1560 und 1580 entstandenen Villa Lante in Bagnaja ein dominierendes Gebäude, weil dieses auf zwei Wohnpavillons reduziert ist, damit die Mittelachse des Gartens ungehindert durchlaufen konnte. Zum ersten Mal wandte man hier die von den Theoretikern verlangte Symmetrie in letzter Konsequenz an, machte die Wasserachse zur Hauptachse des Gartens und ordnete die Bauten dem Garten vollständig unter. Weder die bekannten Boboli-Gärten in Florenz noch jene des Palazzo Farnese in Caprarola erreichten diese Vollendung.

Mit der politischen Macht verlagerte sich im 17. Jahrhundert auch das Schwergewicht der italienischen Gartenkunst von Florenz nach Rom und dessen Umgebung. Die Summe der italienischen Gartenkunst mit ihren Terrassengärten und Wasserkünsten fasste bereits 1549 die Villa d'Este in Tivoli zusammen und übernahm deshalb für lange Zeit jene führende und vorbildliche Rolle, die später den Gärten von Versailles in Frankreich zukam. Die Gärten der Villa d'Este und jene in Frascati wurden von den zahlreichen Italienreisenden besucht und mit grosser Begeisterung bewundert. Sie sorgten dafür, dass Italien damals in Europa als Land des Gartenbaus die Führungsrolle übernahm und dass der italienische Garten in Frankreich und in Deutschland Anklang fand und nachgeahmt wurde.

Der italienische Einfluss auf die *Schweiz* war im 16. Jahrhundert noch gering und beschränkte sich auf die Botanik, da auch in der Schweiz vorerst die naturwissenschaftlichen Interessen noch im Vordergrund standen. Trotz der Niederlage bei Marignano und der Abkehr der Eidgenossen von der Weltpolitik sorgten Handel und Kriegsdienst dafür, dass die Naturwissenschafter beidseits der Alpen miteinander in Kontakt blieben.

Obschon Basel und Luzern an der Gotthardroute zu den Toren der Renaissance in der Schweiz wurden, brachten nicht diese Städte, sondern das damals eher abseits

Conrad Gesner. Ölbildnis, gemalt 1564 von Tobias Stimmer (Ausschnitt). Museum Allerheiligen, Schaffhausen.

liegende Zürich mit *Conrad Gesner* den berühmtesten Naturforscher des 16. Jahrhunderts hervor. Als Naturforscher, Historiker und Arzt war Gesner weit über die Grenzen unseres Landes bekannt. Seine ersten Anregungen zur Pflanzen- und Kräuterkunde vermittelte ihm sein Grossonkel, Kaplan Hans Frick, der Gesner ins Freie führte und ihn lehrte, einen Garten mit Pflanzen zu bebauen. Gesners Studien führten auch nach Basel, Strassburg und Paris, wo er Gelehrte fand, mit denen er später korrespondierte. In Lausanne begann er die Flora zu erforschen und legte, von Sammellust getrieben, zu Demonstrationszwecken ein Gärtchen an, wofür ihm das Wurzgärtchen des Apothekers Franz Folliet in Vevey als Vorbild diente. Gesners erstes Gärtchen in Lausanne war demnach noch kein botanisches, sondern ein Medizinal- oder Apothekergärtchen, wie er es in Klöstern und später in Basel kennengelernt hatte. Als er 1541 nach Zürich zurückkehrte, legte er sich dort einen medizinischen Versuchsgarten an, der vor allem Heilkräuter enthielt. Auch sein zweiter Garten draussen vor der Stadt war noch ein Wurzgarten und diente Forschungszwecken. Erst sein dritter Garten in Zürich war geräumiger und in Haupt-

und Nebenbeete eingeteilt – noch kein Lustgarten, sondern ein Forschungsgarten in gefälligem Rahmen.

Aus Gesners Werk «Horti Germaniae», das 1559 erschien, erfahren wir einiges über seine Beobachtungen und die ihm bekannten Gärten und Kontaktpersonen. Ausser den Klöstern besassen im 16. Jahrhundert vorweg die Apotheker und Ärzte zu Berufszwecken kleine Wurz- oder Medizinalgärten. In Zürich selbst gab es nur deren drei. Gesner führte fremdländische Samen, Wild- und Bergpflanzen ein. Beim Zunftmeister Jakob Funk in Zürich gab es Zitronen-, Pomeranzen- und Lorbeerbäume in Kübeln. In der übrigen Eidgenossenschaft kannte Gesner die Gärten von Professor Benedikt Marti in Bern und von Pfarrer Christoph Pfäfferlin in Sigriswil über dem Thunersee.

Was Gesner in Zürich, tat der Luzerner Stadtschreiber und Apotheker *Renward Cysat* in Luzern. Er sammelte Pflanzen, zog sie in seinem Garten am Musegghang und stand in Verbindung mit Gesner und den Gelehrten in Basel. Sendungen aus Italien und Deutschland bereicherten seinen Garten, sein Herbar und seine Bibliothek. Cysats Einfluss war vor allem in der Innerschweiz gross, doch bestätigt er Gesners Feststellung, dass die Gärten in der Schweiz damals noch auf einer primitiven Stufe standen. Eine Ausnahme bildete die Stadt Basel, die damals mit ihrer Universität und den Humanisten zur Zeit Gesners in der Botanik führend war. Gesner berichtet selbst darüber:

«In Basel hat Celio Secondo Curione, ein äusserst gelehrter Mann, einen Garten, der mit fremdländischen Pflanzen versehen ist. Ebenso Konrad Lykosthenes, ein Pfarrherr, dessen Stiefsohn Theodor Zwinger, der neulich aus Italien heimkehrte, es nun unternimmt, den Garten seines Verwandten mit italienischen Samen, die er mit sich heimbrachte, zu verschönern und im Rang zu erhöhen. In der St. Johannsvorstadt pflegt Johann Jakob Loss einen seiner Person würdigen Garten. In ihm sah ich verschiedene Arten Bäume aus dem Geschlecht der Zitronen, ferner Rosmarinstöcke und die welsche Art des Massholders. Den Oleander sah ich zu Basel im Garten des Curio und anderen Gärten. Er muss im Winter unter Dach gehalten werden. Thymian kommt bei uns nicht gut, er muss im Winter in Gefässen im Hause verwahrt werden. In Basel gedieh er besser.»

In Strassburg und in Basel begegnete Gesner dem Einfluss der französischen Gartenkunst, denn der Lustgarten des Johann Jakob Loss in der St. Johannsvorstadt besass künstlich geformte, unter der Schere gehaltene Rosmarinstauden. Es ist deshalb zu vermuten, dass über Basel und Strassburg um die Mitte des 16. Jahrhunderts die Stilmotive der französischen Gartenkunst in die deutsche Schweiz eindrangen. Von Gesner vernehmen wir auch, dass von Strassburg her über Basel bestimmte Sorten von Nelken in die Schweiz eingeführt worden sind. Was in der Spätgotik zur Zeit der Nelkenmeister noch eine ausgesprochene Rarität war, wurde von der Mitte des 16. Jahrhunderts an eine massenhaft gezogene Modepflanze, die bei uns unter dem volkstümlichen Namen «Strassburger-Nägeli» oder «Basler-Nägeli» bekannt wurde. Gesner war es auch, der als erster in der Schweiz nach seiner grossen Italienreise und der Besichtigung von öffentlichen Medizinalgärten den Bürgermeister und die Räte der Stadt Zürich dazu aufforderte, einen öffentlichen botanischen Garten anzulegen. Sein Wunsch blieb jedoch unerfüllt.

Einen würdigen Nachfolger in seinen Bemühungen um die naturwissenschaftliche Forschung fand Gesner in Basel mit *Felix Platter,* der mit ihm und vor allem mit Renward Cysat enge Beziehungen pflegte. Bereits als Student hatte Felix Platter seinem Vater Sämereien aus dem Ausland für sein Landgut in Gundeldingen bei Basel gesandt. Nachdem er 1575 ein Haus am Petersgraben erworben hatte, zog er dort seine berühmten Zitronen-, Orangen- und Lorbeerbäume. Der Ertrag dieser Kulturen war grösser als die Summe, die sein Vater für drei Häuser an der Freien Strasse in Basel bezahlt hatte. Für die Besichtigung seines botanisch-zoologischen Gartens und seines Herbars verlangte Felix Platter ein Eintrittsgeld. Während Gesner vor allem wissenschaftlich interessiert war, bei Cysat die Freude an den Naturschönheiten und am gärtnerischen Erfolg im Vordergrund standen, verband Platter diese Interessen mit Geschäftssinn. Das von Hans Bock

Felix Platter, gemalt von H. Bock d. Ä. († 1628). Kunstmuseum Basel.

gemalte Porträt Platters zeigt diesen mit einem Orangenbäumchen und einer angeschnittenen Zitrone und Orange auf dem Tisch.

Ausser dem Stadtarzt und Professor Felix Platter lebten damals in Basel *Caspar Bauhin,* der ein berühmtes Herbar besass, und sein Bruder *Johannes Bauhin,* der die Geschichte der Gartenpflanzen erforschte und die Pflanzen nach Verwandtschaften zu ordnen versuchte. Ausserdem besass der berühmte Paracelsus-Schüler und Arzt Leonhard Thurneyser in Basel ein Haus mit einem Ziergarten am Leonhardsgraben. Typisch für jene Zeit wird vermerkt: «... den Garten aber zur Pflanzung und Ziehung allerley frembder Kräuter, Blumen und Gewächse.»

Während Botaniker, Ärzte und Patrizier sich mit dem Sammeln und Ziehen von Pflanzen beschäftigten und ihre Ziergärten oder botanischen Gärten in den Vorstädten anlegten, schmückten die *Städte* damals ihre Plätze und Strassen mit laufenden Brunnen und legten die ersten Promenaden mit Bäumen an. Das stolze Bern hatte ausser den zahlreichen Brunnen das «Münster zur Predigt und sinen Hof zur Lust», denn die bereits 1360 begonnene Plattform beim Münster war erst 1528 vollendet worden, hatte bis 1531 als Begräbnisplatz gedient und wurde nun mit Linden bepflanzt. Somit besass nach Basel und Zürich auch Bern einen Platz für Feste, Spiele und Truppenaufzüge. Die Stadt Freiburg hatte bereits 1490 bei der Murtener Linde eine Plattform errichtet; 1569 entstand in Neuenburg bei der Collégiale eine Lindenterrasse.

Entscheidend für diesen kulturellen Aufschwung in der Eidgenossenschaft war die französische Allianz von 1521, in deren Folge die Handelsprivilegien, der Solddienst und die Pensionen starke Verbindungen und Beziehungen zu Frankreich und dessen Kultur schufen. Die Gartenkunst der Renaissance drang nun nicht mehr direkt aus Italien, sondern auf dem Umweg über Frankreich in unser Land ein, was zur Folge hatte, dass die Gärten in der Schweiz jenen in Frankreich glichen.

In *Frankreich* selbst waren nach dem Triumphzug Karls VIII. nach Italien im Jahre 1495 zahlreiche italienische Künstler an den französischen Hof gezogen, darunter auch Leonardo da Vinci. Anderseits reisten französische Künstler vermehrt nach Italien, um dieses Land kennenzulernen. Die neuen französischen Schlösser an der Loire blieben in den Grundzügen ihrer Anlagen vorerst noch gotisch, nur Ornamente und Details der Architektur wurden von der italienischen Renaissance übernommen. In der Gartenkunst hingegen verschrieb man sich vollstän-

dig dem italienischen Geschmack, wenn auch nicht immer die Mittel dazu vorhanden waren. Es entstanden Orangerien, Terrassenanlagen und Grotten, Springbrunnen, Parterres und Laubengänge. Die neuen Gärten lagen meist neben dem Schloss und nicht in direkter Beziehung dazu wie in Italien. Noch heute zeigt das Schloss Villandry das Nebeneinander von gotischem Schlossbau und italienischem Garten, wobei als französische Eigenart das vertiefte Parterre hinzutrat.

Bern · Münsterterrasse, gemalt 1635 von Antonius Schmalz. Der ehemalige Begräbnisplatz dient als Aussichtsterrasse.

Diese französischen Schlösser und Gärten waren den in Frankreich im Solddienst stehenden Schweizer Offizieren bekannt und dienten ihnen als Vorbilder für ihre eigenen *Landsitze* in der Schweiz. Bereits bestehende Weiherschlösser wurden unter diesem neuen Aspekt umgebaut und mit den entsprechenden Gartenanlagen umge-

Pratteln · Ehemaliges Weiherschloss als Landsitz mit drei Weihern, gezeichnet 1735 von Emanuel Büchel.

ben. Ritter Hans Stehelin, ein in französischen Diensten reich gewordener Hauptmann, liess sich so 1557/58 das Schloss Pratteln bei Basel zu einer, wie der Chronist Wurstisen berichtet, «Arx elegans» mit mehreren Weiheranlagen umbauen. Der Kämmerer des Königs Franz I., Jakob A Pro, liess sich um 1555–1558 das Schlösschen A Pro im Kanton Uri als Giebelhaus mit Ringmauer, Ecktürmchen, Gartensaal und Gärtchen errichten.

Aus dieser Zeit stammt auch der Gartentyp der Familiensitze der Innerschweiz, der sich bis ins 18. Jahrhundert erhalten sollte. In den vornehmen, im 16. und 17. Jahrhundert erbauten Familiensitzen in *Schwyz* wagte man es allerdings nicht, den Nutzgarten vom Zier oder Blumengarten zu trennen, weshalb die im Verhältnis zu den Gebäuden eher kleinen Gärten kaum von den gleichzeitigen Bauerngärten zu unterscheiden sind. Der Typus des vor dem Haus am Hang gelegenen Gartens mit hoher Umfassungsmauer und Ecktürmchen, später Eckpavillons, wurde in der Schweiz für die erste Hälfte des 17. Jahrhunderts verbindlich. In Schwyz erstellte man an den Mauern und Hauswänden naturfarbene Holzgitter für Spalier-

bäume, Reben, Efeu oder Clematis. Den grössten Teil des Gartens nahmen die Gemüsebeete mit ihren Buchseinfassungen ein. In Rechtecke, Rondelle und Arabesken eingeteilt, gaben sie in kleinster Dimension die Form des französischen Gartens wieder. Seitlich gegen den Hof oder die Wiesen gelegen, befand sich eine Baumgruppe, die man «Boskett» nannte.

Bei den meisten Familiensitzen in Schwyz sind nur mehr die Umfassungsmauern mit den Eckpavillons erhalten geblieben. Die reizvollsten Buchseinfassungen finden sich noch im Garten des bekannten Ital-Reding-Hauses an der Dorfbachstrasse. Fragmente von Buchseinfassungen haben sich beim v. Redingschen Familienhaus in der Schmiedgasse unterhalb der Post, beim v. Redingschen Haus in der Waldegg, beim Kündigschen Haus im oberen Feldli und beim Mayhof im Grund erhalten. Dem schönsten und am besten erhaltenen Garten dieser Art begegnen wir beim 1575–1577 erbauten Schloss Altishofen im Kanton Luzern, wo die Eckpavillons verschwunden sind, während die Buchseinfassungen des zwischen Schloss und Kirche auf einer Terrasse gelegenen Gartens später erneuert wurden.

Schloss Altishofen · Stich von 1758. Zwischen der Kirche und dem 1575–1577 erbauten Schloss liegt der Garten.

Schwyz · Ital-Reding-Haus, erbaut 1609 von Ital Reding, Hauptmann in französischen Diensten. Südseite mit Garten.

Schloss Altishofen · Blick vom Schloss auf den heutigen Garten mit den von Buchs eingefassten Blumenbeeten.

Frühstück am Schwanenteich. Radierung von Merian, um 1620. Renaissancegarten mit Pavillon aus Ziersträuchern.

Im Gegensatz zu den genannten Beispielen kannten die *Renaissancepaläste* in den Städten aus Platzgründen keine Gärten. Dafür entstanden nun in der deutschen und welschen Schweiz am Genfersee und in den Vorstädten der grossen Städte oder ausserhalb der Mauern schlösschenartige Landsitze mit Gärten im Stil der französischen Renaissance. In Zürich besass der noch durchaus gotische Seidenhof einen reizenden Ziergarten. In Luzern erkennt man auf alten Ansichten, dass der Rittersche Palast (später Jesuitenkollegium) einen Garten mit polygonalem Gartenpavillon kannte. Ausserhalb des Stifts Beromünster – mit den zum Teil erhaltenen Gärten der Stiftsgebäude – lag ein reizendes Schlösschen mit einem Garten als Lustsitz. Im Laufe der zweiten Hälfte des 16. Jahrhunderts und in der ersten Hälfte des 17. Jahrhunderts vermehrten sich die Gärten, die als Ziergärten mit symmetrisch eingeteilten Beeten, Lustpavillons, Lauben, Springbrunnen oder Lustwäldchen versehen waren. Ein anschauliches Bild dieser Entwicklung in den Städten, Schlössern und Klöstern der Schweiz vermitteln die Ansichten *Merians* von 1654.

Ausserordentlich reich an schönen Renaissancegärten war die Bischofsstadt Sitten, aber auch ausserhalb der Stadtmauern begegnen wir nun überall dieser Gartenkunst. Leider fehlen uns dazu nähere Beschreibungen oder Bilddokumente. Einzig von drei Gärten in Riehen bei Basel besitzen wir Stiche von Merian. Der eine zeigt das Schloss Hiltelingen mit einer aus Ziersträuchern geschnittenen Laubenkuppel, einem Schwanenteich und einem von Hecken umzogenen Parterre. Wiederum begegnen wir hier dem Nebeneinander von mittelalterlichem Schloss und Renaissancegarten. Der zweite Stich zeigt ebenfalls ein spätmittelalterliches Landhaus mit einem seitlichen Garten, in welchem die Gärtner arbeiten. Die Mitte der einzelnen Beete mit den Buchsornamenten nimmt jeweils ein kleines Bäumchen ein, wie wir es in den Gärten der Stadtansichten von Merian beobachten können. Die Beete sind in sich abgeschlossen und nicht auf eine Hauptachse bezogen. Auf dem dritten Stich wird das Frühstück am Schwanenteich in einer Waldschlucht gezeigt. Ein Gartenhaus aus Buchshecken versteckt einen Teil der Gesellschaft.

Sitten · Stich von Merian, 1654. Im Vordergrund links die prachtvollen Gärten der Domherren bei der Kathedrale.

Die Bilder beweisen das Aneinanderreihen von Einzelgärten und das Hervorheben von einzelnen Motiven, die keinen Zusammenhang besitzen. Somit blieb der Renaissancegarten in seinen Grundzügen dem mittelalterlichen Garten verwandt. Einzig die Klöster konnten es sich leisten, grössere Gärten anzulegen.

Erst in der ersten Hälfte des 17. Jahrhunderts entstanden in der Schweiz die ersten Schlösser und Herrschaftshäuser im Stile der Renaissance mit entsprechenden Gärten. Den Anfang machte General Johann Ludwig von Erlach, Gouverneur von Breisach, mit dem Um- und Neubau des *Schlosses Kastelen* im Aargau in den Jahren 1642–1650. Die auf drei Stufen angelegten Terrassengärten sind für die Schweiz einzigartig und erinnern sowohl an italienische Gärten als auch an jenen des Schlosses Heidelberg von 1620. Während die oberste Terrasse von zwei Nebengebäuden flankiert und mit einer Balustrade abgeschlossen war, breitete sich die zweite Terrasse vor der ganzen Baugruppe auf einer hohen Stützmauer mit Ecktürmchen aus und war in drei Felder eingeteilt, wovon das mittlere mit einem Häuschen in der Mitte betont war.

Die unterste Terrasse lag im Süden des Schlosses, nahezu auf dem Talboden, auf einer schmalen, langen Plattform mit einem reichen Barockportal im Westen.

Auch der gleichzeitig vom französischen Gardeobersten Caspar Freuler in Angriff genommene *Freulerpalast* in Näfels umschloss auf der Hofseite einen Garten, der später zugeschüttet worden ist. Beim Tieferlegen des Terrains stiess man 1937–1942 auf die alte Humusschicht mit Fundstücken von Ziervasen und dekorativer Gartengestaltung. Die Reiseberichte des Junkers Escher aus Zürich aus dem 17. Jahrhundert rühmen diesen Garten wegen seiner seltenen Pflanzen, seines reichen Obstspaliers und seiner Springbrunnen. Ebenfalls in diese Zeit fällt der Umbau und die Anlage eines umfangreichen Gartens beim *Schloss Marschlins* im Bündnerland durch Marschall Ulysses von Salis. Jedenfalls zeigt ein Ölgemälde von 1650 vor dem Schloss ein reiches Broderie-Parterre und einen Baumgarten sowie hinter dem Schloss ein Heckenlabyrinth. Wie aus den Notizen von Jakob Stockalper hervorgeht, sollte auch der *Stockalperpalast*, erbaut 1658–1678, eine Gartenanlage erhalten. Offenbar

«Aprilis», aus der Folge der 12 Monate. Radierung von Merian, um 1622. Frühlingsarbeiten im Garten neben einem Landhaus.

Basel · Landgut Hiltelingen. Radierung von Merian, um 1620. Promenade mit Heckenkabinett und Schwanenteich.

Aargau · Schloss Kastelen, gezeichnet 1763 von Emanuel Büchel.

Aargau · Schloss Wildegg. Garten mit Eiben in der Mittelachse.

war es die Absicht des Bauherrn, grosse gewölbte Säle und einen grossen Hof mit einem schönen Garten mit Spazierwegen in der Mitte des Hauptpalastes anzulegen. Daraus wäre zu vermuten, dass der berühmte Hof des Stockalperpalastes ursprünglich als Gartenhof gedacht war. Um 1700 entstand nach dem Vorbild von Kastelen der Lustgarten des *Schlosses Wildegg* im Aargau auf halber Höhe des Südhangs. Die Ecken des Gartens schmückten Pavillons mit Zwiebelhauben, verbunden durch eine Reblaube, die ein barockes Portal mit flankierenden Obelisken unterbrach. Bei der Erweiterung der Anlagen um 1777/78 legte man unterhalb des Schlosses eine mit Linden bepflanzte Terrasse an und versetzte das erwähnte Portal beim Bau der neuen Freitreppe.

Abschliessend lässt sich die Entwicklung der Gartenkunst von der Früh- bis zur Spätrenaissance in der Schweiz bis zur Mitte des 17. Jahrhunderts wie folgt zusammenfassen:

In den Anfängen glich die Sammellust und das botanische Interesse der Entwicklung der Frührenaissance in Italien und der Renaissance in Deutschland. Der Unterschied bestand lediglich darin, dass die Nutzbarkeit der Gärten weiterhin im Vordergrund stand und es selten zu reinen Zier- oder Nutzgärten kam. So verband man denn schon sehr früh die Nützlichkeit mit einer architektonischen Gestaltung und erreichte eine Doppelfunktion innerhalb des Zier- und Nutzgartens. Wenn sich die Gartenkunst anfänglich auch nur im beschränkten Rahmen einiger Gelehrten und Liebhaber abspielte, so bildete sie doch die Basis für die spätere Entwicklung der Gärten, die in der zweiten Hälfte des 16. Jahrhunderts und bis zur Mitte des 17. Jahrhunderts im Herrschafts- und Bauerngarten eine erstaunliche Verbreitung erlebte. Mit Conrad Gesner brachte die Schweiz einen Naturwissenschafter hervor, dessen Werke weit über die Landesgrenzen bekannt waren und eine erstaunliche Wirkung hatten. Vorbilder fanden die Pioniere der Gartenkunst anfänglich hauptsächlich in Italien, doch verstärkte sich im Laufe des 16. und 17. Jahrhunderts der Einfluss Frankreichs und Deutschlands, was in der Schweiz zu den ersten reinen Ziergärten führte. Diese verbreiteten sich in der ersten Hälfte des 17. Jahrhunderts über das ganze Land. Der französische Renaissancegarten verband sich ähnlich wie in Frankreich vorerst noch bis weit ins 17. Jahrhundert hinein mit spätgotischen Gebäuden.

Schliesslich tauchte auch in den Städten das Interesse für öffentliche Gärten und Promenaden auf, verursacht durch die Verstädterung im Spätmittelalter. Der dadurch bewirkte Zug aufs Land, auf die Vorgärten vor der Stadt und die Landsitze lässt sich mit Hilfe der Ansichten von Merian nachweisen.

So war denn in der Schweiz im Bürgergarten, im Vorgarten, bei den Landsitzen und im öffentlichen Garten alles vorbereitet, was als Grundlage für die barocken Gartenanlagen dienen konnte. Doch noch fehlte in der Gartenkunst und in der Architektur die Idee zu einer einheitlichen Gestaltung, welche erst in der zweiten Hälfte des 17. Jahrhunderts in Frankreich unter Ludwig XIV. mit seinem genialen Gärtner André Le Nôtre (1613–1700) verwirklicht werden sollte.

*Schloss Marschlins im Bündnerland, gemalt um 1775 von Wolfgang Wanner.
Das alte Weiherschloss ist ringsum von Gärten umgeben:
Baumgarten, Zier- und Nutzgarten, Lustwäldchen und Weinberg.*

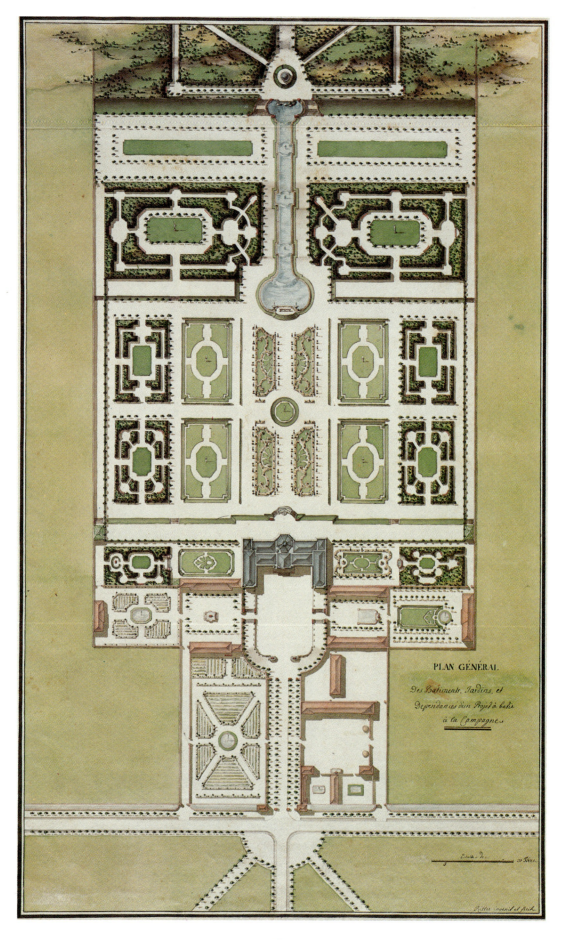

Barockgärten

Erst im Barockzeitalter erreichte die in der Renaissance angestrebte Einheit von Haus und Garten ihre Vollendung, indem sich einerseits die Architektur vermehrt auf den Garten ausrichtete und anderseits der Garten die Architektur im Freien fortführte. So wie sich nun die Schlösser aus Sälen, Korridoren und Kabinetten zusammensetzten, so entstanden nun auch im Garten in sich abgeschlossene, miteinander verknüpfte und auf die Hauptachse ausgerichtete Räume wie das Parterre, die Alleen und die Boskette. An die Stelle der verschiedenartigen, aneinandergereihten Gartenelemente der Renaissance trat ein auf das Haus ausgerichteter Plan, dem sich der gesamte Garten unterordnete. Innerhalb dieses alles umfassenden Entwurfs, der auch die Umgebung mit einbezog, blieb noch genügend Raum für verschiedenartige, sich gegenseitig ergänzende oder entsprechende Gartenteile.

Die Unterordnung unter einen das Ganze beherrschenden Plan entsprach weitgehend dem Geist jener Zeit, dem Absolutismus, der in der zweiten Hälfte des 17. Jahrhunderts in Frankreich unter Ludwig XIV. seinem Höhepunkt zustrebte. *Ludwig XIV.* gab dieser Epoche nicht nur seinen Namen, sondern war auch danach bestrebt, dass Frankreich in Europa die kulturelle Hegemonie eroberte. Nicht mehr Italien, sondern *Frankreich* wurde nun zum Vorbild und vollendete, was Italien in der Renaissance begonnen hatte. Während sich Deutschland nach dem Dreissigjährigen Krieg nur schwer zu erholen begann und England dem Puritanismus huldigte, entstand in Frankreich eine während eines Jahrhunderts für ganz Europa vorbildliche Gartenkunst.

Der *französische Garten* lag im Unterschied zum italienischen nicht auf Hügeln oder an Abhängen, sondern in der Ebene oder auf flachen Hängen, so dass nicht Kaskaden oder Brunnen, sondern stille Gewässer dominierten. Aus dieser Topographie heraus entstand der französische Kanalgarten mit ins Unendliche greifenden Perspektiven.

Aussichten liessen sich in der Ebene nur mittels verlängerter Durchblicke erzielen, weshalb nun die bekannten Perspektiven mit Baumalleen und Schneisen erfunden wurden und den Blick in die Ferne lenkten. Die Terrassen verloren ihre architektonische Bedeutung, auch wenn in Frankreich weiterhin erhöhte Promenaden als Spazierwege angelegt wurden, um das Herzstück des Gartens, das Parterre, besser überblicken zu können.

Das Parterre

Obschon der Begriff «Parterre» für die ebene Fläche verwendet wurde und sich deshalb eindeutig von «par terre» herleitet, kommt die um 1600 in Frankreich auftauchende und sicher falsche Ableitung vom lateinischen «partiri» (= teilen) der Struktur des Parterres näher, da das Parterre eine Ordnung von Unterteilungen darstellt. Innerhalb des Parterres kannte man das höher als die Wegefläche liegende Hochbeet und das tiefer als die Wegefläche liegende Tiefbeet. Beide stammten aus der islamischen Gartenkunst und verschwanden im Laufe des 17. Jahrhunderts. Erhalten blieb einzig das Flachbeet, das ursprünglich mit Gewürzkräutern und Halbsträuchern, ab 1582 mit Buchs eingefasst war. Die im Parterre unterteilten Beete entstanden aus dem Wunsch, die im Mittelalter üblichen Rechtecke verschiedenartig zu gestalten und, je nach Einfallsreichtum des Entwerfers, prächtige Muster zu erzielen. Obschon der Buchs wegen seines unangenehmen Geruchs nicht geschätzt war, setzte er sich im 17. Jahrhundert durch, weil er keinem jahreszeitlichen Wechsel unterworfen ist, langsam wächst und den Schnitt verträgt. Mit der Einführung des Buchses entwickelte sich das französische Broderie-Parterre, weshalb der Buchs während nahezu 200 Jahren eines der wichtigsten Gestaltungsmittel der Gartenkunst war. Gleichzeitig gab es aber auch andere Parterre-Arten. Das «Parterre de pièces coupées pour des fleurs» war grundsätzlich für Blumen bestimmt und lag meist seitlich neben grösseren Bauten. Das «Knotenbeet» entstammte der islamischen Gartenkunst und bestand aus einem Muster von sich gegenseitig schneidenden Bändern. Es war besonders in England be-

Planentwurf für einen Landsitz mit Gärten. Gezeichnet von Erasmus Ritter (1726–1805). Burgerbibliothek Bern.

Schloss Thunstetten · Projekt für das Gartenparterre. Kolorierte Federzeichnung. Burgerbibliothek Bern.

liebt, fand sich aber auch auf dem Kontinent. Die anfangs aus Zwerghecken von Gewürzkräutern und Halbsträuchern bestehenden Bänder waren ursprünglich in den Zwischenräumen mit Blumen ausgefüllt. In der Entwicklung des Broderie-Parterres wurden jedoch die Bänder oder Einfassungen wichtiger als der Raum dazwischen, so dass kein Platz mehr für Pflanzen innerhalb der Einfassungen übrigblieb, da die Pflanzen das Rahmenmuster verwischt hätten. Man ersetzte die Blumen durch totes Material, und der Bildrahmen entwickelte sich selbständig weiter. Der Raum für das eigentliche Bild verschwand, und der Rahmen, beziehungsweise das Muster, wurde zum Bild: anstelle von Primeln, Veilchen, Rosen, Ringelblumen und Akeleien wurden die Muster mit verschieden gefärbter Erde oder Sand ausgefüllt. Im 17. Jahrhundert ersetzte man schliesslich auch noch die Rahmenpflanzen durch Bleistreifen, eichene Bretter und Schenkelknochen.

Bereits gegen Ende des 16. Jahrhunderts wurde das «Broderie-Parterre» in Frankreich in der Form eines an Stickereien erinnernden Musters bekannt. Es diente nicht mehr dazu, die Blumen in den Beeten in Gruppen einzuteilen, sondern hatte sich als Muster bereits verselbständigt. Im Innern und am Äussern der Einzelbeete siedelten sich Kartuschen und vegetabilische Ornamente aus Buchs an, wodurch die Blumen ihren Platz im Einzelbeet verloren. Das Broderie-Parterre war grundsätzlich mit vegetabilischen Ornamenten aus Zwerghecken aus Buchs auf verschiedenfarbigem, totem Material mit gefärbtem Sand oder Kies bepflanzt. Grössere Beetflächen konnten auch durch Rasenbänder oder durch Blumenrabatten gegliedert werden, so dass das Spiel der Buchsornamente Rückhalt bekam. Die Broderie-Beete waren teils von Rabatten aus totem Material zum Aufstellen von Kübel- und Kastenpflanzen, teils von Rasen- und Blumenrabatten umgeben.

Seit dem 17. Jahrhundert war auch das «Rasenparterre» in der Gartenkunst üblich. Es bestand aus einfachen Rasenflächen in geometrischen Grundformen oder aus gekurvten Rasenstücken, umgeben von Rasen- oder Blumenrabatten und bereichert mit Broderie-Agraffen, Muscheln und Palmetten. Das Rasenparterre lag entweder seitlich oder in der Tiefe hinter dem Broderie-Parterre und steigerte als ruhiger Hintergrund die prächtige Wirkung des Broderie-Parterres. Die Beliebtheit des Rasenparterres nahm im 18. Jahrhundert zu, weil es weniger pflegeaufwendig war als das Broderie-Parterre und natürlicher wirkte. Mit der Zeit entstanden deshalb auch die «gemischten Rasen-Broderie-Parterres».

Der Franzose Claude Mollet legte mit seinem 1618 verfassten und 1652 veröffentlichten Werk «Le théâtre des plantes et jardinage» eine Art Bibel für die sogenannten «Parterristen» vor und machte damit den Buchs volkstümlich. Er und andere französische Gärtner schufen die Voraussetzungen, mit denen *André Le Nôtre* die Vollendung des geometrisch-perspektivischen Gartens gelingen sollte. Le Nôtres Name ist so eng mit dem französischen Garten verbunden, dass man ihm zu Unrecht zahlreiche Gärten im In- und Ausland zuschrieb. Obschon sein Schema sehr vielfältig ist, lässt es sich auf die Hauptachse und den querliegenden Kanal in der Form eines T reduzieren. Das Parterre entsprach dem Fest- oder Gartensaal, die flankierenden Bosketträume den Privatgemächern und die Alleen den Galerien in den Schlössern. Der Garten war nun mehr als Schauplatz für die Feste und die Repräsentation und nicht mehr für die Erholung und Ruhe bestimmt. Die beidseits der Hauptachse liegenden Boskette mit ihren Lauben und Wasserspielen konnten auch als Theaterbühnen dienen und bildeten intimere Gärten innerhalb des grossen Gartens. Dieser sollte wie ein ausgebreiteter Teppich in seiner ganzen Ausdehnung und Grösse auf einen Blick erfasst werden und dadurch beeindrucken. Wie eine Theaterszene entwickelte er sich vor der Terrasse des Hauses und musste in Staunen versetzen.

Le Nôtres erstes grosses Werk, der Garten des Finanzministers Fouquet in Vaux-le-Vicomte, war 1650 begonnen worden und enthielt bereits das später in verschiedenen Variationen übernommene Konzept. Da Ludwig XIV. den Finanzminister Fouquet später gefangensetzte und mit dessen Künstlern 1661 den Ausbau des Gartens und des Schlosses von Versailles in Angriff nahm, wurde nicht Vaux-le-Vicomte, sondern das ebenfalls von Le Nôtre entworfene Versailles zum Vorbild für die französischen Gärten. Von *Versailles* aus trat Le Nôtres Garten seinen Siegeszug durch ganz Europa an. Selbst das neben Versailles errichtete Trianon de Porcelaine, ein Zufluchtsort vor den Repräsentationspflichten des Herrschers, fand in ganz Europa Nachbildungen. Einmal erfunden, liess sich diesem Gartenschema nicht mehr viel Neues beifügen, denn der geometrisch-perspektivische Garten hatte seine Vollendung erreicht. Noch zu Lebzeiten Ludwigs XIV. setzte in Frankreich daher ein Stillstand ein, der jedoch durch das Bemühen anderer Fürsten, Versailles nachzuahmen, wettgemacht wurde. Es entstanden damals der königliche Garten von Hampton Court bei London, Herrenhausen bei Hannover, Nymphenburg bei München, Ludwigsburg bei Stuttgart, Schwetzingen bei Heidelberg, Schönbrunn bei Wien und der Petershof bei Leningrad.

Solothurn

Die Hegemonie der französischen Gartenkunst wirkte sich erstaunlich rasch auch auf die Schweiz aus. Noch im 17. Jahrhundert machte sich der Einfluss Le Nôtres vorerst in Solothurn und wenig später auch in Bern bemerkbar. Als Sitz des französischen Gesandten in der Eidgenossenschaft kam Solothurn durch den Solddienst und durch das Pensionenwesen damals zu einem gewissen Wohlstand. Die Regierungszeit Ludwigs XIV. war in Solothurn die grosse Zeit des privaten patrizischen Bauens, denn zwischen 1650 und 1720 sind nahezu alle Stadtpalais und Sommerhäuser in Solothurn und Umgebung entstanden. Alte Ansichten des bereits 1624 erbauten Som-

Solothurn · Landsitz Weisse Laus, erbaut 1624. Federzeichnung von Emanuel Büchel, 1757. Vertieftes Parterre mit Laubengängen.

mersitzes «Weisse Laus» und des 1648 errichteten «Sommerhauses v. Vigier» zeigen indessen, dass schon damals das vor Le Nôtre vorherrschende, vertiefte französische Parterre, umfasst von Lauben und Mauern, in Solothurn bekannt war, und dass sich dieses trotz der Erneuerungen der Gartenkunst unter Ludwig XIV. bis ins 18. Jahrhundert hinein erhalten konnte.

Der eigentliche Umschwung erfolgte in Solothurn erst mit dem Bau des *Schlosses Steinbrugg* in den Jahren 1670–1672, immerhin zu einer Zeit, da Versailles noch nicht vollendet war. Die Pläne für Schloss und Garten von Steinbrugg soll Johann Josef von Sury seiner Gemahlin von Paris aus nach Solothurn gesandt haben. Aus diesem Grunde weist das Schloss Steinbrugg mit dem Ehrenhof, den Haupt- und Nebengebäuden und dem auf die Mittelachse ausgerichteten Gartenparterre sämtliche Hauptelemente der französischen Schloss- und Gartenarchitektur unter Ludwig XIV. auf. Das längsrechteckige Broderie-Parterre mit dem Springbrunnen in der Mitte dehnt sich mit einer Länge von 100 Metern und einer Breite von 50 Metern aus, war von Bosketten und Baumalleen begleitet und setzt sich noch heute in der Hauptsache mittels einer Lindenallee bis zur Aare hin fort. Ein Balkon im Obergeschoss des Schlosses ermöglicht den Blick von oben herab auf den ganzen Garten. Ausser der Parterre-Einteilung in vier Rechtecke blieben nur mehr im östlichen Boskett ein Gedenkstein, ein Wasserbecken, eine Grotte und ein leider kaum mehr sichtbarer Schneckenhügel übrig, doch erkennt man deutlich die Entwicklung des Parterres in die Tiefe.

Völlig anderer Art ist der Garten des zehn Jahre später, in den Jahren 1682–1684, erbauten *Schlosses Waldegg*. Auftraggeber war Schultheiss Johann Viktor Besenval, und bewohnt wurde es zeitweise von französischen Gesandten. Besenval war so eng mit Ludwig XIV. befreundet, dass später die Legende aufkam, der fürstliche Landsitz sei im Blick auf den erhofften Besuch des Sonnenkönigs erbaut worden. Wenn auch die Silhouette des Schlosses an Fontainebleau erinnert, so gleicht doch die Gartenanlage eher italienischen als französischen Beispielen. Vor der langen Vorderfront, die wegen ihrer geringen Tiefe wie eine Theaterkulisse wirkt, ist eine künstliche Gartenterrasse mit vorgezogener Eingangspartie mit Gittertor, Balustraden, Pyramiden und Pinienzapfen vorgelagert, die früher mittels einer Baumallee bis zur Strasse reichte. Das relativ knappe Broderie-Parterre entwickelt sich nicht in die Tiefe, sondern betont die Hauptfront des Schlosses und ist zugleich ein Teil der parallel zum Schloss laufenden Aussichtspromenade. Diese endet im Westen auf einer Terrasse mit einem Sitzplatz unter Bäu-

Solothurn · Schloss Steinbrugg. Ehemaliges Boskett mit Wasserbecken, Springbrunnen und Gedenkstein.

men und im Osten in einer Baumallee, die früher zu einer Art Irrgarten im Walde führte. Die mit Baumallee, Parterre und Aussichtsterrasse parallel zum Schloss laufende Perspektive oder Hauptachse diente als Promenade mit der Aussicht auf Solothurn. Die Herkunft dieses Typus ist zweifellos in Italien zu suchen, doch erscheint der Terrassengarten bereits im französischen Stil abgeändert. Da sich dieser Typus hauptsächlich für Hanglagen eignete, werden wir ihm später in der Schweiz überall dort begegnen, wo die topographischen Verhältnisse ähnlich sind. Dass dem Bauherrn der Waldegg auch die französische Gartenanlage in der Mittelachse des Hauses bekannt war, bewies er später, 1701–1706, beim Bau des in Solothurn

Solothurn · Schloss Waldegg, erbaut 1682–1684. Oben: Stich um 1750. Unten: Eingangstor. Das dem Schloss vorgelagerte Parterre ist in Wirklichkeit eine sehr schmale Terrasse.

am Aareufer gelegenen Palais Besenval, wo ein Hufeisenbau «entre cour et jardin» nach Plänen eines französischen Architekten errichtet worden ist.

Mit den beiden Schlössern Steinbrugg und Waldegg waren somit in Solothurn bereits in der zweiten Hälfte des 17. Jahrhunderts zwei Grundtypen des barocken Herrschaftsgartens entstanden, die im Laufe des 18. Jahrhunderts in nahezu allen Landesteilen der Schweiz auftraten.

Solothurn · Landsitz Weisse Laus. Blick vom Landsitz auf das terrassierte, ansteigende Gartenparterre aus dem 18.Jahrhundert.

Solothurn · Landsitz Hinter Bleichenberg. Stich von Herrliberger, zweite Hälfte 18.Jahrhundert. Barockgarten in Hanglage.

In Solothurn selbst war für das ebenfalls am Hang gelegene *Schloss Blumenstein* eine ähnliche Anlage wie bei der Waldegg geplant, doch verzichtete man bei der Ausführung auf das grosszügige Konzept von 1717 und beschränkte sich auf ein seitlich neben dem Schloss gelegenes, terrassiertes Broderie-Parterre. Ein ähnliches, etwas grösseres Broderie-Parterre seitlich neben dem Haus entstand in der zweiten Hälfte des 18. Jahrhunderts beim Landsitz Hinter Bleichenberg. Die Solothurner Familie Greder, Erbauer des Blumensteins, scheute nicht davor zurück, selbst unterhalb des von ihr seit 1600 als Landsitz verwendeten Schlosses Wartenfels bei Lostorf eine Gartenterrasse mit schattenspendenden Hagebuchenhecken und einem Aussichtstürmchen anzulegen.

Die Solothurner Barockgärten des 18. Jahrhunderts wurden meist bei älteren Landsitzen aus dem 17. Jahrhundert angelegt und ersetzten zum Teil ältere Gärten. Typisch hiefür war der Garten des Hauses Zetter von 1640, wo das leicht terrassierte Parterre verschwunden ist, die doppelreihige Lindenallee jedoch heute noch steht. Aufschlussreicher ist jedoch der *Landsitz «Weisse Laus»* an

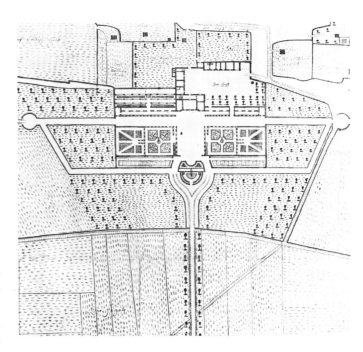

Solothurn · Schloss Blumenstein. Planentwurf von 1717. Ausgeführt wurde davon nur das Parterre neben dem Schloss.

Solothurn · Landsitz Weisse Laus, erbaut 1624. Hagebuchenlaube als Verbindung zwischen Landsitz und Kapelle.

Solothurn · Schloss Blumenstein. Federzeichnung von J. P. Tiebaud, 1760. Ansicht des barocken Parterres von Süden.

Solothurn · Sommerhaus v. Vigier. Barockgarten mit den Eiben im Mittelpunkt, entstanden Mitte 18. Jahrhundert.

der alten Bernstrasse, wo das ursprünglich vertiefte Parterre aus dem 17. Jahrhundert im 18. Jahrhundert durch ein leicht terrassiertes Parterre ersetzt worden ist. Eine Hagebuchenlaube auf der Strassenseite, geschnittene Buchshecken und Eiben sowie «Tierlinbäume» künden auf den Seiten den hinter dem Hause ansteigenden, mit einem Pavillon als «Point de vue» endenden Garten an.

Einzig beim 1648 erbauten *Sommerhaus v. Vigier* entstand um 1777 ein ebenes Parterre wie beim Schloss Steinbrugg. Die aus dem 17. Jahrhundert stammenden Eckürmchen waren dabei durch Sitzplätze ersetzt und der Garten seitlich von einer Lindenallee begrenzt worden. Nicht die längst verschwundenen Broderie-Ornamente der heute mit Buchs eingefassten Parterrebeete, sondern die eigenartigen geschnittenen Eiben am Eingang und in der Mitte des Gartens waren offenbar der Stolz des Eigentümers, der diese altertümliche Bepflanzung aus dem 17. Jahrhundert übernahm und auf ein übersichtliches Parterre verzichtete. Kleinere terrassierte Parterres beim Hause de Sury d'Aspremont oder beim Haus Hermesbühl 139, die Gartenterrasse beim Glutzenhübeli und zahlreiche Baumalleen, darunter die zum Blumenstein führende Fögetzallee, zeugen zusammen mit den erwähnten Gärten von der Freude der Solothurner Patrizier an der Ausstattung ihrer Land- und Sommersitze mit zum Teil kleinen, aber kunstvollen Barockgärten im 17. und 18. Jahrhundert.

Bern

Im Vergleich zu den Solothurner Patriziern waren die Berner Junker aus wirtschaftlichen und politischen Gründen enger mit der Landschaft verbunden, so dass zahlreiche barocke Landsitze in den Herrschaften oder bei älteren Herrschaftssitzen entstanden. Zu den Junkern gesellten sich im 16. Jahrhundert die reich gewordenen Bürger, die in fremden Diensten zu Ansehen gelangten und

Bern · Schloss Toffen, gemalt von Albrecht Kauw, um 1669.

Bern · Schloss Utzigen, erbaut 1664. Künstliche Gartenterrasse.

Bern · Schloss Oberdiessbach, Mittelachse, Brunnen und Peristyle.

politische Ämter innehatten. Diese verschafften ihnen die zum Bau der Landsitze notwendigen Geldmittel. In Bern selbst war für grössere Sommersitze mit entsprechenden Gartenanlagen angesichts der topographischen Verhältnisse kein Platz. So entstanden denn diese einerseits in den im Umkreis von Bern gelegenen Ortschaften und andererseits in den Herrschaften nördlich von Bern bis nach Thunstetten und südlich bis nach Thun.

In den Ansichten der Schlösser Utzigen und Toffen, die der Berner Maler Albrecht Kauw im 17. Jahrhundert festhielt, sind die Gärten noch mit hohen Umfassungsmauern und Ecktürmchen wie bei den Herrensitzen in Schwyz versehen. So erhebt sich denn das 1664 erbaute Schloss Utzigen auf einem mächtigen Podest mit Freitreppen, die zu den Gartenterrassen mit vertieften Parterres führen. Die beiden Eckpavillons der obersten Terrasse brachte man 1741 zum Verschwinden und errichtete dafür auf der untersten Gartenterrasse mit den Buchsbeeten neue Eckpavillons. Erst mit dem Bau des *Schlosses Oberdiessbach* im Jahre 1668 drang der neue französische Stil in der Architektur und im Garten durch. Zwar sind die Rundbogen der zweigeschossigen Loggia noch im Stile der französischen Renaissance geformt, doch geht der Blick von hier über das vorgelagerte Gartenparterre mit den Peristylen an den Ecken hinaus auf die in der Mittelachse als Perspektive ausgebildete Baumallee. Eine wei-

Bern · Schloss Reichenbach. Gouache von J. Schiel, 18. Jahrhundert. Terrassengarten mit Springbrunnen an der Aare.

Bern · Schloss Thunstetten, erbaut 1713–1715 nach Plänen von Joseph Abeille. Mittelachse des ehemaligen Barockgartens.

Bern · Schloss Hindelbank, erbaut 1722–1725. Illusionsmalereien mit Gartenarchitektur im Festsaal des Obergeschosses.

tere Perspektive entwickelt sich in südlicher Richtung über den Garten mit dem Springbrunnen und das Gartentor hinaus durch eine lange Baumallee ins Unendliche.

Im Gegensatz zu Oberdiessbach finden wir bei der Gartenanlage des 1688 erbauten *Schlosses Reichenbach* an der Aare wiederum das Motiv des Terrassengartens, das der Gründer der bernischen Post, Beat Fischer, wohl deshalb verwendete, weil sich die Hanglage an der Aare dazu bestens eignete. Der neue Terrassengarten war mit Topfpflanzen besetzt und ohne Mauern und Türmchen wie in Utzigen, was wiederum sehr stark an die italienischen Terrassengärten erinnert.

Den endgültigen Durchbruch in der neuen Gartenarchitektur im Stile von Le Nôtre vollzog jedoch erst der Berner Schultheiss Hieronymus von Erlach mit seinen beiden Schlössern Thunstetten und Hindelbank, die zahlreichen späteren Berner Landsitzen als Vorbilder dienten. Das *Schloss Thunstetten* entstand 1713–1715 nach Plänen des französischen Architekten Joseph Abeille als Parterrebau mit grossem Ehrenhof und umgeben von Baumreihen auf einem flachen Hügel. Auf der Gartenseite liegt das leicht abfallende Parterre, das beidseits der Mittelachse mit reichen «compartiments de broderie» besetzt war und mit einem Springbrunnen endet. Der Ehrenhof, das relativ niedere Schloss und der mit Hecken umzogene Garten mit dem anmutigen Berner Peristyl lassen erkennen, dass Schloss und Garten, in einem Guss angelegt, ein barockes Gesamtkunstwerk bildeten, dem sich auch das Gebäude selbst unterordnete.

Das wenig später von Hieronymus von Erlach ebenfalls nach Plänen von Joseph Abeille 1722–1725 errichtete *Schloss Hindelbank* – einer der fürstlichsten barocken Landsitze der Schweiz – liegt im Gegensatz zu Thunstetten an einem Hang. Aus diesem Grunde betonte man wie beim Schloss Waldegg bei Solothurn den breiten Schlossbau mit flankierenden Baumalleen und legte vor die Hauptfront auf der Talseite einen terrassierten Garten an. Diese inzwischen verschwundene Gartenanlage ist um 1740 auf einem Stich von Johann Grimm/Nöthiger festgehalten. Einen Ersatz dafür bieten die prachtvollen illusionistischen Wandmalereien im Mittelsalon des Obergeschosses im Schloss mit den gemalten Gartenarchitekturen eines unbekannten Künstlers.

Ähnlich wie Hindelbank liegt das *Schloss Gümligen*, das 1735/36 durch den Architekten Albrecht Stürler für den Postherrn Beat Fischer erbaut worden ist. Die Hanglage wurde dazu benützt, die Baumalleen hinter dem

Bern · Hofgut Gümligen, erbaut um 1740. Anstelle des ursprünglichen Heckenbosketts entstand später ein Lustwäldchen.

Schloss als Einfahrt und Promenade anzulegen, wobei die erhaltene dreireihige Baumallee mit einem Springbrunnen vor einer Säulenarchitektur als «Point de vue» endet. Dieser parallel zum Schloss verlaufenden Längsachse wurde eine Querachse entgegengesetzt. Sie begann mit der künstlichen Gartenterrasse vor dem Schlosse und dem Parterre mit Springbrunnen und Buchsbeeten, setzte sich hangwärts auf der Rückseite des Schlosses in einem Rasenparterre mit Springbrunnen vor einer halbkreisförmigen Mauernische fort und endete mit einem Springbrunnen auf der Anhöhe. Ob diese Querachse tatsächlich vollständig ausgeführt worden ist, bleibt ungewiss. Als Entwerfer dieser Gartenanlage vermuten wir Albrecht Stürler, dessen Vater Daniel Stürler in Hindelbank als Bauleiter tätig gewesen war.

Eine bedeutend kleinere, jedoch äusserst reizvolle Gartenanlage besass das um 1740 ebenfalls für Beat Fischer errichtete *Hofgut Gümligen*. Bereits die illusionistischen Malereien an den Wänden der seitlichen Peristyle des

Bern · Schloss Toffen. Den Barockgarten aus dem 18. Jahrhundert schliesst eine hohe Hecke mit Statuen ab.

Bern · Schloss Toffen. Blick auf das Parterre und das im 18. Jahrhundert umgebaute Schloss.

Bern · Schloss Oberried bei Belp. Aquarell von M. Wocher. Um 1777 vollendete Gartenanlage von Niklaus Sprüngli.

Bern · Schloss Gümligen. Säulenarchitektur mit Springbrunnen als Abschluss der dreireihigen Baumallee.

kleinen Ehrenhofs weisen mit ihren Landschaftsausblicken und Gartenarchitekturen auf die Grundstimmung dieses Gartens, von dem auf der Talseite auf einer künstlichen Terrasse das Parterre mit Springbrunnen, Obelisken, Figuren und ein Lustwäldchen zeugen. Sie brachten dem Hofgut den Beinamen «Trianon von Gümligen» ein.

Die Darstellung auf einer Kachel am Ofen des Gartensaals im Neuen Schloss in Bümpliz zeigt um 1742 ein grösseres Broderie-Parterre, von dem nur noch der Weg in der Mittelachse und das Wasserbecken mit dem Springbrunnen am Gartenende vorhanden sind. Ein reizvolles Aquarell des Schlösschens Allmendingen enthält vor dem Mittelbau ein kunstvolles Parterre von 1730. Beim *Schloss Toffen* wird das im 18. Jahrhundert seitlich neben dem Schloss erhöht gelegene Gartenparterre noch heute von einer hohen Buchshecke mit Steinfiguren und einem

Bern · Schloss Jegenstorf, umgebaut um 1720. Französische Gartenanlage mit Wasserbecken und Quellnymphe in der Mitte.

runden Aussichtspavillon abgeschlossen. Hier und beim *Schloss Oberried* bei Belp lag hinter dem Gartenparterre ein Wasserkanal mit mehreren Springbrunnen, beschattet von den noch erhaltenen Baumalleen. Einzig der Springbrunnen der Hofeinfahrt bei Oberried hat sich erhalten. Auf der Nordseite dieses Landsitzes führen Zickzackwege mit steinernen Urnen zu einer 1777 vom Architekten Niklaus Sprüngli errichteten Aussichtsgloriette. Ausser den kleinen Springbrunnen in runden Wasserbecken haben sich grössere Wasserbecken nur noch beim Landsitz Schlosswil von 1719 und beim Schloss Jegenstorf von 1720 erhalten, wobei in Jegenstorf eine Grottennymphe die Mitte des Beckens ziert.

Die auf Berner Landsitzen besonders beliebten Baumalleen wurden einerseits wie beim Schloss Oberdiessbach als Einfahrten und andererseits wie beim Schloss Gümligen für Promenaden und zugleich als Perspektiven verwendet. Auf diese Art krönt eine mächtige Baumallee besonders markant den Hügelrücken hinter dem ehemaligen Landsitz Schlosswil.

Von den einst reichen Parterre-Bepflanzungen der Berner Landsitze ist wenig erhalten geblieben. Oft lassen leere Parterreflächen mit Springbrunnen, Wasserbecken und Mittelweg in der Hauptachse die ursprüngliche Gartenarchitektur erahnen. Einzig das Gartenparterre des *Landsitzes Lohn* in Kehrsatz ist rekonstruiert worden, doch entspricht seine allzu bunte Bepflanzung nicht dem Stil des 18. Jahrhunderts.

Die Oberschicht Berns, der grössten Republik nördlich der Alpen, konnte sich zweifellos aufwendigere Gartenanlagen als die Solothurner Patrizier leisten, da sie über mehr Geldmittel und vor allem über einen grösseren Landbesitz in den Herrschaften verfügte. Offenbar bevorzugten die Berner der Aussicht wegen die Hanglage, was einerseits die Anlegung der beliebten Baumalleen begünstigte, andererseits jedoch die Ausdehnung der Gartenparterres beschränkte. Wie sehr die Berner die künstlich angelegten Gartenterrassen liebten, illustriert der Terrassengarten hinter dem *Beatrice v. Wattenwyl-Haus* (1706 bis 1710) in Bern selbst.

Bern · Landhaus Lohn in Kehrsatz, erbaut 1780–1783 mit Gartenparterre, 1961 rekonstruiert und ergänzt.

Während in Solothurn die Architekten als Entwerfer der Gärten noch unbekannt blieben, tauchen in Bern ausser einem Franzosen gleich drei *Berner Architekten* auf, die auch für die Anlage der Gärten bei den Landsitzen verantwortlich waren. Auf den französischen Architekten Joseph Abeille folgten die Berner Albrecht Stürler und Niklaus Sprüngli. Letzterer war so bekannt, dass er 1774 nach Basel berufen wurde, um die Gartenanlagen des Landsitzes Ebenrain bei Sissach zu entwerfen. Der in Paris geschulte Berner Architekt Erasmus Ritter hinterliess mehrere Projekte für Landsitze mit französischen Gärten, die sich mit Vorhöfen, Alleen, Parterre und Wasserkanal, begleitet von Bosketten, in die Tiefe entwickelten und ganz von Versailles und anderen Gärten dieser Art inspiriert waren. Ausgeführt wurde einzig der Garten des Hôtel du Peyrou in Neuenburg.

Basel

In Basel hielt der französische Barockgarten im Stile Le Nôtres erst um 1720 Einzug. Die von 1710 an durch Geldgeschäfte erworbenen Vermögen und die ungeahnte Blüte der Seidenbandindustrie von 1730 bis 1765 erlaubten es den Baslern, ausgedehntere und reichere Gartenparterres anzulegen als die Berner, da die Basler ausserdem für ihre grossen Gärten die Ebene der herrschaftlichen Terrasse am Hang vorzogen und auf aufwendige Schlossbauten verzichteten. Einzig am Rheinufer beim Ramsteinerhof und beim Ritterhof entstanden kleinere Terrassengärten.

Am Beginn dieser Epoche in Basel steht der französische Garten des mittelalterlichen *Weiherschlosses Bottmingen,* das 1720 von Johannes Deucher aus Steckborn mit dem Erlös von Mississippi-Aktien gekauft und umgebaut worden war. Auf der Rückseite, jenseits des Weihers, entstand nach 1720 ein französischer Garten mit Obelisken, Springbrunnen, aus Hecken geschnittenen Bosketten, Gartenkabinetten und Gitterportalen. Es folgte um 1726/27 der Garten des *Landsitzes Maienfels* oberhalb von Pratteln für Johann Rudolf Faesch, Oberst in französischen Diensten und später Oberzunftmeister der Stadt Basel. Hinter dem einfachen Landsitz zog sich ein kleiner Lustgarten mit Springbrunnen, Hecken und terrassierten Beeten den Hang hinauf. Im Vergleich mit dem nahezu gleichzeitig errichteten Schloss Hindelbank bei Bern fällt nicht nur die bescheidene Architektur des Landsitzes auf, sondern auch die auf ein Parterre konzentrierte Gartenanlage. Trotz der Hügelsituation fehlen die flankierenden Baumalleen. Die Aussichtsterrasse vor dem Haus ist äusserst schmal, und das Gartenparterre wird auf der kaum einsichtbaren Rückseite versteckt. Der Kontrast zwischen dem Landsitz eines Berner Schultheissen und jenem eines Basler Oberzunftmeisters war beträchtlich, und wir begegnen hier offensichtlich zwei völlig verschiedenen Welten.

In der Stadt Basel selbst legte sich zuerst der Markgraf von Baden um 1736 einen Hofgarten mit einem französi-

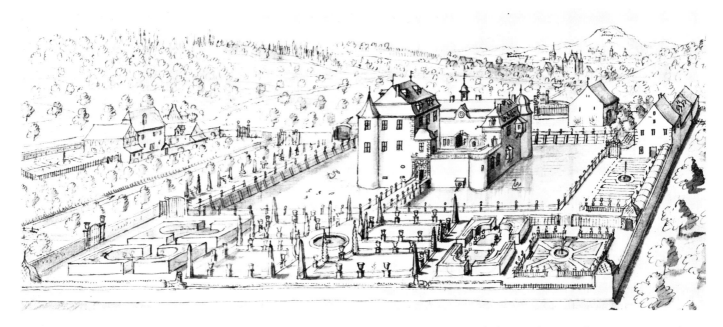

Bottmingen · Weiherschloss. Zeichnung von Emanuel Büchel, 1755. Südansicht mit dem französischen Garten von 1720.

Basel · Faesch-Leissler'scher Landsitz. Zeichnung von Emanuel Büchel, um 1750. Sommersitz an der Riehenstrasse.

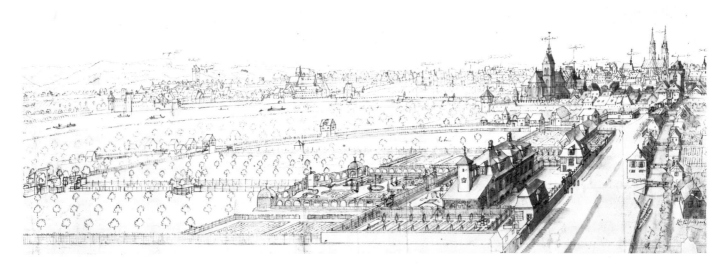

schen Parterre in drei Terrassen an. 1738 folgte der Umbau des Württembergerhofs zu einem französischen «Hôtel entre cour et jardin» mit Ehrenhof und reizendem Garten, in dem 1768 ein Chinesentempel aufgestellt wurde. Weitere Bauten mit Gärten dieser Art entstanden in den Vorstädten, wo noch genügend Platz dazu vorhanden war, so beim Haus zum Raben in der Aeschenvorstadt, beim Haus zum Hof in der St. Albanvorstadt und beim Holsteinerhof an der Hebelstrasse.

Bald aber genügten den reichen Baslern diese in der Stadt eingeengten Gärten nicht mehr, und sie errichteten sich sogenannte Lustsitze, die nicht zum Wohnen, sondern für Feste und zur Erholung eingerichtet waren und aus vorhandenen Gartenanlagen hervorgingen, weshalb auch hier die Häuser sehr bescheiden blieben. Der Vorgang erinnert uns auffallend an die Entstehung von Ver-

Pratteln · Landsitz Maienfels, erbaut um 1726. Zeichnung von Emanuel Büchel, 1754. Französischer Garten in Hanglage.

sailles. Zu dieser Gattung gehört der 1716 angelegte und unter dem Oberzunftmeister Johannes Faesch-Leissler um 1748 ausgebaute *Faesch-Leissler'sche Landsitz* an der Riehenstrasse. Der einfache Parterrebau lag zwischen dem Ehrenhof und einem weiteren Hof, der vom Garten durch ein Gitter mit einem Tor abgetrennt war. Der Garten war zwar auf das Haus ausgerichtet, jedoch von diesem durch den Hof abgetrennt. Das Broderie-Parterre mit dem Springbrunnen in der Mitte war von Treillage-Arkaden umgeben und an den Ecken mit Treillage-Pavillons markiert. Er setzte sich jedoch in der Mittelachse mittels einer Heckenallee durch einen Baumgarten bis zu einem «Point de vue» in Form eines offenen Kabinetts fort. Ähnlichen Verhältnissen zwischen Haus und Garten begegnen wir beim *Bäumlihof* zwischen Riehen und Basel, auch «Klein-Riehen» genannt. Der Rechenrat Samuel Burckhardt-Zaeslin liess sich hier vor den bereits vorhandenen Gebäuden nach 1733 einen grossen französischen Garten anlegen, der jenem seines Schwagers Heinrich Zäslin auf dem Wenken in Riehen nur wenig nachstand. Wie bei den Berner Landsitzen führte eine Baumallee zu einem zwischen Haus und Garten gelegenen Hof. Man betrat somit vom Hause aus, wie beim Faesch-Leissler'schen Landsitz, nicht direkt den Garten, sondern einen Hof, auf dessen gegenüberliegender Seite der Garten mit einem Gitter und einem Tor abgetrennt war. Ein Achsenkreuz

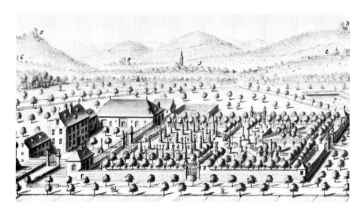

Riehen · Bäumlihof oder Klein-Riehen. Stich um 1752. Nach 1735 entstandener französischer Garten in der Ebene.

Riehen · Wenkenhof, zwischen Riehen und Bettingen. Zeichnung von Emanuel Büchel, 1751. Parterrebau und Barockgarten am Hang.

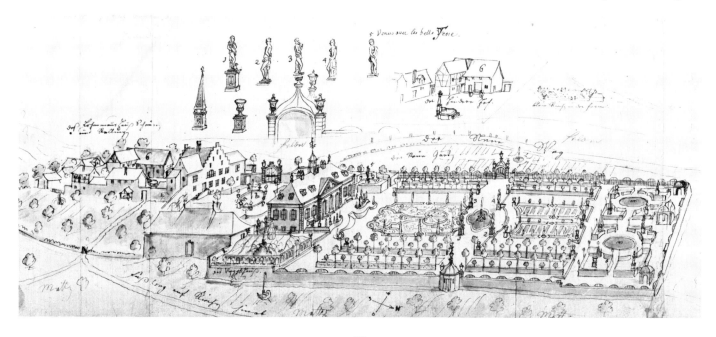

Riehen · Wenkenhof. Blick auf den im 19. Jahrhundert aufgestockten Sommersitz mit weitem Parterre und Baumalleen.

teilte den Garten in einen vorderen und einen hinteren Abschnitt. In die vordere Hälfte war in die Rechteckform ein Halbkreis gelegt, der von der Mittelachse zerschnitten in zwei Broderie-Parterre-Flächen mit Blumen, geschnittenen Eiben und Obelisken zerfiel. In der hinteren Hälfte folgten auf den Springbrunnen im Achsenkreuz zwei Boskette aus geschnittenen Hecken mit Wasserbecken, Statuen und Vasen im Mittelpunkt. Gartenpavillons markierten die äusseren Ecken, und Baumalleen betonten die Seitenarme, den Querarm und die hintere Hälfte des Längsarms sowie den Abschluss des Gartens.

Im Gegensatz zu diesen und anderen Basler Gärten lag der 1736 von Johann Heinrich Zäslin erworbene *Wenkenhof* in Riehen auf einem Hang. Das neu errichtete Lusthaus war wie das grosse Trianon in Versailles ein Parterrebau und enthielt nur Festräume. Auf der Rückfront war es vom älteren Wohnhaus durch einen Hof getrennt, so dass die Talfront mittels kunstvoll geschwungener Podeste direkt mit dem Garten verbunden werden konnte. Auf dem leicht fallenden Gelände, das sich für einen französischen Garten besonders gut eignete, war das Hauptparterre beidseits von Baumalleen gerahmt und in der Mitte von einem Springbrunnen mit Statuen unterbrochen. Der vordere Teil der Parterres besass ein kunstvolles Broderie-Ornament mit Arabesken, während der hintere Teil rechteckige Beete enthielt. Daran schlossen sich zwei Boskette mit einem Mittel- und zwei Eckpavillons als Abschluss. Das «Basler Klein-Versailles» zeichnete sich durch einen besonders reichen Figuren- und Vasenschmuck aus und gehörte dadurch und durch seine Lage und Ausdehnung zu den schönsten Barockgärten in der Schweiz.

Sinnvollerweise entwickelte sich aus diesen Lustsitzen der Sommerpalast, wie ihn sich der Basler Bandfabrikant Achilles Leissler 1753 mit der *Sandgrube* an der Riehenstrasse errichten liess. Der umfangreiche Gebäudekomplex mit Orangerien, Remisen und Stallungen ist einer der prunkvollsten Barockbauten Basels und besass auf der Rückseite einst ein ausgedehntes Gartenparterre, dessen Aufteilung leider auf den zeitgenössischen Ansichten fehlt.

Die Entwerfer der französischen Gärten in Basel sind nicht bekannt, und es finden sich auch keine Gartenpläne von einheimischen Architekten. Der Basler Garten liegt in der Regel in der Ebene und umfasst ein ausgedehntes Parterre mit Bosketten als Abschluss. Nach französischem Vorbild verwendete man zur Ausstattung mit Vorliebe Statuen, antike Götter, die vier Jahreszeiten und Sphingen. Vasen aus Stein oder aus Gusseisen standen auf Podesten im Garten oder auf den Pfosten der geschmiedeten Gitterportale. Besonders beliebt waren die oft kunstvollen Gartenpavillons aus Hecken und bald auch aus Stein, dagegen fehlen Fontänen und Kaskaden.

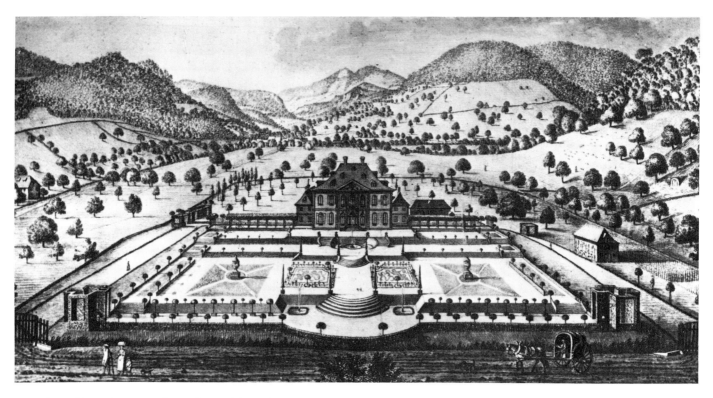

Sissach · Schloss Ebenrain, erbaut 1774–1776. Zeichnung von J.C. Zehender, 1785. Terrassengärten auf der Nordseite.

Sissach · Schloss Ebenrain. Lindenallee der einst barocken Gartenanlage der Südseite mit Blick auf den Ehrenhof.

Schon sehr früh begannen die Basler damit, auch ihre *Landsitze auf der Landschaft* mit französischen Gärten zu umgeben. Einige Jahre nach dem bereits erwähnten Maienfels in Pratteln entstand unter Hauptmann Johann Rudolf Krämer bei der ehemaligen Mühle im Gestadeck bei Liestal um 1735 ein reizender Garten mit Parterre, Springbrunnen und Heckenboskett. 1752 liess sich der Rechenrat Jeremias Wild-Socin auf seinem Hofgut Beuggenweid bei Bubendorf einen französischen Heckengarten

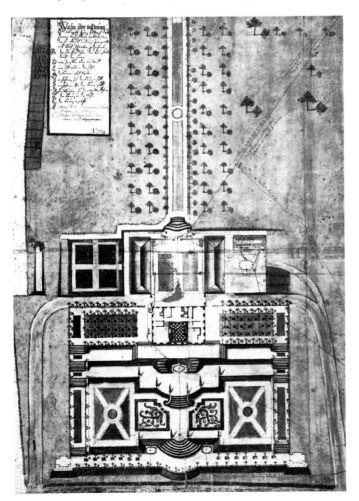

Sissach · Schloss Ebenrain. Gesamtansicht des nach Plänen von Niklaus Sprüngli aus Bern entworfenen Gartens, 1774.

und unterhalb davon am Bache eine Grotte anlegen. Wenig später entstand durch einen Umbau um 1759 für Marcus Weis-Leissler das barocke Bruckgut bei Münchenstein mit einer dem Hang entlang über die Birs hinaus geführten und mit Bäumen markierten Sichtperspektive.

Den Höhepunkt der barocken Basler Landsitze bildet zweifellos das 1773–1775 errichtete *Schloss Ebenrain* bei Sissach, wo der Indiennefabrikant Martin Bachofen-Heiz die Gartenpläne interessanterweise nicht vom Basler Architekten Samuel Werenfels, der den Ebenrain entworfen hatte, sondern vom Berner Architekten Niklaus Sprüngli bezog.

Der Garten des Ebenrains glich deshalb auffallend den Gärten der Berner Landsitze. Dies galt für die Baumallee auf der Rückseite, für das einst dem Schlosse vorgelagerte, terrassierte Gartenparterre und für die einst das Schloss flankierenden Baumalleen. Auch die in Basel so beliebten Boskette fehlten. Dafür begegnete man beidseits des Broderie-Parterres zwei Rasenparterres mit Vasen im Mittelpunkt. Ganz offensichtlich war der Ebenrain als Landsitz und als Garten für Basler Verhältnisse atypisch und eher bernisch angelegt. Dass jedoch die Basler in das französische Broderie-Parterre vernarrt waren, beweist schliesslich der nach 1752 von Franz Le Grand auf dem Bad Ramsach angelegte Garten, der auf einer Höhe von 735 Metern unterhalb der Wiesenfluh mitten in den Juraweiden lag.

Zürich

Verglichen mit den Basler Barockgärten waren jene der Zürcher Kaufleute eher bescheiden, da sie meist auf Rebgütern und Bauernhöfen entstanden. Als erster Zürcher Landsitz besass der um 1740 von Hartmann Grebel am Rande der Stadt errichtete *Beckenhof* ausser dem seitlichen Parterre ein Hauptparterre in der Mittelachse, die sich ähnlich wie beim Faesch-Leissler'schen Landsitz in Basel mittels einer Heckenallee durch einen Obstbaumgarten fortsetzte, doch waren die Broderie-Parterres eher bescheiden. Die zahlreichen *Landsitze am Zürichsee* hingegen besassen noch bis weit ins 18. Jahrhundert hinein einfache Ziergärten mit hohen Umfassungsmauern und Ecktürmchen, wie bei der Schipf und den Lochmannshäusern in Küsnacht. Erst in der zweiten Hälfte des 18. Jahrhunderts entstanden auch in Zürich grössere Gärten mit Perspektiven in Form von Laubengängen oder Alleen, mit Pavillons und Sitzplätzen. Ihre Dimensionen blieben jedoch mit Rücksicht auf die Landwirtschaft bescheiden und ihre Ausstattung einfach. Während die Seehalde und der Seehof in Meilen um 1767 vor allem durch ihren reichen Figurenschmuck glänzten, erlebte die Schipf einen Ausbau mit Terrassen und Seepromenade. Das Landhaus in Küsnacht-Goldbach besass zwar um 1770 ein grosses Gartenparterre, doch war dieses noch ganz im Stile des 17. Jahrhunderts mit kunstvoll geschnittenen Zierbäumchen bepflanzt. Selbst der etwa gleichzeitig entstandene Landsitz Mariahalden in Erlenbach erhielt gegen den See zu einen wiederum vorwiegend mit Zierbäumchen betonten Terrassengarten. Wie sehr die Zürcher den Taxus, die Vasen, Figuren, Brunnen und Gitter liebten, bewies das um 1772 entstandene *Freigut Zürich-Enge* mit seinen beiden Parterres, den einundzwanzig Steinfiguren, den kunstvollen Gittern und den zahlreichen Zierbäumchen. Die anschliessende Promenade bestand aus vier erhöht übereinander gelegenen Terrassen, die parallel zum Hang über dem See jeweils mit «Points de vue» in Form von Pavillons endeten. In der Stadt Zürich selbst entstand zwischen 1759 und 1770 innerhalb der Schanzen der *Rechberg* mit reichem Figurenschmuck, Brunnen, Gittern, einem Parterre und den in der Struktur noch erhaltenen Gartenterrassen am Hang. Das *Scheuchzer'sche Rebgut* in Oberstrass aus der zweiten Hälfte des 18. Jahrhunderts bringt schliesslich ausser den beiden Broderie-Parterres mit Lilienornamenten und Zierbäumchen als Novum zwei von der Mittelachse ausstrahlende Alleen, die durch die Gemüse- und Obstgärten führten.

Offensichtlich konnte sich das neuentstandene Kaufherrenpatriziat in Zürich von seiner kaufmännischen und traditionellen Zurückhaltung, geprägt vom Zwinglianismus, nicht lösen und verhielt sich mangels Kontakten zu

Zürich · Scheuchzer'sches Rebgut in Oberstrass, um 1774.
Barocker Herrschaftsgarten mit lilienförmigen Ornamenten.

Zürich · Landhaus bei Küsnacht-Goldbach, Ende 18. Jahrhundert.
Garten mit künstlich geschnittenen Bäumchen.

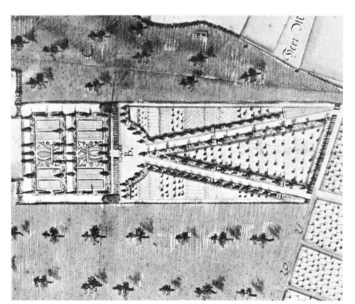

Zürich · Erlenbach. Herrschaftshaus des Bürgermeisters Kilchsberger, um 1794. Terrassierter Barockgarten am See.

Zürich · Freigut in Zürich-Enge, um 1777. Gartenparterre mit 21 Statuen und mehreren Promenaden in Hanglage.

Zürich · Haus «Zum Rechberg», erbaut 1759–1770. Terrassierter Garten mit eleganten Treppenläufen und Hofbrunnen.

Luzern · Landsitz Guggi, erbaut 1712. Stich um 1758. Französischer Parterregarten in freier Landschaft.

den europäischen Kunstzentren im Vergleich zu anderen Schweizer Städten eher konservativ. Daraus erklärt sich auch die Vorliebe für die seit dem 16. Jahrhundert in Zürich bekannten künstlich geschnittenen Zierbäume, die noch im 18. Jahrhundert den Reisenden auffielen. Somit war es in Zürich weniger die Grösse als vielmehr die Menge der bürgerlichen und herrschaftlichen Barockgärten, die Beachtung fanden und gefielen.

Luzern

Dank den engen Beziehungen zum französischen Hof löste man sich in Luzern schon sehr früh vom ummauerten Renaissancegarten der Innerschweiz, wie ihn noch der bekannte Zurlaubenhof in Zug zeigte. Der Landsitz Guggi, 1712 erbaut und längst abgebrochen, besass bereits einen offenen französischen Parterregarten in der Hauptachse des Gebäudes, doch auch die Anlage des ehemaligen Jesuitenhofs in Seeburg von 1729 und der Steinhof in Luzern von 1759 sind ohne den Einfluss der französischen Gartenarchitektur nicht denkbar. Den Höhepunkt dieser Entwicklung in Luzern bezeichnet jedoch der barocke *Landsitz Himmelrich* von 1722, dessen kunstvolle Gartenanlage zumindest im vorderen Teil in Ansätzen noch vorhanden ist.

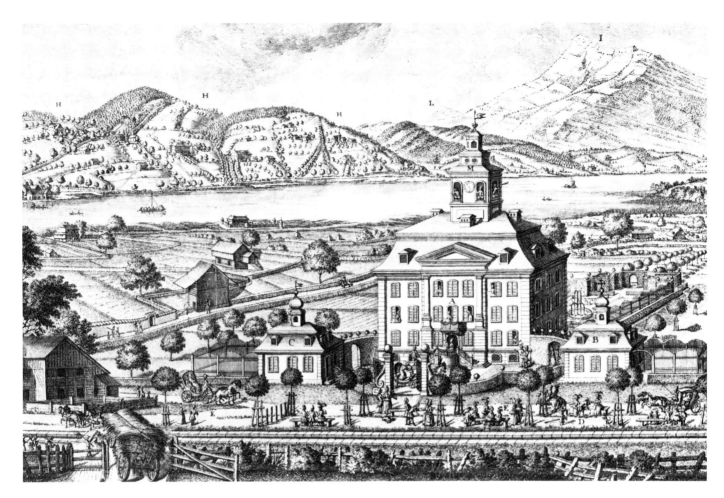

Luzern · Landsitz Himmelrich, erbaut um 1772 für Franz Plazidus Schuhmacher, vermutlich von Jakob Singer. Stich von 1785. Vorgarten und Parterre mit Hecken und Springbrunnen.

Chur · Garten des Alten Gebäus, erbaut um 1727. Situationsplan um 1920. Sternförmige Anlage mit Aussichtshügel.

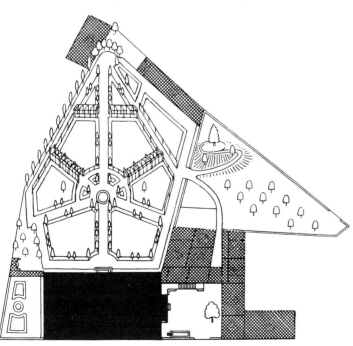

Graubünden

Angesichts der schwierigen topographischen und klimatischen Verhältnisse überrascht die Fülle und Eigenart der Bündner Barockgärten, die zum Teil den wilden Bergregionen abgerungen wurden. Für die dazu notwendigen Mittel und Anregungen sorgten das Pensionswesen, die Offiziersdienste des Bündner Adels und die dadurch vorhandenen Beziehungen zu fremden Fürstenhöfen. Je nach Lage und Bezugsquelle kamen in den Bündner Gärten sowohl Motive der italienischen als auch der französischen Gartenkunst zur Verwirklichung, wobei im südlichen Bünden die italienische Gartenkunst dominierte.

Noch in die zweite Hälfte des 17. Jahrhunderts fällt der Neubau des *Unteren Schlosses von Zizers,* dessen Grundriss eine gewisse Verwandtschaft mit dem französischen Schloss Vaux-le-Vicomte aufweist. Die heute rekonstruierte Mittelachse dürfte wohl damals nicht bestanden haben. Ein Verwandter des Erbauers des Neuen Schlosses von Zizers, Peter von Salis-Soglio, liess sich jedoch um 1727 das sogenannte *Alte Gebäu in Chur* mit einem sternförmigen Garten anlegen, der bereits von den Zeitgenossen bewundert worden ist.

Für die Grotten und die Einrichtungen der Wasserkünste hatte er einen «Virtuoso di Morbegno» kommen las-

sen. Nicolin Sererhard lobt die «Alleen mit Zwergbäumen und Stäudlein, die Grotten nach antiquitätischer Manier, Wasserkunst und Springbrunnen, die ausländischen Früchte wie Citronen, Limonen, Pomeranzen, Feigen, Oliven samt den Mengen der rarsten Indianischen und Amerikanischen Gewächse» und bestaunt das Winterhaus.

Wenig später, zwischen 1740 und 1750, dürfte der am besten erhaltene Barockgarten der Schweiz beim *Schloss Bothmar in Malans* entstanden sein. Er ist nachträglich am Hang neben den teilweise älteren Gebäuden so angelegt worden, dass seine Mittelachse am Westflügel des Schlosses vorbeiführt. Die abgestuften Terrassen mit den Springbrunnen und den mit Buchs eingefassten Beeten lassen sich nur auf dem Plan übersichtlich darstellen, da sich die mächtigen geschnittenen Buchsbäume quer durch den Garten legen und diesen in einzelne in sich geschlossene Bezirke teilen. Somit lässt sich der prachtvolle Garten höchstens von der erhöhten Terrasse über dem Hofeingang als Ganzes von der Seite her überblicken und wirkt weit grösser, als er ist. Steht man im Garten selbst, so wirkt er verwirrend wie ein Irrgarten, weil sich die Buchsbäume wie Barrieren auswirken und nur schmale Öffnungen für den Durchgang freilassen. Darüber ragen aber die Pylonen, die zu gewaltigen konischen Pfeilern zusammengewachsen sind. Nirgendwo erlebt man so wie hier, dass der französische Garten halb Architektur, halb Natur ist und deshalb erstarrtes Leben darstellt. Die Entwicklung des französischen Gartens in die Horizontale und in die Vertikale, eine Zusammensetzung von neueren und älteren Motiven, wird hier sofort ersichtlich. Offenbar wollte man gar keine übersichtlichen Terrassen, sondern suchte das Labyrinth.

Neben dem Garten lagen als kleinere Bezirke ein Boskett aus Taxus und Thuja (zu Säulengängen künstlich geschnitten), eine Voliere, eine künstliche Ruine und ein Pfauenhöfchen. Die einzigartige Pracht dieses seltenen Barockgartens liegt ausserdem in einer Geländeecke versteckt, weshalb sich der Garten als ein wirkliches «Buen Retiro» präsentiert.

Um die gleiche Zeit entstand auch der Garten des *Palazzo Donatz in Sils* mit einem ebenen, unterteilten Parterre, das auf der Hangseite in einer italienisch anmutenden Treppen- und Terrassenanlage mit Eckpavillons endet. Im Gegensatz zu diesen Parterre- und Terrassengärten entwickelt sich jener des *Schlosses Salenegg bei Maienfeld* oberhalb des Rebbergs in der Längsachse vor dem Schloss. Auf die breite Terrasse folgt in östlicher Richtung ein Vorgarten mit reizenden Eckpavillons auf der Talseite und einer Perspektive, die leicht abgestuft zu einem halbkreisförmigen Pavillon mit verzierter Halbkup-

Malans · Schloss Bothmar. Gartenanlage von 1740–1750. Situationsplan der Gartenterrassen mit Boskett oben links.

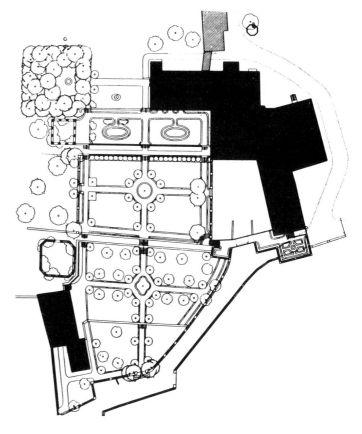

Sils im Domleschg · Palazzo Donatz, erbaut um 1740. Hangseitiger Abschluss mit Treppen und Terrassen.

Malans · Schloss Bothmar. Blick vom Gärtnerhaus auf den Garten mit den geschnittenen Buchsbäumen und den Buchseinfassungen.

pel führt, doch setzt sich die Perspektive durch das Tor des Pavillons mittels einer Reblaube bis zu einem weiteren Pavillon an der Strasse fort. Unterhalb dieser Perspektive führt eine weitere Reblaube zu einem schattigen Sitzplatz inmitten der Reben. Beim Brüggerhaus in Maienfeld trennt die Strasse den Sitz vom ummauerten Garten. Ähnlich durch die Strasse getrennt, jedoch nicht ummauert, ist der Garten des *Schlosses Reichenau,* der auf der Nordseite vom Gasthof «Zum Adler», vom Gewächshaus und vom Gärtnerhaus flankiert wird. Das ausgedehnte Parterre mit dem Wasserbecken in der Mitte steigt gegen Westen leicht an, so dass die optische Verbindung zwischen Schloss und Garten gewährleistet ist und die Strasse kaum wahrgenommen wird. Ebenfalls teilweise von einer Strasse durchschnitten ist der terrassierte Garten des *Schauenstein'schen Schlosses in Fürstenau,* indem die Mittelachse von der obersten Terrasse zum ersten Parterre und zum Torabschluss und schliesslich durch das Tor des Gartens auf die andere Strassenseite verläuft, wo

Maienfeld · Schloss Salenegg, erbaut 1604, erweitert 1782–1784. Gartenachse neben dem Schloss mit Reblaube und Gartenkabinett.

der Garten über einem Parterre mit leicht ansteigenden Terrassen endet. Um die Mitte des 18. Jahrhunderts hielt sich auch der Herr von Travers auf dem Felsen des *Schlosses Ortenstein* einen berühmten Garten mit Bosketten, Wasserkünsten und Gewächshäusern, was ihn jährlich ohne die Gage des französischen Gärtners 2000 Livres kostete. Auch von diesem Garten ist zumindest die Anlage südlich des grossen Hofes auf einer erhöhten Terrasse mit Buchs und Eiben teilweise erhalten geblieben.

Ein entscheidender Impuls für die der Natur abgerungenen Bündner Gärten ging zweifellos von den Gärten der *Salishäuser in Bondo und Soglio* im Bergell aus. Terrassen, Parterres, Springbrunnen und Vasen sowie die südliche Vegetation standen hier in einem auffallenden Kontrast zur wilden Bergwelt. Im Laufe des 18. Jahrhunderts erhielt so jeder bedeutende Bündner Sitz einen Barockgarten, der eine Sehenswürdigkeit darstellte und dessen Gestaltung und Bepflanzung der Inhalt von Briefen der Offiziere und Politiker im Bündnerland waren. Selbst der um die Mitte des 17. Jahrhunderts beim *Schloss Marsch-*

Bondo · Palazzo Salis, erbaut 1765–1774. Gartenanlage mit italienischem Brunnen in der Mitte des Parterres.

lins angelegte französische Garten erfuhr nach der Verlegung des Philanthropins von Haldenstein nach Marschlins um 1771 eine grosszügige Erweiterung. Die Bündner Herrschaftsgarten folgte je nach Situation den französischen und italienischen Vorbildern und entwickelte so eine Symbiose dieser beiden Gartenformen, die als Eigenleistung und Eigenart der Bündner und ihrer Barockgärten zu betrachten ist.

Loverciano · Palazzo Turconi, erbaut Anfang 18. Jahrhundert. Hangseitige Terrassen und Treppenanlagen.

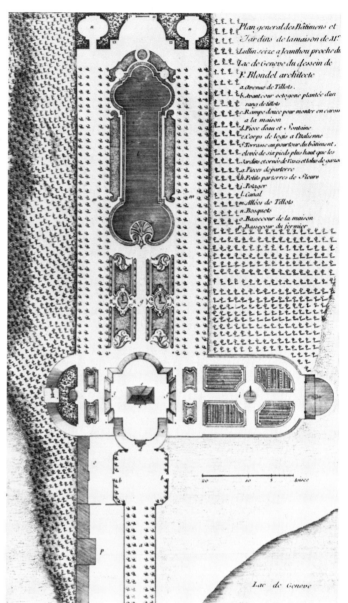

Genf · Creux-de-Genthod. Plan der Gartenanlage des französischen Architekten Jean-François Blondel, um 1723.

Tessin

Dass es vorwiegend der Reichtum und die fremdländischen Beziehungen waren, die eine derartige Blüte des Barockgartens wie im Bündnerland hervorrufen konnten, bezeugt das Tessin, das als Untertanenland der Eidgenossenschaft nur im Sottoceneri einige Barockgärten kannte. Doch waren es weniger Einheimische als begüterte Adlige aus Como, die sich hier Landsitze mit Gartenterrassen im Stile des italienischen Barockgartens errichteten. Davon zeugt noch heute der *Palazzo Belvedere in Balerna,* um 1706 für den Bischof von Como erbaut. Doch auch der *Palazzo Turconi in Loverciano,* ebenfalls zu Beginn des 18. Jahrhunderts erbaut, war der Sommersitz eines Adligen aus Como, des Grafen Turconi. Die kunstvollen Terrassenbauten und Treppen am Hang erinnern noch an die einst prachtvolle barocke Gartenanlage. Hier wird deutlich, dass der Barockgarten im Tessin nicht nur wegen seiner klimatisch bedingten Vegetation, sondern auch in seiner Anlage ein italienischer Barockgarten ist.

Romandie

Aus den Verhältnissen im Tessin wäre zu vermuten, dass die Barockgärten der Romandie noch stärker als jene der deutschen Schweiz unter französischem Einfluss standen. Dies ist jedoch nur in beschränktem Masse der Fall, da die politischen und wirtschaftlichen Voraussetzungen für die Gartenkunst in der Romandie anders gelagert waren als im Tessin und in der deutschen Schweiz. Im Ge-

Waadt · L'Isle. Landsitz, erbaut 1696. Blick über den Kanal auf das Parterre und das Schloss im Hintergrund.

gensatz zu Solothurn, Bern und Basel kannte beispielsweise die Republik Genf noch im 17. Jahrhundert ausserhalb der Festungen keine grösseren Landsitze mit Gartenanlagen. Erst als Genf mit Ludwig XIV. eine Rückendeckung erhielt und der internationale Handel und das Bankenwesen aufblühten, streifte Genf den betont puritanisch-calvinistischen Charakter ab und öffnete sich den Strömungen aus Frankreich, so dass die Voraussetzungen für herrschaftliche Landsitze ausserhalb der Stadt geschaffen waren. Zusammen mit Genf erlebten auch die von den Bernern beherrschte Waadt und das Fürstentum Neuenburg im 18. Jahrhundert einen wirtschaftlichen Aufschwung, der die Anlegung von grösseren Ziergärten ermöglichte. Angesichts der intensiven Kulturen der Romandie, des Weinbaues, der Obstgärten und des Gemüsebaues, war man jedoch nicht ohne weiteres bereit, wertvollen Kulturboden einem reinen Ziergarten zu opfern. Als deshalb im 18. Jahrhundert an den Ufern des Genfer- und des Neuenburgersees die im französischen Stil angelegten Landhäuser und Gärten entstanden, war man darauf bedacht, die vorhandenen Kulturen nicht zu verkleinern. Die Ziergärten waren deshalb in ihrer Ausdehnung mit Rücksicht auf die Reben, Baumgärten und Wiesen beschränkt, es sei denn, man bezog diese in den Ziergarten mit ein.

Wie in Solothurn und in Bern scheute man auch in der Romandie nicht davor zurück, französische Architekten aus Paris mit der Projektierung der Landhäuser und Gärten zu beauftragen. So soll das 1696 für Charles de Chandieu, Generalleutnant in französischen Diensten, erbaute *Schloss von L'Isle* nach Plänen von François Mansard, dem Architekten Ludwigs XIV., errichtet worden sein. Wenn diese Zuschreibung auch nicht gesichert ist und sich vielleicht auch nur darauf stützt, dass wir hier eines der ersten Mansarddächer der Schweiz finden, so wirkt doch die Gartenanlage mit der Freitreppe, dem heute mit Bäumen bepflanzten Parterre, den seitlichen Baumalleen und nicht zuletzt mit dem abschliessenden, aus einem Bach abgeleiteten Teich und seinem Springbrunnen wie eine Anlage von Le Nôtre, weshalb das Schloss auch «Petit-Versailles» genannt wird.

Genf und Waadt

Besser bekannt sind die Verhältnisse in Genf, wo der Patrizier Ami Lullin seinen *Landsitz Creux-de-Genthod* um 1723 nach Plänen des Pariser Architekten François Blondel, der zu diesem Zwecke selbst in Genf weilte, anlegen liess. Zumindest im Entwurf entspricht diese Anlage am ehesten dem französischen Schema. Die als Zufahrt dienende vierreihige Baumallee endet in einem achteckigen Vorhof vor dem etwas erhöht gelegenen relativ kleinen Landhaus, auf dessen Rückseite sich einst das

Genf · Creux-de-Genthod. Blick vom Landhaus auf das gegen den See gerichtete, rekonstruierte Gartenparterre.

grosse Broderie- und Rasenparterre mit einem langen Kanal erstreckte, begleitet von Baumalleen und abgeschlossen von Bosketten. Das Landhaus selbst figurierte als Angelpunkt für eine Querachse Richtung See, deren Parterre bezeichnenderweise als Gemüsegarten diente. Der einzigartige Entwurf dieses gediegensten Barockgartens in der welschen Schweiz dürfte kaum bis ins letzte Detail ausgeführt worden sein. Wenn heute auch nur mehr eine leere Rasenfläche an das Hauptparterre mit dem Kanal erinnert, so vermittelt doch die Zufahrt, das reizende Landhaus und die als Blumenparterre rekonstruierte Seeachse den Eindruck eines klassischen französischen Gartens. Ohne Zweifel diente er als Vorbild für andere Barockgärten des Genfer Patriziats, doch begegnen wir dem Typus des ausgedehnten, sich in die Tiefe erstreckenden Parterres nur noch in *Coppet,* wo sich 1715 unter Johann Jakob Hoegger von St. Gallen jenseits des Grabens ein Rasenparterre mit abschliessendem querliegendem Karpfenteich, symmetrisch angelegtem Baumgarten und Bosketten als Abschluss erstreckte. Auch davon ist nur mehr die grosse, von Bäumen umsäumte Rasenfläche mit einem Weiher in der Mitte erhalten geblieben.

Die meisten Genfer und Waadtländer Gärten folgten einem anderen, durch die Topographie gegebenen Aufbau. Er bestand aus einer künstlichen Garten- und Aus-

Genf · Creux-de-Genthod. Blick auf die kunstvoll geschnittenen Eiben- und Buchsbäume des Parterres.

sichtsterrasse über den Reben oder dem See, flankierenden Obst- und Gemüsegärten und Baumalleen oder Baumgärten auf der Rückseite. Wir finden diesen auf einem Stich des 1730 erbauten *Landhauses de La Rive* in Genthod, der Residenz des Naturforschers und Philosophen Charles Bonnet, oder Richtung Thonon am Hang über dem See beim 1766–1768 von Marc Lullin errichteten *Landhaus La Grange,* dessen Terrasse, Baumgärten, flankierende Obst- und Gemüsegärten sowie die Parterres längst verschwunden sind und sich nur noch die mächtige Zufahrtsallee auf der Rückseite erhalten hat. Das anscheinend gleichzeitig errichtete Landhaus Rigot in Petit-Saconnex verriet mit seiner grossen Allee, den Seeterrassen und dem auf dem Plan eingezeichneten Boskett die Hand eines französischen Architekten. Selbst Voltaire konnte sich trotz seiner Begeisterung für den englischen Landschaftsgarten nicht der Symmetrieordnung der französischen Gartenarchitektur entziehen, als er um 1755 seinen *Landsitz «Les Délices»* bei Genf anlegen liess. Seinen Hang für eine strenge Unterteilung entnehmen wir einem Brief, in dem er sich darüber beklagt, dass der Gemüsegarten direkt neben dem Ziergarten liege. Unter den wenigen noch erhaltenen Genfer Barockgärten, die meist nur mehr in Ansätzen oder Fragmenten zu erkennen sind, besticht der geschlossene Garten des *Schlosses Merlinge*

Genf · Les Délices. Landsitz von M. de Voltaire, errichtet um 1755. Gartenparterre mit schattiger Baumallee.

mit seinen Eckpavillons, der runden Heckenlaube in der Parterre-Mitte und der Orangerie von 1785.

Genfer Patrizier, Bankiers und Kaufleute, die sich in Genf niedergelassen hatten, errichteten sich im Laufe des 18. Jahrhunderts ihre Landsitze in der Waadt teils bei alten Herrschaften und teils bei alten Schlössern als prunkvolle Barockschlösser mit ausgedehnten Gartenanlagen, die sich grossenteils erhalten haben. Dabei hielt man sich an den bekannten Typus mit den künstlich aufgeschütteten Terrassen auf der Südseite über den Reben und den Baumalleen auf der Rückseite. Als eine der grosszügigsten Barockresidenzen der Schweiz entstand auf diese Art das *Schloss Vuillerens* 1706–1712 unter Gabriel-Henri de Mestral. Hoch über den Rebbergen erhebt sich das Schloss hinter einer künstlichen Terrasse, die in der Mitte für den Teich mit dem Springbrunnen leicht ausgebuchtet ist. Das obere Parterre setzt sich in südlicher Richtung mit einer vierreihigen Baumallee fort und versteckt damit auch den mit Buchs eingefassten Gemüsegarten. Die ursprünglich kreuzförmig angelegten Baumalleen der Rückseite sind nur noch zum Teil erhalten. Der Blick von der Gartenterrasse hingegen fällt über den Springbrunnen und

Waadt · Schloss Vuillerens, erbaut 1706–1712 über einem Rebberg. Blick vom Schloss über das Parterre in die Ferne.

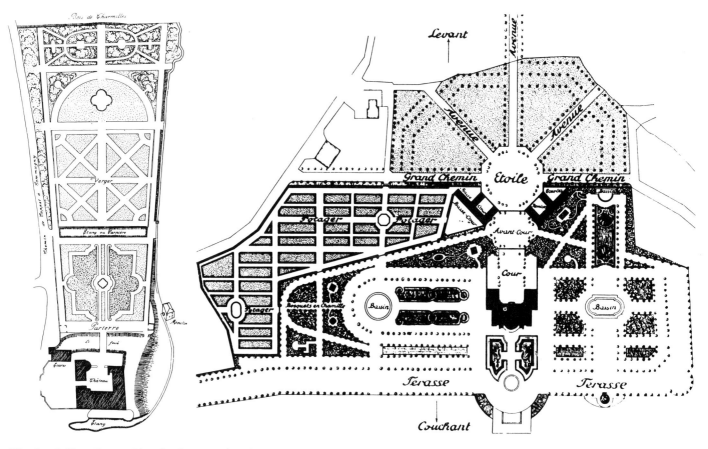

Waadt · Schloss Coppet. Plan der französischen Gartenanlage, um 1715. Langgestrecktes Parterre mit Querkanal.

Waadt · Schloss Crans, erbaut 1764–1767 nach Plänen französischer Architekten, mit sternförmiger Eingangspartie.

Genf · Genthod. Garten des Landhauses de la Rive, angelegt um 1730.

den Rebberg auf eine Baumallee in den Feldern, die als Perspektive für den Ausblick auf den gegenüberliegenden Hügel dient. Weiter am See unten begegnen wir dem 1724 unter Jean de Vasserot erbauten *Schloss Vincy,* dessen Gartenparterre mit Buchshecken und Statuen in jüngster Zeit rekonstruiert worden ist. Noch näher am See liegt das 1723 vom St. Galler Bankier Louis Guiguer errichtete *Schloss Prangins* mit einer seitlichen Zufahrtsallee, einem kurzen Parterre über der Terrasse der Südseite und einem grossen vertieften Parterre mit Buchseinfassungen auf der Rückseite. Zurzeit nicht gut erhalten ist der Garten des Landsitzes L'Elysée in Lausanne-Ouchy, erbaut 1780 bis 1783 mit drei Gartenterrassen mit geschnittenen Eiben, Buchshecken und zu Bögen geschnittenen Efeuhecken.

Den Höhepunkt der Barockresidenzen in der Waadt bildet das *Schloss Hauteville bei St-Légier* oberhalb von

Waadt · St-Légier, oberhalb von Vevey. Schloss Hauteville, erbaut um 1764. Gartenparterre auf der Südseite.

Waadt · Schloss Prangins, erbaut um 1723 auf der Anhöhe über dem See. Rückseitiges, vertieftes Parterre.

Vevey, das der Genfer Pierre Philippe Cannac 1764 durch die Franzosen François Franque und Donat Cochet erbauen liess. Baumalleen führen von Westen und Osten zum Vorhof des Schlosses, wo sich die Hauptachse Richtung Süden zum Schloss und Richtung Norden in einer Perspektive mit Vasen und flankierenden Baumalleen öffnet. Auf der Südseite des Schlosses liegen wiederum die Terrassen mit Vasen, Buchseinfassungen und Springbrunnen sowie einem eigenartigen Gewächshaus. Hauteville ist noch heute von einer seltenen Grosszügigkeit und umfasst ein weites Gebiet, das heute zum Teil umgewandelt ist. Die sorgfältig gepflegten Parterres ergänzen sinnvoll die bemalten Fassaden des Schlosses. Hauteville ebenbürtig ist das *Schloss Crans,* das sich der Genfer Antoine Saladin 1764–1767 nach Plänen der französischen Architekten Jaillet und Léonhard Racle erbauen liess. Das offenbar von Versailles übernommene Sternmotiv diente als Grundlage für die von einem achteckigen Platz strahlenförmig in die Landschaft greifende Anlage, deren Hauptachse Richtung Süden über den Vorplatz zum Schlosshof führt, während seitliche Diagonalen die Ziergärten von Norden her umfassen. Nicht nur auf der künstlich aufgeschütteten Südterrasse, sondern auch beidseits des Schlosses lagen Ziergärten mit Springbrunnen. Der Ge-

müsegarten hingegen befand sich auf der Westseite, hinter einem Boskett versteckt. Der mehrfach geschilderte Typus des Barocksitzes der Romandie erreicht hier unter den Händen französischer Architekten seinen Höhepunkt. Während an andern Orten in der Schweiz die Architektur der Landhäuser eher bescheiden blieb, griff man in der Romandie auf die Architektur des französischen Hôtels zurück und schuf damit eine seltene architektonische Einheit von Schloss und Garten.

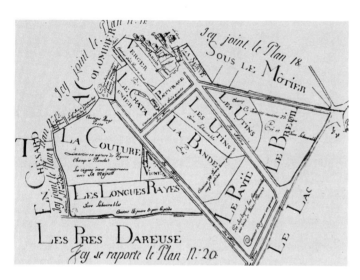

Neuenburg · Colombier. Situationsplan der im 17. Jahrhundert zwischen Schloss und See gepflanzten Baumalleen, 1748.

Neuenburg · Petite Rochette, erbaut um 1746. Situationsplan des von Rampen und Treppen durchzogenen Gartens.

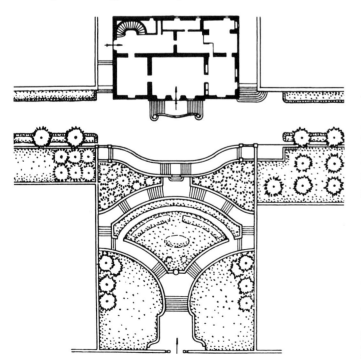

Auch auf dem Lande in der Nähe von *Yverdon* entstanden nun barocke Landsitze. Das für den Holländer Gaspard Bruman, Marschall unter Ludwig XV., um 1770 erbaute Schloss Mathod besass ein grosses Gartenparterre, das zugleich als Obstbaum- und Gemüsegarten diente. Auch das um 1762 vom kurländischen Baron Brackel in prachtvoller Hügellage zu einem barocken Landsitz umgebaute Schloss Chamblon erhielt seine Wirkung durch ein vorgelagertes Gartenparterre. Eher einem Berner Landsitz glich das in der Nähe von *Moudon* errichtete Landhaus La Clergère mit seinem seitlichen Gartenparterre am Hang, während das Landhaus Grange-Verney bei Moudon mit den flankierenden Ecktürmen und dem vorgelagerten Gartenparterre an die Solothurner Türmchenhäuser erinnert. Ebenfalls in der Nähe von Moudon befindet sich der Landsitz La Rochette aus dem Ende des 18. Jahrhunderts mit seinen hangaufwärts gestaffelten Pavillons und den dazugehörigen Gartenterrassen. Bei zahlreichen Landsitzen wie auch beim Schloss Grandcour aus der Mitte des 18. Jahrhunderts sind nur mehr die Baumalleen erhalten, während die Parterreflächen leer sind.

Im Gegensatz zu den Waadtländer und Genfer Landsitzen des 18. Jahrhunderts blieben die *Fribourger Campagnen* hinsichtlich ihrer Architektur und Gärten eher bescheiden. Einzig *La Poya* in Freiburg mit ihrer grossen Allee und Marly-le-Grand oder das Schloss de Léchelles waren von grösseren französischen Gärten umgeben. Die Mehrzahl der Fribourger Campagnen beschränkte sich auf kleinere Parterreflächen, die inzwischen verschwunden sind.

Neuenburg

Im Fürstentum Neuenburg hatte sich der französische Einfluss bereits im 17. Jahrhundert bemerkbar gemacht. 1657 verzichtete Henri II d'Orléans-Longueville auf die Rückzahlung einer Schuld der Gemeinde mit der Bedingung, dass die Einwohner von *Colombier* jene Alleen pflanzten und unterhielten, die er sich bei der Schloss-

Neuenburg · Petite Rochette. Blick von der Strasse auf den am Ende der Rampen und Treppen erhöht gelegenen Landsitz, erbaut um 1746.

Neuenburg · Grande Rochette, angelegt um 1729 über einem Rebberg mit Terrassengarten in italienischer Art.

Neuenburg · Hôtel du Peyrou, erbaut 1765–1771 nach Plänen von Erasmus Ritter aus Bern. Vorgelagerter Barockgarten.

domäne und am See anpflanzen wollte. Pasquier Guérin, der Gärtner von Henri II, kam 1658 mit einigen Helfern und pflanzte nicht weniger als fünf Alleen mit Linden, Ulmen, Kastanien, Pappeln und Eschen. Dazu war der Kauf von Land innerhalb der Schlossdomäne notwendig, und noch vor 1660 musste man 800 abgestorbene Bäume ersetzen. Den Unterhalt besorgte bis 1665 der Gärtnermeister Pierre Bonneton, doch auch später mussten die zum Teil erhaltenen Alleen immer wieder erneuert werden. Die grossartigen Baumalleen in Colombier sind heute durch die Strasse vom Schloss getrennt und durch Bahnlinien und Autobahnen teilweise zerstört oder beeinträchtigt worden. Sie waren einst Promenaden, die das Schloss mit dem Seeufer verbanden und dies etwas erschwert heute noch tun.

Der Aufschwung des Handels, der Uhrmacherei und des Zeugdrucks beschleunigte im 18. Jahrhundert den Einfluss der französischen Gartenarchitektur in Neuenburg. Hier erbaute sich der Indiennefabrikant Jean Georges Bosset von 1729 an den *Landsitz La Rochette,* indem er die Anhöhe über dem Rebberg geschickt ausnützte und im Rebberg selbst kunstvoll geschwungene Treppenanlagen und Terrassen errichten liess, die an italienische Terrassengärten erinnern. Ähnliche Terrassen und Aufgänge mit Rampen besitzt der *Landsitz Petite Rochette,* den sich der Bürgermeister De Luze um 1746 errrichten liess. Unterhalb von La Rochette entstand 1765–1771 das *Hôtel du Peyrou* nach Plänen des Berner Architekten Erasmus Ritter für den aus Frankreich stammenden Pierre-Alexandre du Peyrou, einen Freund von Jean-Jacques Rousseau. Der prunkvolle Landsitz liegt erhöht als Abschluss eines ihm vorgelagerten Gartens, der seitlich von Rampen abgegrenzt wird und eine sternförmige Einteilung mit einem runden Wasserbecken in der Mitte aufweist. Eckpavillons und ein einwärts geschwungenes Gartenportal begrenzen die Strassenseite. So erscheint denn auch dieser vollständig mit der Architektur des Hauses vereinte Garten ähnlich einem dem Haus vorgelagerten Parterre, wie es bereits im 17. Jahrhundert üblich war. Der Rückgriff auf die französische Renaissance erfolgte durch den Soufflot-Schüler Erasmus Ritter mit der Absicht, eine geschlossene Anlage zu erzielen.

Von den übrigen barocken Landsitzen ausserhalb von Neuenburg wirkt besonders reizvoll am Ende der Seeuferallee von Colombier der Garten des *Landsitzes Le Bied,* dessen Besitzer Jacques De Luze ebenfalls mit Jean-Jacques Rousseau befreundet war. Der neben einer Indiennefabrikation 1739 erbaute und 1756 erweiterte Landsitz erhielt einen französischen Garten, dessen Hauptachse sich leicht abfallend bis zum See erstreckt. Das erste Parterre wird wirkungsvoll durch eine erhöhte Terrasse mit Buchshecken und einer ausschwingenden Brüstung mit zierlichen Steinfiguren, Eckpavillon und Laube abgeschlossen, während sich das zweite, tiefer gelegene Parterre mittels einer Allee zum See hin öffnet.

Ein ähnliches Parterre, dessen erste Terrasse mit einer in der Mitte halbkreisförmig ausschwingenden steinernen Balustrade endet, besitzt das *Schloss Troids-Rods* oberhalb von Boudry aus der zweiten Hälfte des 18. Jahrhunderts. Doch der grossartigste französische Garten entstand bereits zu Beginn des 18. Jahrhunderts in *Souaillon bei St-Blaise,* wo der Neuenburger Ratsherr und Schatzmeister Pierre Chambrier einen barocken Landsitz plante, jedoch nur den Garten mit den Dépendancen ausführte. Der Garten besteht aus drei Terrassen, die nach Süden abgestuft sind. Die oberste Terrasse war als Hof gedacht und besitzt als Mittelpunkt einen der schönsten Barockbrunnen mit Obelisken und vier Delphinen. Richtung Westen liegt die sogenannte Promenade als Baumallee, mit einer reizenden Perspektive von der Höhe herab auf die Landschaft. Auf der zweiten Terrasse sind noch vier hohe Buchsbäume und in der Mittelachse der Delphinbrunnen erhalten. Über eine Wassertreppe fliesst das Wasser in die

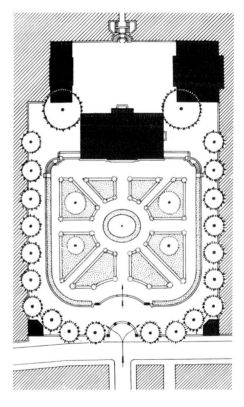

Neuenburg Hôtel du Peyrou. Situationsplan mit dem sternförmigen Garten, umgeben von Bäumen, erneuert 1975.

Neuenburg · Cormondrèche. Manoir Grand-Rue 56. Französische Gartenanlage, entstanden zwischen 1836 und 1854.

unterste Terrasse, wo als Abschluss ein Obelisk steht. Reicher Vasendekor und Balustraden erhöhen den festlichen Eindruck dieses Gartens, der vor allem durch die Wasserspiele auffällt. Die unterste Terrasse diente als Obst- und Gemüsegarten und ist noch heute Obstgarten.

Offenbar war der französische Garten so beliebt, dass er noch bis weit ins 19. Jahrhundert hinein als Vorbild diente. Jedenfalls überrascht es, dass noch zwischen 1836 und 1854 der Gärtnermeister Auguste Courvoisier-Clément hinter dem Manoir Grand-Rue 56 in Cormondrèche einen französischen Garten mit Buchshecken und Buchsbäumchen anlegte. Auch der Indiennefabrikant Jean-Pierre Du Pasquier schuf um 1804 mit dem *Landsitz Vaudijon bei Colombier* eine noch durchwegs französische Anlage mit künstlicher Terrasse über dem Rebberg, mit seitlichen Alleen und künstlichem Aussichtshügel.

Der wohl umfangreichste französische Garten in der Schweiz wäre vermutlich bei der *fürstbischöflichen Residenz in Pruntrut* entstanden, wenn der Bischof von Basel den von Pierre-Adrien, Sohn des Hofarchitekten Pâris, um 1775 entworfenen Plan für eine neue Residenz hätte ausführen lassen. Ein halbkreisförmiges, leicht ansteigendes Parterre mit einem breiten Knotenband hätte den Ehrenhof des hufeisenförmigen Gebäudekomplexes

Neuenburg · Colombier. Landsitz Le Bied, angelegt 1739 und 1756. Blick auf das Gartenparterre Richtung See.

Rechts: Neuenburg · Colombier. Landsitz Le Bied. Statuette der steinernen Balustrade vor der Treppenanlage zum See.

Neuenburg · Colombier. Landsitz Vaudijon, erbaut zwischen 1800 und 1807 auf künstlicher Terrasse über dem Rebberg.

Pruntrut · Entwurf für die fürstbischöfliche Residenz von Architekt Pierre-Adrien Pâris, 1775.

abgeschlossen, doch wäre die Perspektive der Hauptachse mit einer Rasenfläche, umsäumt von Baumalleen, fortgesetzt worden. Links davon hätten die geometrisch angelegten Obst- und Gemüsegärten gelegen, und rechts von der Hauptachse hätte sich ein kleiner Landschaftsgarten in der Art des Petit Trianon in Versailles ausgebreitet.

Den besten Überblick über den Zustand der Barockgärten in der Schweiz gegen Ende des 18. Jahrhunderts vermittelt der deutsche Gartentheoretiker *C.C.L. Hirschfeld* im zweiten Anhang zu seinem Werk über die «Theorie der Gartenkunst», das 1779–1785 in Leipzig erschienen ist. In Hirschfelds Augen war die Schweiz damals rückständig, da er die französische Gartenkunst verwarf und die freie Landschaft im Stile des englischen Landschaftsgartens suchte. Seine kritischen Bemerkungen verhelfen uns trotz der negativen Einstellung zum französischen Barockgarten zu einer interessanten Übersicht eines Zeitgenossen. Hirschfeld lobt die Wahl der Lage bei den Landhäusern, ihre «bescheidene Zierlichkeit», die «edle Einfalt der Einrichtungen», die Einfachheit der bürgerlichen Sommerwohnungen, die Annehmlichkeit der Weinberge und vor allem die Vereinigung der Anmut mit der Nutzbarkeit der Gartenreviere. Da das Land in der Schweiz sehr kostbar sei, bleibe nur wenig Raum für Gärten mit Blumen und Springbrunnen, das heisst für reine Ziergärten. Obwohl viele ausländische Pflanzen gedeihen, kenne man die nordamerikanischen Bäume und Sträucher noch nicht. «Hecken mit Kugeln und Pyramiden und ausgeschnittene Öffnungen wie Gucklöcher in Krämerbuden, Kronen und Spitzsäulen von Taxus» fallen ihm immer wieder auf. Mit Recht beobachtet er, dass die Abhänge der Weinberge und Gärten Einfassungen mit Mauern und Einteilungen in Terrassen nötig machten. Die Gärten der Basler liessen den Fremden wegen ihres geringen Umfangs erkennen, dass hier das Land teuer sei. Zwar seien die Gärten grossenteils der Nutzbarkeit mit Küchengemüse, Fruchtbäumen und Weinreben gewidmet, doch verwende man die beiden letzteren zur Verschönerung, indem man Bogengänge von Fruchtbäumen und Reben ziehe, Gänge mit Reben einfasse oder Lauben damit bilde. Man sehe viele Blumen und Springbrunnen sowie Vogelhäuser mit perspektivischen Durchblicken. Wiesen oder Obstbäume zögen sich oft mitten in den Garten hinein oder seien nur durch Gitter vom Garten getrennt. Die besondere Anhänglichkeit an den französischen Geschmack sei offenkundig. Der Hauptfehler sei die Versperrung der Aussicht auf die umliegende Landschaft

Neuenburg · Cornaux. Landsitz Souaillon, Anfang 18. Jahrhundert. Delphinbrunnen der zweiten Gartenterrasse.

Bern · Schloss Gümligen. Ölgemälde. Idealbild des Schlosses und der Gartenanlage aus der Vogelschau, undatiert und unsigniert. 18. Jahrhundert. Verwirklicht wurde nur ein Teil der Anlage.

durch Bäume oder Mauern. Auch seien die angrenzenden Wiesen nicht gut mit dem Garten verbunden, da die für den englischen Garten typischen Randwege fehlen. «Würden die Taxuspyramiden, die Hecken und andere Verschliessungen weggeworfen, wie viele schöne Lagen und Aussichten würden auf einmal hervorbrechen!» Die Gärten der Neuenburger unterschieden sich von den Baslern durch ihre Lage, indem die Basler in grasreichen Ebenen liegen, während die Neuenburger an den Abhängen der Berge mit reizenden Aussichten über die in Terrassen gefassten Weinberge bis zum Strande des Sees reichten. Die Einteilung des Gartenbezirks erfolge auch hier nach der Symmetrie. Man sehe kleine Parterres, Hecken und Bogengänge, doch besser seien die kleinen Weinberge in den Gärten und die aus Frankreich importierten Fruchtbäume und die Springbrunnen. Auf dem Wege von Neuenburg nach Genf erblicke man schöngebaute Landhäuser, die jedoch von weit weniger schönen Gärten umgeben seien. Bei einigen sehe man, dass es nicht am Platz für Gärten fehle, wie man als Entschuldigung sage, denn in einem Lande mit so grossen Naturschönheiten sei es auch möglich, mit Klugheit und Geschmack einen kleinen Garten entsprechend der Lage einzurichten und interessant zu machen. Nach den Neuenburgern würden die Genfer am meisten für ihre Landsitze verwendet haben, wobei er die Landhäuser La Boissière, La Grange und Les Délices lobt. Letzteres sei zwar interessant, weil hier Voltaire gelebt habe, doch sei ausser der reizenden Lage nichts vorhanden, das als Spur des Gartengeschmacks des berühmten Dichters eines Anblicks wert sei. «Alles ist voll französischen Schnitzwerks, und selbst die Obstbäume sind in Kugeln und Kegel verunstaltet.» In den Gärten der Berner und Zürcher sehe man noch viel Taxus in Kugeln und Spitzsäulen geschnitten, ja in Zürich seien in der Vorstadt sogar die Obstbäume in Kugelformen verkünstelt. Und hier wohne doch der Idyllendichter Salomon Gessner, der schon den reinen Gartengeschmack empfohlen habe.

Hirschfeld konnte nicht ahnen, dass bereits 1785 in Arlesheim mit der Eremitage ein seinen Vorstellungen entsprechender Landschaftsgarten angelegt worden war.

Öffentliche Promenaden im 18. Jahrhundert

Zu den bereits bekannten Stadtplätzen und Schützenplätzen des Mittelalters und der Neuzeit traten im Laufe des 17. und 18. Jahrhunderts die Baumbepflanzungen der Bastionen und Wälle und deren Umwandlung in *Promenaden*. Die Tendenz, Teile von Bastionen in Friedenszeiten für Gärten und Spaziergänge einzurichten, war nicht aufzuhalten, weil sich die Wohnverhältnisse im 18. Jahrhundert durch das Bevölkerungswachstum in den Städten zusehends verschlechtert hatten. Gleichzeitig verschwanden zahlreiche innerstädtische Gärten und machten den Vorstädten Platz. Wir denken dabei an St. Gallen, das mit dem Brühl eine Aue besass, die der Stolz der St. Galler war. Josua Wetter besang sie 1642 als «Fürst der grünen Heiden» und der «Bürger reichster Schatz». Trotzdem wurde dieser Ort des Lustwandelns und Rekreationsplatz der Städter bereits 1791 aufgegeben und überbaut.

Die Sehnsucht nach Befreiung von der städtischen Enge wuchs, und es entstanden in nahezu allen grösseren Städten die ersten öffentlichen Gärten. In den meisten Fällen lagen diese am Stadtrand, bei einem Musterungs- und Schützenplatz oder bei einem Aussichtspunkt. Das wichtigste Element aller dieser Anlagen war die *Allee,* die im 17. Jahrhundert im klassischen französischen Garten mit seinem Wege- und Achsensystem zur Blüte kam. In der Schweiz war die Allee vorerst als Zufahrt für die barocken Landsitze verwendet worden, denn die Städte verzichteten darauf, ihre Zufahrtsstrassen mit schattenspendenden Alleen zu verschönern. Einzig Bern konnte sich in dieser Hinsicht dank dem Muri- und dem Aargauerstalden nach Ansicht Hirschfelds mit andern deutschen Städten messen. Die Verbesserung der Verpflanzungstechnik von Bäumen in England kam dieser Entwicklung zu Hilfe. Bei der Auswahl der Bäume spielten neben der Standorteignung und der Schnittverträglichkeit vor allem ästhetische Gesichtspunkte eine wichtige Rolle. Bevorzugt waren Baumarten mit schönem, aufrechtem Wuchs, dichter,

Zürich · Laubengang auf dem Platzspitz. Detail aus einem Ölbild von Heinrich Wüst, um 1800.

lange ausdauernder Belaubung und schöner Rinde. Zu den beliebtesten Alleebäumen zählten verschiedene Linden und Ulmen, ferner Ahorn, die Edel- und Rosskastanie und die um 1630 in Frankreich eingeführte Platane.

Die Bäume oder Baumreihen auf den Stadtwällen oder Bastionen waren die Vorläufer der Alleegürtel, die im 19. Jahrhundert die Städte umzogen. Sie bildeten den repräsentativen Rahmen der Stadtkerne und grenzten diese gegen die Vorstädte ab. Ausserdem dienten sie den dort wohnenden Bürgern als Treffpunkt und Promenade. Doch erst mit der Entfestigung der Städte im 19. Jahrhundert entstanden die uns noch heute bekannten Anlagen. Dass aber bereits im 18. Jahrhundert in der Schweiz an zahlreichen Orten Promenaden entstanden sind, ist uns heute weniger bekannt.

Das durch seine Befestigungen stark eingeengte *Genf* erhielt bereits im Jahre 1713 die «Promenade de la Treille» durch die Umgestaltung der 1515 angelegten Wehrplattform. Unterhalb davon entstand 1726 in der Zone der Festungen aus dem 16. und 17. Jahrhundert die «Promenade des Bastions» als einer der ersten öffentlichen Gärten der Stadt.

In *Lausanne* wurde der zwischen der Porte de Montbenon und der Vorstadt du Chêne gelegene Musterungs- und Schützenplatz aus dem 16. Jahrhundert im Laufe des 17. Jahrhunderts mit Bäumen bepflanzt und im 18. Jahrhundert mit einer Lindenallee zu einer beliebten Promenade umgestaltet. Gegen Ende des 18. Jahrhunderts entstanden ebenfalls in Lausanne vor allem der schönen Aussicht wegen die «Promenade de Derrière-Bourg», die «Promenade des Eaux» und im Walde von Sauvabelin zahlreiche Aussichtspavillons.

In *Neuenburg* kannte man vor dem 18. Jahrhundert keine eigentlichen Promenaden. Die mit Bäumen bepflanzte Terrasse bei der Collégiale wurde erst im 18. Jahrhundert mit Ruhebänken versehen. Im Jahre 1766 entstand dann allerdings beim Wald «La Maladière» die «Promenade du jeu du Mail» mit Baumreihen und Rasenplätzen zum Spazieren und Spielen. Die inzwischen verschwundenen Promenaden am See, die «Promenade

Genf · Promenade des Bastions, angelegt 1726 unterhalb der ehemaligen Festungen mit zahlreichen Baumalleen.

Genf · Promenade de la Treille. Genfer Patrizierhäuser mit Gärten oberhalb der ehemaligen Festungsmauer.

Noire» von 1747 und die «Place d'armes» von 1775, waren ebenfalls mit Bäumen bepflanzt und schufen einen angenehmen Grüngürtel zwischen dem See und der alten Stadt.

In *Freiburg* bestand bereits der Rathausplatz mit der berühmten Murtenlinde. Dieser wurde aber im 17. Jahrhundert erweitert und mit Linden, später mit Ulmen bepflanzt. Zwischen 1765 und 1769 entstand nach Plänen des Architekten Charles de Castella der Fischmarkt als öffentlicher Platz anstelle eines Friedhofs mit künstlerisch gestalteten Terrassen, flankierenden Treppen und Brunnennische. Es folgte um 1774 nordöstlich der Porte de Morat zu Füssen des Landsitzes La Poya die «Promenade du Palatinat» mit Ulmen, Linden und Rosskastanien. Das Land dazu hatte der Besitzer der La Poya, Oberst de Diesbach-Belleroche, gestiftet. In Verbindung mit dem Schützenhaus wurden schliesslich nach 1771 die Ulmenalleen der Grands-Places in Freiburg gepflanzt.

In *Bern* wichen 1715 die Linden auf der Münsterplattform einer Neubepflanzung und -gestaltung mit Rosskastanien, Gittertoren, Ruhebänken und Eckpavillons. Die beliebte Münsterpromenade wird bereits im 18. Jahrhundert von den Reiseschriftstellern ihrer Aussicht wegen gerühmt. 1760 berichtet Giacomo Casanova begeistert

Freiburg · Sogenannter Fischmarkt, angelegt 1765–1769 nach Plänen von Charles de Castella.

von den prächtigen Kastanienalleen, in deren Schatten Damen in Krinolinen und Herren in weissen Strümpfen anmutig promenieren. 1740 erhielt der Werkmeister Samuel Lutz den Auftrag, am Nordwestende des Kornhausplatzes die zweite Promenade der Stadt, die Grabenpromenade, zu errichten. Ihre Einteilung in Lindenalleen und rechteckige Rasenflächen sollte ihr den Namen «Lindenhofpromenade» geben. Als Promenade war schliesslich auch die 1789 begonnene Rathausterrasse gedacht. Doch die beliebteste Promenade im alten Bern, das keine grossen Plätze kannte, war die Engeallee, die 1738 bis 1740 und 1753 als Doppelweg für Kutschen und Spaziergänger mit Ulmenallee, Laubwänden, Rasenparterres und Ruhebänken ausgestattet worden ist. Dank der Aussicht auf die Alpenkette und die Stadt wurde sie im 18. Jahrhundert zum Hauptanziehungspunkt für Fremde und Einheimische. Ebenfalls im 18. Jahrhundert entstanden in Bern die von Hirschfeld gerühmten Zufahrtsalleen der Stadt. Zwischen 1750 und 1758 legte die Stadt nach Plänen des piemontesischen Ingenieurs Antonio Mirani vor dem Untertor den Aargauerstalden an. Mit der 12 Meter breiten Fahrbahn und der 13 Meter breiten seitlichen Lindenallee für die Fussgänger bot er und bietet er noch heute eine reizvolle Aussicht auf die Altstadt. Zwischen 1779 und 1783 wurde der Grosse Muristalden unter der Leitung von Ingenieur Voruz aus Moudon mit einer Platanenreihe angelegt. Das neue Strassenreglement der Stadt Bern aus dem Jahre 1740 begünstigte die Schaffung von Alleen an allen Zufahrtsstrassen der Stadt, doch verlangte das Kriegsratsdekret von 1757 Baumreihen von Ulmen oder Eschen, da deren Holz für die Erstellung von Kriegsfuhrwerken besser geeignet war. Kriegswirtschaftliche Überlegungen begünstigten somit nicht nur die Alleen selbst, sondern bestimmten auch die Wahl der Baumarten, doch ist zu bemerken, dass Eschen und Ulmen zugleich erstklassige und wertvolle Schattenbäume sind. Berns Alleen muten an wie die Fortsetzung der bekannten Lauben der Stadt ins grüne Land hinaus. Von den Laubengängen erreichte man die Schattengänge der Baumalleen, die aufs Land hinausführten. Keine andere Schweizer Stadt kann sich rühmen, bereits im 18. Jahrhundert einen derartigen Kranz von Baumalleen an den Ausfahrtsstrassen besessen zu haben.

In *Basel* ersetzte man ähnlich wie in Bern die Linden auf dem Münsterplatz und auf der Pfalz im Jahre 1735

Bern · Grabenpromenade oder Lindenhofpromenade, angelegt durch Samuel Lutz. Bild von Johann Grimm, um 1740.

Bern · Engepromenade, angelegt 1738–1753. Ansicht der Engeallee von Norden, um 1820.

durch Rosskastanien. Auf dem (alten) Petersplatz beschränkte man sich darauf, dem Platz eine barocke Gestaltung zu geben, indem man 1778 nach Anleitung des Topographen Haas eine sternförmige Bepflanzung anlegte, die zum Teil noch heute erhalten ist.

Von den zahlreichen, im 18. Jahrhundert neu angelegten Musterungsplätzen, die zugleich als Promenaden dienten, dürfte wohl der Heiternplatz bei *Zofingen* noch heute mit seinen Linden am eindrücklichsten belegen, was der Chronist J.J. Frickart 1811 dazu bemerkte: «Auf dieser Anhöhe ist ein Teil Waldung umgehauen worden. Damals war die sogenannte Buchebene auf der Anhöhe des Stiftswaldes Musterungsplatz. Dieser ward zu unbequem befunden und 1747 auf dem Heitern Platz ein Quadrat verebnet worden, das nun wegen seiner schönen Alleen und Laubhütten noch mehr aber um seiner reizenden Aussicht willen mit Vergnügen besucht wird.»

Ebenfalls wegen der Aussicht beliebt und deshalb dort angelegt war der Lindengarten in *Luzern*, der 1759 unterhalb des Sonnenbergschlosses Steinhof nach einem Entwurf von Franz Josef Scherer entstanden ist. Die vom Hauptmann von Sonnenberg als öffentlicher Garten gestiftete Anlage bestand aus drei Rasenstücken und Alleen in der Form eines Andreaskreuzes, wobei jede Allee eine Perspektive bildete. Auf dem mit Linden bepflanzten Rechteck fand 1798 das Volksfest nach der Vereidigung auf die neue helvetische Verfassung statt.

In *Zürich* erhielt der alte Lindenhof um 1780 eine geometrische Anlage mit einem Achsenkreuz und Diagonalen im Übergangsstil zum englischen Landschaftsgarten. Ausserdem bepflanzte man das Bollwerk «Die Katz» mit Bäumen, doch die grösste öffentliche Promenade entstand im 17. und 18. Jahrhundert auf dem *Platzspitz*, dem Dreieck zwischen Limmat und Sihl. Der ehemalige Schützenplatz wurde zwischen 1672 und 1707 durch Alleen begrenzt. J.F. Meiss vermittelt davon folgendes Bild: «Zwar ausser der Stadt, aber zierlich situiert von den beiden Flüssen der Limmat und der Sihl und dem Schanzengraben umgeben, so dass er eine völlige Insel usmachet, schön eben und mit wohl gewachsenen Weiden und Linden rings herum umgeben, so dass man komod im Schatten spazieren kann. Eben um dieser Anmutigkeit willen ist er bei hellem Wetter und nachmittags von den Jungen und Alten beiderlei Geschlechts besucht.» Es war nichts anderes als der Sammelplatz oder Treffpunkt der galanten und schöngeistigen Zürcher Welt. Johann Jakob Bodmer hielt hier mit seinen Freunden und Schülern seine der freien Besprechung literarischer, ästhetischer und politischer Fragen gewidmeten Zusammenkünfte ab, wodurch der Platz an Ansehen gewann. Die von 1780 an durch den Schanzenherrn Johann Caspar Fries geschaffene Anlage ging eindeutig auf fremde Vorbilder zurück, die Fries als Offizier in französischen Diensten kennengelernt hatte. Die Linienführung der grossen Bogenwege eröffnete die Anlage, die sich mit drei Alleen auf einem Rondellplatz schloss. Daran fügten sich im Norden asymmetrische Zickzackwege und einige gewundene Fusswege, weshalb dieser Teil von den Zeitgenossen als englischer

Luzern · Plan für den Lindengarten, entworfen von Jakob Thüring von Sonnenberg, gezeichnet von F.J. Scherer, 1759.

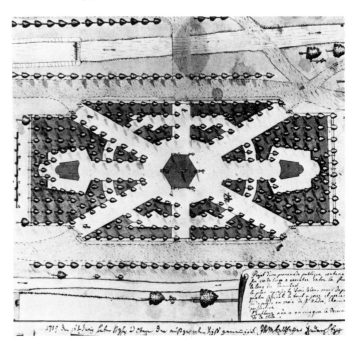

Garten bezeichnet wurde, obschon er eher den Anlagen von St-Cloud oder beim Grand Trianon in Versailles glich. Um 1790 erhielten die neueren Teile der Anlage eine dichtere Bepflanzung und als Staffage für die gewünschte elegische Stimmung einen Pavillon, der auf Ruinen stand, sowie auf einem Hügel das von Trauerweiden umschlossene Denkmal Salomon Gessners. Der Lusthain und der Platz waren so beliebt, dass hier 1784 der Physiker David Breitinger einen unbemannten Luftballon steigen liess.

Die erste, einzig der Erholung dienende öffentliche Parkanlage grösseren Umfangs war jedoch das *Sihlhölzli,* das als Wäldchen nach dem Plan und unter Leitung von Ingenieur Hauptmann Römer in der Zeit von 1768 bis 1770 angelegt worden ist. Mit seinem sechsstrahligen Kreuz innerhalb einer elliptischen Umfassungsstrasse darf es als ein Meisterstück der französischen Gartenkunst bezeichnet werden. Es war offensichtlich bewusst als Kontrast zu den zahlreichen Armen der Sihl eingeschoben. Nach der Bauabrechnung wurden dort 425 Ulmen, 6700 Weisstannen, 1300 Rottannen und Pappeln, 8900 Buchen, 1600 Föhren und 225 Eichen gesetzt.

Zofingen · Heiternplatz. 1747 als Musterungsplatz auf einem Hügel angelegt. Von Linden umstandenes Rechteck.

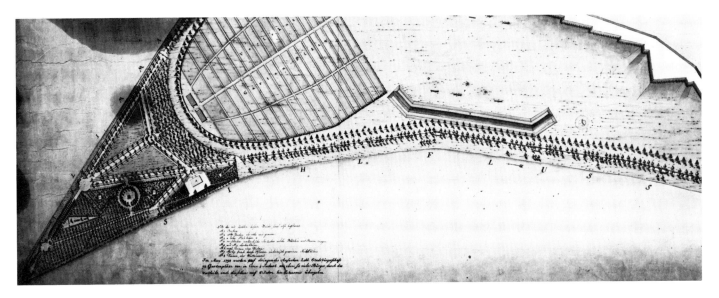

Zürich · Anlage des Platzspitzes nach Plänen von Schanzenherr Johann Caspar Fries, um 1780.

Zürich · Sihlhölzli. Plan der Anlage von Ingenieur Hauptmann Römer, 1768–1770.

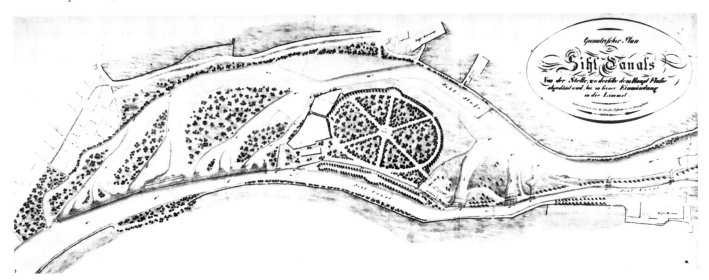

Ebenfalls ins 18. Jahrhundert reicht die Hohe Promenade oberhalb des Bahnhofs Stadelhofen zurück, denn sie entstand 1748 als eine 210 Meter lange Allee von Ahorn, Linden und Platanen und diente vor allem der Aussicht auf den See. Ins späte 18. Jahrhundert geht auch die Parkanlage des Zürichhorns zurück, denn der erste Plan für die Ausgestaltung des Horns mit grossen Alleen stammt von 1784. So verfügte Zürich bereits im 18. Jahrhundert im Umkreis der Stadt und am Seeufer über öffentliche Gartenareale, die den Kern für die Anlagen des 19. Jahrhunderts bildeten.

In zahlreichen anderen Schweizer Städten blieben die Projekte auf dem Papier, doch schufen diese und die damals aufkommenden Ideen zusammen mit den im 18. Jahrhundert realisierten öffentlichen Gärten die Grundlage für spätere Anlagen. Noch beschränkte man sich im 18. Jahrhundert auf die beliebten Alleen und Spazierwege. Vereinzelt schuf man jedoch auch Rasenflächen und stattete die Promenaden mit Kabinetten, Brunnen, Wasserbecken oder Denkmälern aus, doch hielt man sich in den öffentlichen Gärten mit der Ausstattung sehr zurück und verwendete auch den Blumenschmuck nur sparsam. Die wichtigsten Elemente dieser ersten öffentlichen Anlagen waren die schattenspendenden Alleen und die Sitzbänke. Man wollte spazieren, sich erholen und die Aussicht geniessen.

Gesamthaft betrachtet schuf man in dieser Gartengattung im 18. Jahrhundert die Grundlagen und Voraussetzungen für die öffentlichen Gärten des 19. Jahrhunderts. Inhaltlich und gestalterisch hielt man sich noch an die klassische französische Gartenkunst, doch setzte in Zürich gegen Ende des Jahrhunderts jene Bewegung ein, die im 19. Jahrhundert zur englischen Parkanlage führen sollte. Mit der Schaffung der Stelle eines Stadtgärtners bereitete sich Zürich damals bereits auf die zukünftigen Aufgaben vor.

Der Landschaftsgarten

Zur gleichen Zeit, da der französische Garten nach einer jahrhundertelangen Entwicklung um die Mitte des 18. Jahrhunderts seiner reichsten Entfaltung zustrebte, kam in *England* der Landschaftsgarten als eine dem architektonischen Garten entgegengesetzte Strömung zur Blüte. Voraussetzungen für die Entstehung dieses Gartens in England waren das günstige Bioklima und die wiesenhafte Vegetation der britischen Hügellandschaft.

Entscheidend war dabei auch die wirtschaftliche Revolution des 16. Jahrhunderts, als die Wollindustrie und dadurch die Schafzucht gefördert und die Äcker in Weiden umgewandelt wurden. Bereits Thomas Morus schreibt darüber 1516 in seiner «Utopia»: «Sie haben nicht genug daran, dass sie mit ihrer müssigen und prunkhaften Lebensweise keineswegs zum öffentlichen Interesse beisteuern, sondern es sogar noch schädigen. Sie lassen kein Stück Boden für den Ackerbau, alles Land herum machen sie zu Weiden, reissen Häuser und Dörfer ab und lassen höchstens die Kirche stehen, die sie als Schafstall nutzen.»

Die Agrarproduktion wurde mit der Zeit in die Kolonien verlegt, und die zu Weiden umgewandelten Äcker führten zur romantisch wirkenden Parklandschaft. Damit wurde nun die Natur selbst zum Massstab aller Werte der Schönheit und die Naturschönheit zur Kunstschönheit. Die englischen Theoretiker kritisierten schon sehr früh den französischen und italienischen Garten. In seinem «Essay on the gardens» bricht Francis Bacon 1624 den Stab über die Wasserkünste, die geschorenen Hecken und die geschnittenen Figuren. John Milton schildert in seinem 1664 erschienen «Paradise lost» das verlorene Paradies als eine natürliche Ideallandschaft und nicht als einen Garten im klassischen Sinne. Nicht mehr die Architektur, sondern die Landschaftsmalerei des 17. und 18. Jahrhunderts wurde zum Vorbild für den Garten, der eigentlich keiner mehr war. Die theatralischen Landschaften mit Staffagen von antiken Ruinen, mittelalterlicher und exotischer Architektur, gemalt von den französischen Malern Claude Lorrain und Nicolas Poussin, entsprachen genau dem neuen Landschaftsideal. So bringen Poussin, Lorrain, Rosa und Ruisdael im 17. Jahrhundert in der Malerei all jene Elemente der Landschaftskomposition, die im 18. Jahrhundert in den englischen Landschaftsgärten realisiert wurden. Der Landschaftsmaler tritt nun an die Stelle des Architekten und wird Landschaftsarchitekt. Die Architektur verliert ihre Priorität durch das neue gesellschaftliche Empfinden, das neue Naturgefühl und das Erlahmen der architektonischen Gestaltungskraft. Die ideale Beziehung zwischen Bau und Umgebung war nicht mehr mit Hilfe der Architektur in Einklang zu bringen, sondern wurde vom Bild an der Wand erfüllt. Da nun die ideale Landschaft auf den Bildern zum Vorbild für die Gestaltung des wirklichen Raumes wurde, erfolgte ein Rollentausch. Die Landschaftsarchitektur übernahm mit dem malerisch aufgefassten Raum die bisher souveräne Rolle der Architektur und benützt die Architektur selbst nur mehr als Staffage. Dadurch ging die stilistische Einheit der Architektur verloren und wurde durch den Stilpluralismus der romantischen Lehre abgelöst. Der Landschaftskomplex ist wesentlicher als der Baustil, und da dieser nur mehr Staffage war, konnte er nun griechisch, römisch, ägyptisch, maurisch, chinesisch, romanisch oder gotisch sein.

Die Entwicklung des Landschaftsgartens in England selbst war längst abgeschlossen, als die damit verbundene Gartenrevolution auch den Kontinent erreichte. Hier war sie denn, verbunden mit der geistigen Revolution, ein Vorbote der Französischen Revolution von 1789.

Die Auflösung des von Le Nôtre geprägten französischen Gartens hatte zwar bereits mit diesem selbst begonnen. Die Beseitigung der geschlossenen Gartenmauern, die Bildung von Perspektiven, die über die Grenzen des Gartens hinwegtäuschen sollten und diesen mit der Landschaft verbanden, und die Strahlen- und Sternformen brachten Zerfallserscheinungen mit sich und waren Zeichen des Wandels. Ausserdem war der Unterhalt des französischen Gartens zu teuer. Die Voraussetzungen

Arlesheim · Eremitage. Apollo-Grotte. Stich von Gmelin/Mechel, um 1786. Mittlerer Teil der romantischen Anlage.

für die Übernahme des englischen Landschaftsgartens im dritten Viertel des 18. Jahrhunderts in Frankreich, Deutschland, Österreich, Polen und Russland schufen allerdings die Naturphilosophen jener Zeit: Voltaire, Rousseau, Schopenhauer und Herder. Voltaire selbst wurde nach seinem Englandaufenthalt 1726–1728 zum ersten Vertreter der Philosophie des englischen Gartens auf dem Kontinent, obschon sein Garten «Les Délices» in Genf eher einem französischen Garten glich und deshalb Hirschfeld enttäuschte.

Zu Voltaire gesellte sich Saint-Simon, der in seinen Memoiren den Garten von Versailles folgendermassen kritisierte: «Des Königs allgemeiner Ungeschmack fand ein herrisches Vergnügen darin, die Natur zu bezwingen, das er sich weder durch drückende Kriegslasten, noch durch seine Religiosität verleiden liess.»

Die Schweiz lieferte zu diesem geistesgeschichtlichen Umwälzungsprozess wichtige Impulse. *Albrecht von Hallers* Epos «Die Alpen» war bereits 1729 erschienen und Ausgangspunkt jener Bewunderung geworden, welche die Schweiz über ein halbes Jahrhundert mit einer denkwürdigen Glorie umstrahlte. Da der Berner es so meisterhaft verstanden hatte, die Wunder der Natur mit der derben, aber naturhaften und deshalb glücklichen Lebensweise der Bergbewohner zu verflechten, hatte seine Dichtung vielfältigen Widerhall. Sie gab dem schlummernden Drang zur Rückkehr zur Natur, dem Überdruss an Luxus und Sittenverderbnis mächtigen Auftrieb, besonders wenn er sagte: «Seht ein verachtet Volk zur Müh und Armut lachen, die mässige Natur *allein* kann glücklich machen.»

Gleichzeitig verband Haller die Freiheit der Natur mit der Freiheit der Menschen selbst und schlug revolutionäre Töne an, die nur allzu gerne gehört wurden. Die Bewunderung der freien Natur, der unbezwungenen Naturwelt, wurde zum Sinnbild des freien Menschen.

Arlesheim · Eremitage. Mittlerer Weiher, auch «Lac de Tempé» genannt, mit Steg und Blick auf den Wald, wo sich einst die Weide mit dem Spielplatz und dem Chalet befand.

Arlesheim · Eremitage. Gessner-Grotte, ursprünglich Grotte des Eremiten mit kleinem Denkmal, um 1788. Auf dem Stein eine Leier, Palette und Fackel sowie die Inschrift «S. Gesner».

Gartenrevolution und politische Revolution gingen Hand in Hand. Die Schweiz wurde auf eine irreale Art und Weise verherrlicht, lockte viele Fremde an und war das ersehnte Ziel zahlreicher Reisender, darunter auch von Goethe. Angesichts der Naturschönheiten vergass man den Garten. Die Entwicklung der Gartenkunst geriet in eine Sackgasse, weil ihre letzten Schöpfungen als Werke des Absolutismus und der Unfreiheit galten.

Noch einen Schritt weiter im Kampf gegen die Gesellschaft, die den natürlichen Menschen verderbe, ging der Genfer *Jean-Jacques Rousseau,* auch wenn sein Naturbegriff ganz und gar literarisch blieb. Es war Emphase, die angesichts der Empfänglichkeit der Zeitgenossen auf ein grosses Echo stiess. In seiner 1762 erschienenen «Nouvelle Héloïse» beschreibt er in den Seelenschilderungen, was man im Garten zu erleben oder nachzuerleben wünschte. Seine lebendigen Landschaftsbeschreibungen konnten allerdings für den Landschaftsgarten nicht viel hergeben. Immerhin richtete sich Rousseau eindeutig gegen den französischen Garten, wenn er schreibt: «Niemals eine Landschaft der Ebene, mag sie noch so schön sein. Ich verlange Giessbäche, Felsen, Tannen, dunkle Wälder, Berge, rauhe Pfade und Abgründe.» Julies Garten in Clarens am Genfersee war ein friedliches Paradies inmitten wildester Einsamkeit, jedoch nicht übertragbar auf den wirklichen Garten. Auf den neuen Landschaftsgarten hatte Rousseau deshalb keinen grossen Einfluss, hingegen wurde seine Idee sofort aufgenommen, da er den französischen Garten als Denkmal der Eitelkeit und der Usurpation bezeichnete. Seine optimitische Weltanschauung, die den Menschen von Natur aus als gut bezeichnete, hatte grossen Widerhall. Rousseau weilte in Paris, als dort und in der Umgebung die ersten künstlichen Landschaftsgärten in Monceau, Ermenonville und im Petit Trianon von Versailles entstanden.

Als weiterer Schweizer wurde damals *Salomon Gessner* aus Zürich über die Grenzen unseres Landes berühmt. Gessner konnte für sich in Anspruch nehmen, aus der passiven Färbung des Naturgefühls die Idylle als Kunstform gegründet zu haben. Sein Widerwille gegen den künstlich zugeschnittenen Garten wandelt sich zum Naturhymnus, wenn er schreibt:

«Was entzückt mehr als die schöne Natur, wenn sie in harmonischer Unordnung ihre unendlich mannigfaltigen Schönheiten verwindet? Zu kühner Mensch, was unterwindest du dich, die Natur durch weither nachahmende

Arlesheim · Eremitage. Sennhütte oder Chalet, erbaut 1787 und zerstört 1793, mit Schaukel im Vordergrund. An den Fassaden befanden sich Haussprüche und die Jahreszahl 1787.

Künste zu schmücken? Baue Labyrinthe von grünen Wänden, und lass den gespitzten Taxus in angemessener Weite emporstehen, dass kein Gesträuchgen den wandelnden Fusstritt verwirre, mir gefällt die ländliche Wiese und der verwilderte Hain, ihre Manigfaltigkeit und Verwirrung hat die Natur nach geheimeren Regeln der Harmonie und der Schönheit geordnet, die unsere Seele voll sanften Entzückens empfindet. Oft würd ich bey sanftem Mondschein zur Mitternacht wandeln, in einsamen frohen Betrachtungen über den harmonischen Weltbau, wenn unzählbare Welten und Sonnen über mich leuchten. Ach Natur, Natur wie schön bist du, wie schön in unschuldiger Schönheit, wo dich die Kunst unzufriedener Menschen nicht verunstaltet.» (Daphnis, 1751.)

Aus dem Kreis um Gessner, Klopstock und Claudius klang jedoch nicht nur die Sentimentalität der Idyllen, sondern auch der Ruf nach Einfachheit, Volkstümlichkeit und Natürlichkeit. Die Rückkehr zur Natur konkretisierte sich in einer ethischen Forderung.

Die Übernahme des englischen Landschaftsgartens erfolgte in verschiedenen Stufen. Vorerst begann man damit, neben den barocken Repräsentationsgärten künstliche Naturgärten anzulegen. In einer zweiten Stufe veränderte man die Randgebiete der Barockgärten zu Landschaftsgärten, wie dies nach der Rückkehr Sckells um 1777 aus England beim Schloss Schwetzingen bei Heidelberg geschah. Dann aber legte man auch neue Landschaftsgärten an, wie jenen von Ermenonville bei Paris. In Deutschland entstand der grosse Wörlitzer Park bei Dessau, und nach dem Vorbild von Dessau der Weimarer Park, an dessen Gestaltung sich auch Goethe beteiligte.

Schliesslich erfolgte in einer vierten Stufe die Umwandlung der Barockgärten in Landschaftsgärten. Den grössten Beitrag für die Ausbreitung der englischen Gärten in Europa lieferte der bereits genannte Kieler Philosophieprofessor Christian Cajus Lorenz Hirschfeld mit seinem von 1779 an erschienenen fünfbändigen Werk über die Geschichte und Theorie der Gartenkunst. In der Schweiz begegnen wir der Idee des englischen Landschaftsgartens in seiner ersten Stufe als künstlicher Naturgarten neben einem Repräsentationsgarten auf dem von Pierre-Adrien Pâris für die bischöfliche Residenz in Pruntrut 1775 entworfenen Plan. Doch zehn Jahre später entstand bereits der grösste Landschaftsgarten unseres Landes mit der im damaligen Fürstbistum Basel gelegenen Eremitage in Arlesheim.

Die Eremitage in Arlesheim

Unweit von Basel bildete der hinter dem Dorf Arlesheim gelegene Burghügel Birseck mit Felsen, Grotten und Höhlen, dem Blick auf ein Tälchen und die Berge sowie einem Bach mit drei Fischteichen und zwei Mühlen die besten Voraussetzungen für eine derartige Anlage. Domherr Heinrich von Ligertz und seine Cousine, die Gemahlin des letzten Landvogts von Birseck, Balbina von Andlau, sollen ihn 1785 nach zeitgenössischen Berichten auf eigene Kosten angelegt haben, um das arme Landvolk zu beschäftigen.

Die erste Beschreibung der Eremitage aus dem Jahre 1785, dem Jahre der Eröffnung, bestätigt, dass die Erbauer sich anfangs an die Ideale des unberührten Landschaftsgartens halten wollten. Es wird gesagt: «Der Bedacht sei dahin gewandt worden, die schöne Natur, welche sich in den verschiedenen Felsklippen und Höhlen besonders prächtig auszeichnet, nicht mit überflüssigen Zierrathen und Verschönerungen zu überladen, sondern selbe in ihrem natürlichen Schmucke und ersten Werte zu lassen.»

Vom Dorfe aus und vom Andlauerhof, zu dem der Garten gehörte, führten zwei Wege an den Schlosshügel. Der eine über Weiden und Rebberge und der andere dem Bache entlang zum Haupteingang mit einem künstlichen Wasserfall und zum erhöht gelegenen *Karussellplatz*, der ersten Attraktion des Gartens. Vor einer prähistorischen Höhle war eine künstliche Terrasse als Aussichtspunkt und als Spielplatz für die «unverdorbene Landjugend» angelegt. In der Mitte stand ein primitives Karussell, umgeben von Pappeln und einem Trogbrunnen. Dahinter sollte die mit Lampions erhellte Grotte Platz für Gelage von vierzig Personen bieten. Eine in den Fels gehauene Treppe führte zur Musikantentribüne. Über eine Hängebrücke erreichte man das *Asyl der Träume*, eine isolierte Felsbank. Etwas weiter oben lag der Garten des Eremiten als länglicher Platz und Aussichtspunkt. Links davon befand sich in einer *Grotte* neben einer Urne die hölzerne Figur eines Eremiten als Pilger mit Wanderstab und Lederflasche. Darüber stürzte ein Wasserfall in ein Becken und von dort in einen ausgehöhlten Baumstamm, den Brunnen des Eremiten. Hinter dem Garten stand etwas erhöht an den Felshang gelehnt die *Hütte des Eremiten*, ein mit Baumrinden verkleidetes und mit einem Schindeldach bedecktes Holzhäuschen. Zwei gekreuzte Äste dienten als Glockenstuhl. Vier Fenster mit Butzenscheiben erhellten den Raum, in dem ein in den Fels gehauener Schrank die Utensilien und eine Felsspalte die Kochnische des Waldbruders enthielten. Zwei verschieden steile Wege führten von hier aus zum Holzstoss des Eremiten, der ein Aussichtskabinett für den Blick auf die Weiher verbarg. An der *Diana-Grotte*, einer eigenartigen Felsspalte, vorbei, gelangte man zu der oberhalb des Karussellplatzes gelegenen Aussichtsrotunde, die den Blick auf das Birstal freigab. Auf dem ansteigenden Weg erreichte man schliesslich zu Füssen des Schlosses einen terrassierten Garten mit exotischen Pflanzen und Bäumen und den *Temple de l'amour*, ein in

Arlesheim · Eremitage. Felseingang der Anlage. Stich von Gmelin/Mechel, um 1786.

Arlesheim · Eremitage. Ausschnitt aus dem undatierten und unsignierten Plan der Eremitage.

Arlesheim · Eremitage. Karussellplatz vor der Halbhöhle mit Karussell, Stich, Anfang 19. Jahrhundert.

Arlesheim · Eremitage. Inneres der Eremitenklause, um 1790. Der mit einem Automaten ausgerüstete Eremit beim Lesen.

der Form einer künstlichen Turmruine errichtetes Aussichtskabinett. Ein in den Fels gehauener Pfad führte in den hinteren Teil der Eremitage zu den beiden *Apollo-Grotten*, zwei durch Treppen miteinander verbundenen Höhlen, die den damaligen Besucher an die Orakelgrotten von Delphi erinnern sollten. Nach einer über den Felshang führenden Hängebrücke sah man an einer Felswand die von Professor Oberlin aus Strassburg verfasste *Gedenkinschrift* an die Erbauer von 1785. Hierauf führte der Weg zur *Proserpina-Grotte,* der Hauptattraktion des Gartens. Ein schwarzes Gitter verschloss die Höhle, in der ein antikisierender Altar stand, beleuchtet von Lampions und umgeben von Monstern, einem Drachen und einem Krokodil. Von einer erhöhten Plattform in der Höhle erblickte man durch Felsspalten hindurch die Statue der Proserpina mit einer Fackel in den Händen. Von dieser Grotte geleitete der Weg hinunter zu einem Spielplatz über dem mittleren Weiher und über eine englische Brücke über den Bach und zum Damm des mittle-

ren Weihers. Doch blieb es nicht bei diesem natürlichen Zustand, denn bereits eine der ersten Beschreibungen der Eremitage verkündet, dass die Anlage noch täglich durch neue Zusätze und Erfindungen verschönert werde, um sie interessanter zu machen.

So folgte man denn von 1785 bis zum Einbruch der Französischen Revolution der modischen Sucht nach künstlicher Bereicherung, weshalb später berichtet wird: «Dem Kunstverständigen wird hier zur beliebigen Nachricht beigefügt, dass die Eigentümer dieser Englischen Anlage in vielen Stücken dem gemeinen Pöbel, welche solche als einen öffentlichen Spaziergang besonders an Festtagen besucht, zu lieb, gewisse nicht bedeutende Tändeleien hin und wieder angebracht, welche ächte Kenner als dem wahren Geschmack widrige Kinderspiele betrachten werden. Allein, da man auf das Vergnügen jeder

Arlesheim · Eremitage. Klause des Eremiten, verkleidet mit Baumrinde. Neugotischer Dachreiter mit Glocke von 1785.

Gattung Menschen, zumalen des Frauenzimmers und der lieben Jugend bedacht gewesen, so hat man es in dieser Rücksicht bewenden lassen.»

Nun erst entstand der heutige Haupteingang bei der Mühle, 1789 als ein natürliches, von einem Bache durchflossenes Felsöntor, eine zweite Felsöffnung mit der Inschrift: «Natura amicis suis» und eine durch den Fels führende Steintreppe. Um dieselbe Zeit verwandelte man die Eremiten- zur *Gessner-Grotte,* indem der dort ruhende Eremit in die Hütte gesetzt und durch ein Denkmal zu Ehren des Idyllendichters Salomon Gessner ersetzt wurde. Den einfachen Stein mit Leier, Palette und Fackel bekrönte eine Urne, und am Sockel steht noch heute die Inschrift «S. Gesner». Der hölzerne Eremit in der Hütte wurde mit einem Automaten ausgerüstet, so dass er, wenn jemand eintrat, seine Lektüre unterbrach und mit dem Kopfe nickend grüsste. Hinter der Hütte entstand eine Art Altar mit einer Heinrich-Statue aus Holz, umgeben von säulenartig umrahmenden Wurzeln. Über einigen Bienenstöcken las man die Stelle aus Vergil: «Aerri mellis coelestia dona.» Die weiter oben gelegene Diana-Grotte hiess nun «Petit Temple du destin» oder Grotte des Verhängnisses, denn hier hatte man 1790 die Jahreszahl 1499 in Erinnerung an die Schlacht von Dornach, deren Schlachtfeld man von hier aus erblickte, eingemeisselt. Unterhalb des terrassierten Gartens beim Schloss stiess man auf den bereits 1785 angekündigten *Parasol Chinois,* einen chinesischen Tempel als Ausdruck der China-Mode jener Zeit. Unterhalb der Apollo-Grotte erreichte man den sogenannten Tempel der Wahrheit, ein kleines *Denkmal der Freundschaft* mit der Inschrift «Amicitiae sacrum», umgeben von achtzehn Holztafeln mit Sinnsprüchen in achtzehn verschiedenen Sprachen.

Zwischen der Gedenkinschrift und der Proserpina-Grotte hatte man 1789 eine *Diogenes-Grotte* entdeckt. In einer Ecke stand geschrieben: «Je cherche un homme», weiter oben las man: «et moi je l'attends», und zuoberst stand die lakonische Frage: «Est-ce toi?» Die Proserpina-Grotte hatte als Hauptsehenswürdigkeit des Gartens um 1788 eine neue Ausstattung in den drei verschiedenen Höhlen der Grotte erhalten. Auf dem Altar der ersten Höhle stand nun eine Urne. In der hinteren Höhle, nun «Grotte des Todes» genannt, erhob sich ein in den Fels gehauener Altar mit der Inschrift «Plurima mortis imago». Darüber hingen als Symbole des Todes eine Sense, eine Fackel und eine Sanduhr. Bereits ein Jahr später wechselte die Ausstattung dieser Grotten, da inzwischen der Cagliostro-Freund und Maler Jacques-Philippe Loutherbourg aus Strassburg auf neue Ideen gekommen war. Nun wurde die erste Grotte anstelle der hinteren «Grotte des Todes» genannt und übernahm die Ausstattung der hinteren Grotte mit der neuen Urnen-Inschrift: «Chaque jour de la vie est un pas vers la mort.» Die ehemalige hintere Todesgrotte hiess nun sinngemäss «Auferstehungsgrotte» und erhielt ein Auferstehungsdenkmal in Form einer aus dem Grab steigenden und die Hände zu

Arlesheim · Eremitage. Sogenannter Parasol Chinois, 1785 an einem Aussichtspunkt aufgestellt.

Arlesheim · Eremitage. Proserpina-Grotte. Erste Höhle mit Altar, Monstren und Drachen, um 1785.

Arlesheim · Eremitage. Proserpina-Grotte. Zweite Höhle mit Treppenstufen und der Proserpina-Statue, um 1785.

neuem Leben ausstreckenden Figur. Als Symbol der die Zeit zerstörenden Ewigkeit wand sich eine Schlange um eine Wasseruhr. Die Proserpina-Statue in der obersten Grotte wurde durch eine Figur der Meditation ersetzt.

Auf dem Weg zum hinteren Spielplatz wird 1788 erstmals das 1787 erbaute *Chalet des Alpes* erwähnt und als echte Sennhütte mit Sinnsprüchen, innen ländlich aufgeputzt als Konzert- und Speisesaal, geschildert. Es entstand vermutlich unter der Einwirkung Rousseaus und war das erste Chalet in einem englischen Park, denn jenes der Josephine in Malmaison entstand erst 1803. Auf dem Vorplatz stürzte aus einem Baum ein Wasserstrahl in einen Brunnentrog, und im Gebüsch hing eine Baumschaukel. Am Südwestende des nun *Lac de Tempé* genannten mittleren Weihers entstand 1788 ein als *Tas de Charbon* verkleidetes Aussichtskabinett für den Blick auf die Sennhütte am anderen Ufer. Der Weg zu den Waldhütten wurde als «Nachtigallenhain» bezeichnet. In der Büchsenschmiede bei den Waldhäusern wohnte der Maler J. B. Stuntz, bei dem sich der Besucher Ansichten der Eremitage oder der Petersinsel am Bielersee kaufen konnte. Bezeichnenderweise stand auf einem Kreuz vor der Hütte die Inschrift: «L'ami de la nature en doit être le peintre.»

Die Eremitage war im 18. Jahrhundert trotz der kleineren Veränderungen dem Ideal der unverdorbenen Landschaft gefolgt, in der die Natur als geistige Universalmacht im Sinne Rousseaus in ihrem Urzustand belassen war. Die Schönheiten wurden im Landschaftsgarten nur mit Wegen erschlossen, und zwar so, dass sich vor dem Besucher stets neue Bilder entfalten konnten. Die «Points de vue multipliés», die Aussichtspunkte, waren Hauptattraktionen des Gartens geworden. Ihnen dienten künstliche Bauten wie die Aussichtskabinette in Form des Holzstosses oder die Turmruine, aber auch der Karussellplatz, der Eremitengarten, die Aussichtsrotunde, der terrassierte Garten und der Spielplatz. Anschauungsunterricht für ein unverdorbenes Leben in der unverdorbenen Natur waren das Asyl der Träume und die Eremitage. Der Verherrlichung der unverdorbenen Jugend dienten der Karussell- und der Spielplatz. Das antike Arkadien als

Beispiel einer paradiesischen Naturlandschaft beschworen die mit antiken Götternamen bezeichneten Grotten, wobei jene für Proserpina an das ewige Neuwerden der Natur am Demeter-Kult in Eleusis anknüpfte. Auch die Bereicherungen nach 1785 standen im Zeichen der Naturverehrung, obschon sie als Symptome der modischen Strömungen des Rokokos auftraten. Der chinesische Pavillon verkörperte zwar die China-Mode jener Zeit, war aber zugleich ein Aussichtspunkt. Das Chalet und der Köhlerhaufen waren Symbole des unverdorbenen Landlebens. Sinnsprüche und Inschriften am neuen Felseingang, an der Eremitenhütte, am Chalet, beim Denkmal der Freundschaft und in der Diogenes-Grotte erläuterten die Naturverehrung und, im Sinne Herders «Stimme der Völker», die Naturphilosophie jener Zeit, die auch das Gessner-Denkmal verkörperte. Ausserdem erwachte das Interesse an vergangene Schicksalsschläge der Menschheit im Gedenken an die Schlachten bei Dornach und Sempach. Im gleichen Sinne und unter dem Zeichen des Okkultismus der Cagliostro-Zeit wechselte die Ausstattung der Proserpina-Grotte.

Die Eremitage war im Sinne Hirschfelds interessanter und lehrreicher geworden und ein Stimmungsbild jener Zeit. Sie war nicht mehr Architektur, sondern Ideenträger. Eine dadurch ausgelöste romantische Sehnsucht – nicht im Blick aufs Mittelalter, sondern auf die Antike im Sinne des Mythos vom Goldenen Zeitalter eines Ovid, vermischt mit den Modeströmungen des Rokokos – erzeugte einen romantischen Klassizismus und liess eine «Solitude romantique» entstehen.

Schon vor dem Einbruch der Franzosen steckten Landleute vor allem die kleinen Hütten in Brand. Doch erst die Soldaten zerstörten 1793 den Garten zusammen mit der Burg Birseck. Ein Sohn der inzwischen verstorbenen Balbina von Andlau, Conrad von Andlau, und der greise Heinrich von Ligertz stellten die Anlage in den Jahren 1810–1812 wieder her und setzten dabei neue Akzente. Beim Eingang entstand eine Tafel mit Anweisungen für die Besucher. Der ursprüngliche Eingang beim Wasserfall erhielt die Inschrift «Post fata resurgo 1812». Das neue, elegantere Karussell auf dem Karussellplatz war mit Ball- und Ringspielen verbunden, die an Ritterturniere erinnern sollten. Oberhalb des Musikerpodiums stand eine antike Säule mit Sonnenuhr in Erinnerung an

Arlesheim · Eremitage. Burghof der Ruine Birseck mit Blick auf den Treppenturm und den Wehrgang.

Arlesheim · Eremitage. Sprachenpyramide, 1812, mit 21 Sinnsprüchen in 21 Sprachen sowie Hieroglyphen.

das damals wiederentdeckte römische Augst. Die Eremitage wurde zu einem sakralen Bezirk mit der neuaufgebauten Hütte, einer *Kapelle* und einem Holzkreuz. Eine Felsbank mit der Inschrift «O beata solitudo, o sola beatitudo» lud zum Ruhen ein. Auf den wiederaufgebauten Holzstoss folgte eine Diana-Grotte als Bad der Diana. Vier Akazienreihen ersetzten den terrassierten Garten.

Der chinesische Pavillon und die künstliche Turmruine waren verschwunden. Dafür besass man nun die echte *Ruine der Burg Birseck*. Ein «Temple rustique» ersetzte die künstliche Turmruine und überdeckte das Schachtende der Proserpina-Grotte, das als antiker Altar galt. Darauf stand ein Blumen- und Früchtekorb mit der Inschrift: «Aux Dieux amis des Champs, des Arts et de la

Arlesheim · Eremitage. Grotte des Todes mit Denkmal der 1793 verstorbenen Balbina von Andlau, betrauert von Heinrich von Ligertz.

Arlesheim · Eremitage. Blick in den oberen Teil der Apollo-Grotte mit den in den Fels gehauenen Treppenstufen.

Arlesheim · Eremitage. Grotte des Todes mit Auferstehungsdenkmal, um 1788, erneuert 1812.

Paix». An der Mauer der Schlossruine befand sich ein Treibhaus, wo man ausländische Gewächse und Sämereien kaufen konnte.

Die neue Hauptattraktion der Eremitage war die Burgruine Birseck, denn die Ritterromantik fand hier reichlich Nahrung. Ein von Bäumen umgebener, runder Steintisch sollte an die Tafelrunde des Königs Artus erinnern und der Rundturm an die im Gefängnis verschmachtende, geraubte Geliebte. An der Stelle des Freundschaftsdenkmals war eine von Sitzbänken umgebene *Sprachenpyramide* aufgestellt worden. Der einfache, hölzerne Obelisk war mit Hieroglyphen und Symbolen der Gartenlandschaft verziert und beidseits von 18 und später 21 Holztafeln mit 21 Sinnsprüchen in verschiedenen Sprachen flankiert. Die zerstörte Proserpina-Grotte hiess nun *dreifache Grotte des Todes*. In der ersten Grotte stand ein Denkmal zu Ehren der Balbina von Andlau mit der Inschrift: «Balbina von Andlau, deren Tod Heinrich von Ligertz bedauert, 1798». Daneben kniete der aus Lindenholz geschnitzte Eremit. Der durch das Denkmal Erschütterte fand in der zweiten Grotte beim noch erhaltenen Auferstehungsdenkmal Trost. Auch die Blechfigur der Meditation ist noch vorhanden. Das Chalet, der hintere Spielplatz und der Köhlerhaufen waren verschwunden und nicht wieder aufgebaut worden. Dafür entstand um 1814 über dem Bache, so wie er es gewünscht hatte, ein Denkmal zu Ehren des französischen Vergil-Übersetzers *Jean-Jacques Delille* mit einer Strophe aus seinem «Home des Champs». Auf der anderen Seite des mittleren Weihers stand 1812 eine Cabane de la Solitude, die später nach der Gemahlin Conrads von Andlau *Sophien-Ruhe* genannt wurde. Es enthielt die Inschrift: «Reiche deinen Freudenbecher / Holde Einsamkeit jedem deiner / Freunde so oft er diese Stelle betritt». Hinter dem dritten Weiher entstand später noch der Dreiröhrenbrunnen.

Der greise Heinrich von Ligertz sorgte dafür, dass die alten Ideen beim Wiederaufbau wieder auflebten. Naturverehrung und -philosophie liessen das Delille-Denkmal, die Sprachenpyramide, den Temple rustique und die

«Sophien-Ruhe» entstehen, doch traten nun als neue Elemente das Mittelalter, die Ritterromantik und die sentimentale Frömmigkeit der Romantik in den Vordergrund. Die Ritterromantik gab dem Karussellspiel eine neue Interpretation, sah die Burgruinen Birseck nicht mehr als Staffage, sondern als Bedeutungsträger der romantischen Sicht des Mittelalters und zog auch die umliegenden Burgruinen ins Blickfeld der Besucher. In der Burgruine kam schliesslich auch die Neugotik zum Durchbruch. Die sentimentale Frömmigkeit knüpfte am Eremiten an, versah ihn mit dem Etikett des demütigen Lebens und liess ihn am Grab der Balbina wiederkehren. Der sakrale Bereich erweiterte sich durch die Kapelle und das Kreuz und erhielt eine persönliche Note durch das Denkmal der Balbina von Andlau. Das Antike trat merklich in den Hintergrund, erhielt aber eine lokale Bestätigung durch die an Augusta Raurica erinnernde römische Säule. Die neuen Schwerpunkte verliehen der Landschaft eine mit Schwermut und Melancholie durchsetzte Stimmung. Eine subjektiv gefärbte Romantik engte den Ideengehalt der Eremitage ein und suchte sich neue Ideale in einer anderen Vergangenheit, im Mittelalter. Da jedoch die Landschaft selbst nie durch grosse künstliche Veränderungen und aufwendige Bauten bereichert worden war und alle Tempelchen oder Denkmäler äusserst bescheiden gewesen waren, hat ihr Verschwinden die Eremitage kaum verändert. Geblieben sind nach wie vor die natürliche Landschaft und die damals begehrten Stimmungsbilder.

Nur aus den ausführlichen Beschreibungen, Führern durch die Eremitage und Bildern der einzelnen Motive wird uns heute ersichtlich, dass sich in der Eremitage von Arlesheim von 1785 bis 1812 die verschiedenen Geistesströmungen der Zeit widerspiegelten. Der Englische Garten in Arlesheim, die Eremitage, ist daher weniger von der Kunstgeschichte als von der Geistesgeschichte her als Ausdruck der damaligen Ideen von Bedeutung. Für die Geschichte der Gartenkunst in der Schweiz bezeichnet die Eremitage den Übergang vom romantischen Landschaftsgarten des Rokokos zum englischen Landschaftsgarten der Romantik.

Offensichtlich angeregt durch die Eremitage in Arlesheim und die Romantik liess sich Johann Rudolf Burckhardt im Jahre 1794 oberhalb von *Gelterkinden* die sogenannte *Ernthalde* als Emmentaler Bauernhaus mit einer kleinen Eremitage errichten. Was als Chalet in der Eremitage im kleinen, wurde hier im grossen verwirklicht, denn auch hier las man am Hause ausser den Namen der Erbauer die Sprüche: «Thue Gutes, bleib im Land und nähre dich redlich» sowie «Thue andern wie du willst, dass sie dir thun». Auf dem Fähnlein des Brunnens auf dem Hof zwischen Wohnhaus und Ökonomiegebäuden waren die Wappen der dreizehn eidgenössischen Orte gemalt. Über die Eremitage selbst berichtet Markus Lutz:

«Eine Art Ermitage, zu welcher man in einer kleinen Entfernung von des Eigentümers Wohnung über lachende Fluren gelanget, erhöht um vieles das reitzende dieses zum höchsten Vergnügen geschaffenen Orts. Hohe Fichten und Tannen beschatten diesen einsamen Aufenthalt. Täuschend brachte Herr Burkhardt hier eine Kapelle an, zu welcher man durch verwildertes Gesträuch auf schicklich angelegten Fusspfaden gelangt. Diese Kapelle, deren Aussenseiten künstlich bemost sind, ist mit Simplicität im gotischen Geschmacke gebaut. Die Thür derselben hat zwey Fenster-Öffnungen zur Seite, an der hintern Aussenseite fällt das Auge auf das in Lebensgrösse gemahlte Bild des in der Geschichte der Eidgenössischen Vorzeit so bekannten Eremiten Niklaus von der Flüe aus Unterwalden. Unten an der Kapelle trifft man auf einen Weyer, der das Romantische dieser Stätte noch vermehrt. Von hier führen belaubte Gänge und durch das Dikkicht des Waldes bebahnte Spazierwege, beynahe um das ganze Gut herum, hin und wieder sind dann an den Stellen, wo man eine freye Aussicht geniesst, mahlerische mit Stroh oder Moos gedeckte Hüttchen oder Ruhebänke zur Bequemlichkeit und Erholung angebracht ...»

Der romantische Landschaftsgarten war losgelöst vom dazugehörigen Landhaus und mit diesem nur mittels Spazierwegen verbunden. Er unterschied sich jedoch vom späteren englischen Landschaftsgarten ausserdem durch die Ausstattung, die Spielereien mit der Natur, die Denk-

Langenbruck · Alpgut Bilstein. Eremitage von 1822 mit Wasserfall und Fussweg.

mäler und andere Ideenträger, die den Garten lehrreich und interessant machen sollten.

Ebenfalls beeinflusst durch die Eremitage in Arlesheim liess sich der Basler Ratsherr Emanuel Burckhardt-Sarasin um 1822 auf seinem *Alpgut Bilstein bei Langenbruck* im Jura eine *Eremitage* errichten, die durchaus subjektive romantische und patriotische Züge aufwies. Auf der Landstrasse begegnete man zuerst dem Bildnis Tells auf einer acht Fuss hohen Pyramide, umgeben von Pappeln. Darunter las man die Worte: «Wiege unserer Freiheit / Walther Fürst / Werner Stauffacher / Arnold an der Halden». Auf einer Tafel der abgestumpften Säule las man Lavaters Tell-Lied: «Nein vor dem aufgesteckten Hut», und auf einer anderen die Namen: «Nicolaus von Flüe / Schultheiss Wengi / Lavater / Escher von der Linth / Pestalozzi / Girard / Fellenberg / Johann von Müller / Robert Glutz / Hugo von Buchegg / Albrecht der Weise». Auf der dritten Tafel stand geschrieben: «Muthvolle Vertheidigung des Vaterlandes» mit den Helden: «Reding am

Morgarten / Erlach bei Laupen / Winkelried bei Sempach / Aloys Reding bei Rothenburg / Schultheiss Steiger / General von Erlach / der ermordert Oberst von Grafenried, Sieger bei Neuenburg». Auf einer vierten Tafel war eine allegorische Darstellung des Gedichts «Der Älpler» von Ambühl. Erst nach dem Lusthäuschen auf dem Plateau erschienen weitere Attraktionen. In der Nähe des Gärtchens erhob sich eine mittelalterliche Turmruine mit Gedächtnisinschriften an Oekolampad, Platter, Sevogel, General Burkhard, General Merian und Ludwig Burkhard. Ein Fussweg führte vom Turm zur Hütte des Eremiten. Die dunklen Wände des Innern waren mit lehrreichen Inschriften verziert. Die Lagerstätte, das hölzerne Trinkgefäss und ein Stück Käse auf dem Tisch zeugten von der Bescheidenheit des Einsiedlerlebens. Auf einem Felsen war ein Kreuz angebracht und gegenüber ein der Freundschaft gewidmeter Altar mit der Inschrift: «Candidae Amicitiae». Auf einem anderen Felsen lag ein Aussichtskabinett mit dem Blick auf Langenbruck. Schliesslich gelangte man auf einem Zickzackweg aufwärts zu einem Wasserfall mit verschiedenen Stellen zum Ausruhen und einem Kabinett als Denkmal zu Ehren des Basler Bürgermeisters Johann Rudolf Wettstein mit der Inschrift: «Johannis Rudolphi Wettsteinii Consulis Basiliensis Gloriam Ipsae Rupes, Ipsa Rura Rauracorum testantur Helvetiis Libertatem, Consilio, Virtute vindicavit.» Von einer Moosbank aus sah man oben auf dem Felsen eine Gemse, unten einen Wolf, einen schlafenden Eremiten und ein Gedicht am Felsen. Ein Jahr später kamen zur Einsiedelei als weitere Attraktionen eine Teufelsbrücke, ein von einem Zerberus bewachter Hexenkäfig, in einer Schlucht Figuren aus Webers «Freischütz» und bei einer Kaskade eine kleine Waldkapelle sowie Inschriften bekannter Dichter hinzu. In der gebirgigen, reich gegliederten Landschaft entstanden somit recht stimmungsvolle Effekte, die jeden Besucher im Zeitalter der Romantik zu Tränen rühren mussten.

Ausser dem Lusthäuschen ist die ganze Anlage heute verschwunden. Wenige Jahre nach der Fertigstellung des Fusswegs vom Spittel her riss ein Hochwasser sämtliche Anlagen weg. Was von den übriggebliebenen Denkmälern und Inschriften noch vorhanden war, zerstörten in der Zeit der Dreissiger-Wirren die freiheitsdurstigen Bauernknaben der umliegenden Höfe. So fand die Bilsteiner Eremitage ein rasches Ende.

Der Landschaftsgarten des Rokokos und der Romantik, wie wir ihn mit der Eremitage in Arlesheim und dem Bilstein bei Langenbruck vor uns haben, unterscheidet sich vom englischen Landschaftsgarten vor allem dadurch, dass er nicht künstlich angelegt worden ist. Ausserdem enthält er zahlreiche Elemente, die wir im Laufe des 19. Jahrhunderts in anderen Gärten wieder vereinzelt antreffen. Er ist somit der Ursprung oder Anknüpfungspunkt für zahlreiche Gartengattungen des 19. Jahrhunderts geworden. So ist er erstens ein öffentlicher Garten, der zur Erholung und zum Vergnügen der Landleute angelegt worden ist. Dies unterscheidet ihn einerseits vom französischen Garten und andererseits vom englischen Villengarten. Zweitens entspricht die Anlage, die kein Garten mehr sein will, in der Zielsetzung dem englischen Villengarten, auch wenn sie grösser und inhaltlich anders gestaltet ist. Drittens umfasst sie jene Elemente und Motive, die man im 19. Jahrhundert in der freien Natur suchte. Man wollte ein Stück Wildnis, eine noch unbekannte Landschaft und schliesslich die Alpen und ihre Bewohner entdecken. Nicht umsonst sind beide Anlagen in bergigem Gebiet angelegt worden. Ein Stück Alpinismus en miniature tritt hier zum erstenmal in einem Garten auf. Und viertens erinnert uns der Landschaftsgarten mit seinen Denkmälern an den Denkmalgarten des 19. Jahrhunderts oder auch an die mit Denkmälern besetzten Quai- und Kuranlagen des 19. Jahrhunderts. So liegt denn im Landschaftsgarten des Rokokos und der Romantik der Keim für andere Gartengattungen des 19. Jahrhunderts und damit zugleich der Durchbruch im Sinne der Gartenrevolution, die allein das Entstehen der neuen Gärten im 19. Jahrhundert möglich machte.

Langenbruck · Alpgut Bilstein. Blick auf die Teufelsbrücke und den neben dem Bach angelegten Steg.

Sissach · Schloss Ebenrain. Planentwurf für einen englischen Garten, entstanden um 1817. Unterer Teil ausgeführt.

Der englische Park

Im Unterschied zum englischen Landschaftsgarten in der freien Naturlandschaft war der frühe englische Park die Umgebung einer Villa oder eines Landhauses und als künstliche Naturlandschaft angelegt. In den Grundrisslinien und in der Flächen- und Raumbildung verwendete man zur Bildung von Veduten und tiefen Ausblicken auf oft kleinem Raume vorwiegend Elemente des Malerischen. An die Stelle des Typischen und des Gesetzmässigen trat das Individuelle, weshalb jeder Garten einen anderen Grundriss und ein stets wechselndes Wegesystem erhielt. Das Terrain des Parks waren Erhebungen und Senkungen in schwingender Kurve. Die Vegetation dominierte und überschnitt Gebäude, Wegeführung und Ausblicke im Hintergrund. Die Wasserbecken verwandelten sich zu Seen oder Teichen und die Kanäle zu Bächen, Flüssen oder Wasserfällen. Das Ziel war, die Natur nachzuahmen und auf natürliche Weise noch schöner zu machen. Ab 1750 liess man sich ausserdem von der freien Gestaltung der chinesischen Gärten beeinflussen und pflanzte nur noch ungeschnittene Bäume und Sträucher. Die Aufteilung des Gartens sollte eine Abfolge von Bildern vermitteln, in der die undulierende Schönheitslinie vorherrschte. Eine stets wechselnde und gewundene Linienführung bei allen Gehölzrändern, Wegen und Ufern und eine optisch freie Öffnung des Parks nach aussen wurden mit Überraschungseffekten, sogenannten «Ahas», bereichert. Ausgreifende Bodenmodulierungen und weite Rasenflächen, sogenannte «Pleasure Grounds», standen im Kontrast zu einzelnen gestellten Gehölzgruppen, sogenannten «Klumpen».

Dies waren die neuen Gestaltungsmittel, die zuerst in England von *Lancelot («Capability») Brown* verwendet wurden. Sein Nachfolger *Humphrey Repton* begann ab 1788 damit, wieder Blumengärten in der Nähe der Gebäude in die Parks einzubeziehen, so dass nun gesonderte Gärten in Hausnähe entstanden. Im Park selbst ergaben sich neben den Aussichten und Durchblicken in sich geschlossene, aber auf ungezwungene Weise miteinander verbundene Teile. Schliesslich fügte man diesem Park aus fernen Ländern und Klimazonen stammende Baum- und Gehölzarten hinzu und züchtete Blumen und Stauden, wofür man Gewächshäuser benötigte. Dadurch erhielt der englische Park im Laufe des 18. Jahrhunderts in England jene Gestaltungsformen, die auf dem Kontinent der Gartentheoretiker *Christian Cajus Lorenz Hirschfeld* in seiner vierbändigen «Theorie der Gartenkunst» (1779 bis 1785) zusammenfasste. Hirschfelds Leitgedanke war seine Gefühls- und Empfindungsart, mit anderen Worten die «Charaktere der Gegenden». Er verlangte vom Gartengestalter «die Beschränkung auf die Gegenstände der schönen ländlichen Natur». Sein Ziel war eine bestimmte emotionale Wirkung, damit der gefühlsmässige Eindruck auf das «betrachtende Subjekt» verstärkt werde. Da Hirschfeld gleichzeitig die Natürlichkeit als Leitmotiv der neuen Gartenkunst und ihre Orientierung nach der Natur propagierte, trat eine Inkonsequenz zutage. Einerseits forderte er die Vorbildlichkeit der Natur, andererseits wollte er diese übertreffen. Die wesentlichen Kategorien für Hirschfeld waren dabei die Überlegungen, die Vernunft und der Geschmack, die er sich so erklärte: «Bewege durch den Garten stark die Einbildungskraft und die Empfindung stärker als die bloss natürlich schöne Gegend bewegen kann.» Die Einteilung der Gegenden als Teile von Landschaften nach Charakteren oder Empfindungen dachte sich Hirschfeld folgendermassen:

1. Angenehme, muntere und heitere Partien entstehen durch die Abwechslung in der Geländemodellierung, mässig fliessendes Wasser und durch mannigfaltiges Auftreten von lebhaftem Grün an Rasen und Bäumen, durch blühende Sträucher und farbige Blumen, so dass sich sanfte und behagliche Gefühle beim Menschen einstellen.

2. Sanft melancholische Gegenden besitzen im Gegensatz zu den angenehmen stärkere Einschnitte ins Gelände, stehende oder mit dumpfen Geräuschen fliessendes Wasser, keine Aussichten, so gut wie kein Licht, keine Lebenszeichen und schliesslich dunkle, dichte, nicht blühende Vegetation. Solche Szenen können zur Selbstbetrachtung veranlassen und in ihrer Intensität durch Einsiedeleien, Ruinen und andere Anspielungen auf Trauer und Vergänglichkeit gesteigert werden.

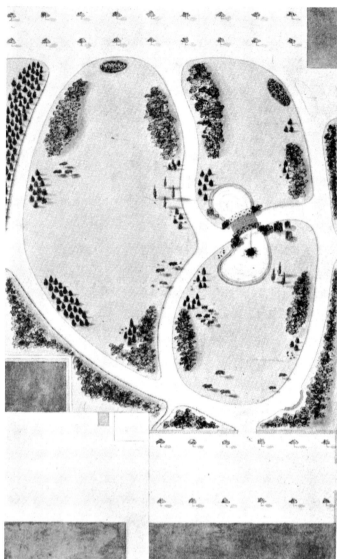

Münchenstein · Landgut Brüglingen. Blick auf den englischen Park, entstanden um 1810.

Riehen · Planentwurf für den englischen Garten des Glöcklihofs mit Weihern und chinesischer Brücke, um 1810.

3. Romantische Landschafts- und Gartenteile sind nach Hirschfeld mit sonderbaren, ausserordentlichen und seltsamen Formen bereichert. Felsen, Wasserfälle und wilde, rohe «Klumpen» von Vegetation, Regellosigkeit und Kontrast sind hier die typischen Stichworte.

4. Gärten mit erhabenem und feierlichem Stil lassen sich wie der romantische Garten nicht allein durch die Kunst der Anpflanzung schaffen. «Grösse und Dunkelheit bilden die feyerliche Gegend». Hohe Eichen, Buchen, grosse «Klumpen» von Tannen und Fichten gehören mit dazu.

Derartige Richtlinien durchziehen Hirschfelds Theorie und bestimmen auch seine Bemerkungen zu den Bäumen und Sträuchern.

Dunkles Laub passt am besten zu den melancholischen Anlagen. Verschieden gescheckte oder im Herbst sich verfärbende Laubbäume eignen sich für romantische Gärten. Die Einteilung von Gärten nach Jahreszeiten – beispielsweise der Wintergarten – verlangt nach immergrünen Gewächsen wie Tannen und Zedern.

Will man eine frühlingshafte Anlage gestalten, so ist auf die Blütezeit der Bäume zu achten. Die Sträucher sind nach ihren Blättern, Blüten und Wohlgerüchen auszuwählen. Ausser der Einteilung der Vegetation auf der Linie eines Empfindungsmodells bemühte sich Hirschfeld auch um formale Kriterien. Zum Wald passt entweder der blaue Himmel oder kontrastvoll ein helles Wohnhaus. Für die Farbe der Vegetation verweist Hirschfeld auf die Landschaftsmaler. Eine harmonische, malerische Komposition von Bäumen in Hainen und Wäldern zeigt dem Auge am nächsten das weissliche und gelbliche Grün, hierauf das Lichtgrün, dann das Braungrün und schliesslich das dunkle und schwärzliche Grün. Das stufenweise Dunklerwerden kann auch aus Gründen der Perspektive zur Vortäuschung grösserer Entfernung angebracht sein. Blumen hingegen gehören zu den angenehmen, munteren und heiteren Gegenden des Gartens und zeigen sich wegen ihrer geringen Fernwirkung am besten in der Nähe der Wohngebäude. Schliesslich ist der «freie, grüne Rasen» dem französischen Parterre nach Hirschfeld weit überlegen. Die leichte Geländemodellierung verstärke den Eindruck einer Rasenfläche. Der Charakter der Freiheit und Heiterkeit trete besonders gut im Kontrast des Rasens zu dunkeln Gartenpartien hervor, also zum Beispiel Rasen in einer Waldlichtung. Zur Unterbrechung einer grossen Rasenfläche, die langweilig wirken könnte, verwende man Gebäude und Statuen, Baum- und Buschgruppen.

Friedrich Ludwig von Sckell hat im Gegensatz zu Hirschfeld als Praktiker zur Feder gegriffen und seine «Beiträge zur bildenden Gartenkunst für angehende Gartenkünstler und Gartenliebhaber» in zweiter, verbesserter Auflage 1825 in München herausgegeben. Sckell ordnet die Gewächse noch verschiedenen Gottheiten zu, weil sie zugleich auch die Tempelchen umgeben, doch berücksichtigt er in seiner Auflistung der Pflanzen wie Hirschfeld auch die Gefühlskomponente. So drücke die Trauerweide wegen «ihres traurigen Aussehens» der hängenden Äste den «Schmerz zeitlicher Trennung am sinnbildlichsten

Genf · La Grange. Blick auf das leicht ansteigende Gelände und die Baumkulissen der verschiedenenen Parkteile.

aus», weshalb sie sich für Grabhügel eigne. Sckell möchte auch die Schönheitslinie, die «immer nur aus lauter gleichförmigen Zirkel-Bögen, einem lateinischen S ähnlich zusammengesetzt» ist, durchbrochen wissen. Insgesamt hält er in Anlehnung an die Malerei die Form einer Anlage für wichtiger als ihre Farbe, doch zieht er die Laubhölzer den Nadelhölzern vor und verwendet die Nadelhölzer nur als Kontrast zu heiteren Partien oder vor Laubbäumen. Sckells Bestreben nach grösserer Natürlichkeit beim Umriss und bei der Silhouette von ausgedehnten Pflanzungen ist ein neues Element, weil Sckell immer in weit grösseren Dimensionen denkt als Hirschfeld. Im Gegensatz zu Hirschfeld – dessen Garten von der Erzeugung verschiedener Empfindungen beim Betrachter lebt – sieht Sckell mit seinen klassischen Vorstellungen grosszügige malerische Formen mit bestimmten Gefühlswerten.

Hirschfelds Einfluss war allerdings weit grösser als jener von Sckell, weil er ausser den Gestaltungselementen wie Bodenmodellierung, Linienführung, Stellung der Gebäude, Anordnung der Einzelbäume und der geschlossenen Pflanzungen, Wege, Grotten, Ruinen, Monumente und Bildfolgen auch die geistigen Inhalte der Schönheit festlegte. Schliesslich unterteilte er die Gärten nicht nur nach Jahreszeiten, sondern nach einzelnen Tageszeiten und Volksschichten. Als neue Begriffsbestimmungen führte er den Volksgarten, den Friedhofgarten, den Spitalgarten, den öffentlichen Garten und den Tiergarten ein. Damit eröffneten sich für den Begriff «Garten» neue Dimensionen, die sich auch aus den gesellschaftlichen Umwälzungen gegen Ende des 18. Jahrhunderts ergaben. Sie wurden im Laufe des 19. Jahrhunderts wegweisend und als Aufgabe einer neuen Generation voll und ganz anerkannt. Für alle diese neuen Gartentypen und für die sich im Laufe des 19. Jahrhunderts daraus entwickelnden Gattungen galten die Gestaltungsregeln des englischen Parks, so wie sie im 18. Jahrhundert in England und später auf dem Kontinent festgelegt worden waren. Der frühe englische Park konnte noch nicht auf romantische Bauten, exotische oder historische Motive verzichten. Er blieb noch romantisch bis weit ins 19. Jahrhundert hinein.

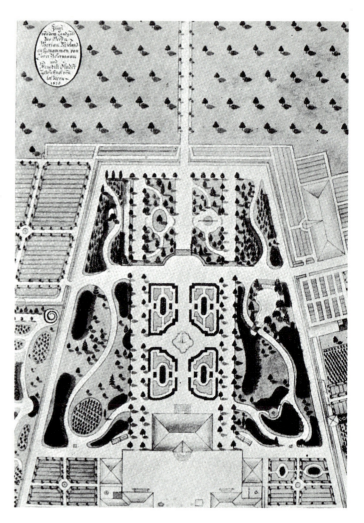

Basel · Sandgrube. Gartenplan von 1820. Mittelteil mit französischem Parterre. Seitenpartien mit englischen Gärten.

Wie in Frankreich und Deutschland, so hatte man auch in der *Schweiz* bereits gegen Ende des 18. Jahrhunderts damit begonnen, die Randzonen der klassischen französischen Barockgärten im Stil der englischen Gärten anzulegen oder umzuwandeln. Dies geschah einerseits, weil der englische Garten nun – so wie früher der französische Garten – Mode geworden war, und andererseits, weil man sich den kostspieligen Unterhalt der französischen Parterres nicht mehr leisten konnte oder wollte.

Die erste Welle der Umwandlungen erfasste die grossen französischen Barockgärten in Basel und am Genfersee, also Randgebiete der Schweiz, die den ausländischen Einflüssen am stärksten ausgesetzt waren. Schon sehr früh legte man auf der Bergseite des Ebenrains bei Sissach einen englischen Garten an. Bei der Sandgrube in Basel hingegen blieb der vordere Teil des französischen Parterres in der Nähe des Hauses bestehen, während man die hintere Partie und die Seitenteile hinter den Alleen als englische Gärten mit einem zierlichen Rundtempelchen als Ort der Freundschaft anlegte. In Coppet und in Creux-de-

 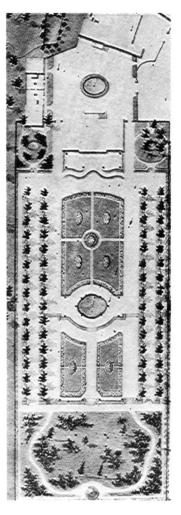

Riehen · Bäumlihof. Gartenplan für die Umwandlung des Barockgartens in einen englischen Garten von Joh. Michael Zeyher, 1802.

Riehen · Wenkenhof. Planentwurf zur Umwandlung des Barockgartens im englischen Stil von Achilles Huber, 1803.

Genthod am Genfersee räumte man die ausgedehnten Parterreflächen aus, ohne sie in einen englischen Park nach einem bestimmten Plan umzuwandeln.

Wenn nun diese Umwandlungen wiederum in *Basel* am besten verfolgt werden können, so verdanken wir dies dem Wirken des markgräflich-badischen Hofgärtners *Johann Michael Zeyher* (1770–1843), der dafür sorgte, dass die Parterres nicht einfach ausgeräumt, sondern sinnvoll umgestaltet wurden. Ausserdem dürfte durch Zeyher auch Sckells Umwandlung des Schwetzinger Schlossgartens in Basel bekannt geworden sein. Bereits 1802 erhielt Zeyher den Auftrag zur Umgestaltung des Gartens des Bäumlihofs bei Riehen. An die Stelle der regelmässigen Beete trat eine Wiese mit sich unregelmässig schlängelnden Wegen, einem Teich und malerisch verteilten Baumgruppen. Die Baumalleen, die Eckkabinette und das Gemüseparterre blieben erhalten, doch vergrösserte man den Garten bis zur Landstrasse. Zur Steigerung der romantischen Stimmung des Parks entstand 1808 ein dorisches Tempelchen, das mit Borken überzogen war und als Bienenhaus diente. Von 1803 datiert auch ein Plan des Basler Architekten *Achilles Huber* für die Umgestaltung des Wenkenhofgartens in Riehen zu einem englischen Garten. Die Broderie- wichen den Rasenparterres, die mit Blumenrabatten eingefasst und in der Mitte mit Blumen betont waren. An die Stelle des abschliessenden Boskett trat ein englischer Garten mit einem Schlängelpfad, der zu einem Rundtempelchen in der Symmetrieachse führte. Ebenfalls in Riehen wurden 1810 der Garten des Glöcklihofs und 1811 jener des Landguts Elbs-Birr mit diagonal geführten Wegen, lungenförmigen Teichen und Brücken zu englischen Gärten umgewandelt. Spätere Ansichten der Stadt Basel (z. B. der Mähli-Plan) zeigen, dass kein französischer Garten von dieser Umwandlung verschont blieb, auch wenn diese schon damals treffend verspottet wurde:

> «Es wird hier jedermann gebeten
> Die Berge hier nicht flach zu treten
> Auch keine Hunde lass man laufen
> Damit sie nicht die See'n aussaufen
> So unverschämt wird niemand sein
> Zu stecken einen Felsen ein.»

Riehen · Bäumlihof. Blick in den englischen Garten mit dem als dorischer Tempel gestalteten Bienenhaus von 1808.

Doch wenig später folgten auf die Umwandlungen von französischen Gärten auch Neuanlagen von englischen Gärten ausserhalb der Stadt. Ganz im Sinne Hirschfelds entstand bereits 1808 beim Landgut unterhalb der Burgruine Pfeffingen ein romantischer Landschaftsgarten nach Plänen des Franzosen Cagnard.

Um 1810 folgte im Zusammenhang mit einem Umbau der englische Garten des *Landgutes Brüglingen* bei Münchenstein, wo sich die Hanglage für die Rundwege und die Terrasse über der Birs für den Pleasure-Ground besonders gut eigneten. Die architektonische Änderung der Villa und die Anlage des Gartens waren vermutlich das Werk des Basler Architekten Achilles Huber, dem wir auch den zweiten grösseren Park am Nordabhang des Bruderholzes, den St.-Margarethen-Park, verdanken. Er entstand 1822 im Zusammenhang mit dem Bau einer klassizistischen Villa und umfasste ausgedehnte Spazierwege mit der sogenannten Teufelsbrücke als Stimmungsmotiv und der St.-Margarethen-Terrasse als Aussichtspunkt mit dem Blick auf die Stadt. Ebenfalls ausserhalb der Stadt gelegen war das wiederum nach Plänen von Achilles Huber erbaute Sommerkasino von 1824 mit einem grosszügig angelegten Park. Schliesslich hat auch der zweite berühmte Basler Architekt des Frühklassizismus, *Melchior Berri,* mit dem Ehingerschen Landgut in Münchenstein um 1829 eine klassizistische Villa mit einem englischen Park hinterlassen.

Im Gegensatz zu Basel, wo nach Zeyhers Wirken der Einfluss von Schwetzingen und der Bau von klassizistischen Landvillen den Anstoss zu grösseren englischen Gärten gaben, blieb *Solothurn* bis ins zweite Jahrzehnt des 19. Jahrhunderts von der englischen Gartenmode unberührt. Erst nach 1822 entstand hinter dem Hallerhaus, heute Bischofsitz, an der Baslerstrasse unter Karl Ludwig von Haller ein kleiner englischer Garten, der eine gute Wegeführung und eine überlegte Raumgestaltung besass, indem verschiedene Gehölzpartien in Vorder-, Seiten- und Hintergrundkulissen angeordnet waren. Zusammen mit dem etwas erhöht gestellten Gartenpavillon und dem auf einer Trockenmauer geführten Höhenweg ergab sich eine vortreffliche Bildwirkung. Im übrigen begnügte man sich in Solothurn mit den vorhandenen Barockgärten, die man teilweise vereinfachte und mit Bäumen bepflanzte, und da keine frühklassizistischen Villen erbaut wurden, kam es auch nicht zu neuen Parkanlagen, obschon bereits vor 1836 in Solothurn ein Kunstgärtner namens Studer genannt wird.

In der ersten Hälfte des 19. Jahrhunderts waren es nicht mehr nur die Patrizier, sondern auch die *Industriellen,* die sich in der Nähe ihrer Fabriken Villen mit Parks erbauen liessen. So entstand um 1840 in Olten für den Industriellen Conrad Munzinger eine Villa mit einem umfangreichen Park, dessen Baumbestand sich erhalten hat. In Schönenwerd liess der Industrielle Joseph Bally beim Haus zum Felsgarten einen kleinen Park mit einem «Spielzeugschlösschen» und einem neugotischen Labor errichten. In Bäretswil-Neuthal im Kanton Zürich liess sich Johann Rudolf Guyer unmittelbar neben der Spinnerei und seinem Wohnhaus einen Park anlegen. Dieser bestand aus einem kleinen Parterre mit einem italienischen Brunnen und aus dem eigentlichen Park mit einer

Basel · Sommercasino. Park und Gebäude, angelegt und erbaut um 1824 nach Plänen von Achilles Huber.

Münchenstein · Landgut Brüglingen. Blick vom hinteren Teil des Parkes auf das im 19. Jahrhundert umgebaute Landhaus.

Schönenwerd · «Spielzeugschlösschen» als neugotische Staffage in englischem Park beim Haus zum Felsgarten.

Thun · Landsitz Eichberg bei Uetendorf. Erster Projektplan mit Symmetrieachsen und Perspektiven, um 1794.

Grottenanlage, einem antikisierenden Gartenhäuschen, einem Kraftübertragungsturm in neugotischen Formen und einer Werkstatt in der Gestalt einer Kapelle. Technische Anlagen wurden in kaschierter Form dem Park einverleibt, allerdings erst in der zweiten Hälfte des 19. Jahrhunderts.

In *Bern* machte sich der Übergang vom französischen zum englischen Garten bereits um 1790 beim Bau des *Landsitzes Eichberg* in Uetendorf bei Thun für Carolus v. Fischer bemerkbar. Ein erstes Projekt sah strahlenförmige Zufahrtsalleen auf der Nordseite und, auf der Südseite des Landhauses auf das kurze Parterre folgend, eine breite Perspektive mit doppelten Baumalleen und grossem Rondell vor. Auf der Ostseite war ein weiteres Parterre und auf der Westseite ein Wäldchen mit Schlängelwegen und einem kleinen Teich vorgesehen. Ähnliche, weit grössere Teiche sollten zwischen den Zufahrtswegen entstehen. Die Zwischenräume des starren geometrischen Systems waren somit durch Partien von englischen Landschaftsgärten aufgelockert. In einem zweiten Projekt er-

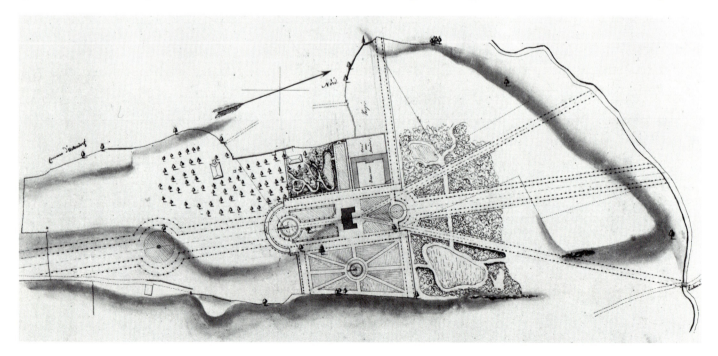

setzte man die drei strahlenförmigen Zufahrtswege auf der Nordseite durch einen Stern, dessen Alleen am Rande der Wiese auf Rundwege, Gehölz- oder Baumgruppen im Stile des englischen Gartens stossen sollten. Ausgeführt wurde schliesslich ein wesentlich reduziertes Projekt mit einem Parterre südlich des Landsitzes, Baumalleen als Perspektiven im Norden und Osten, einem seitlichen Zufahrtsweg und einer Perspektive gegen Westen. Die grosse Wiese im Norden blieb ungestaltet, wurde nur von einer Baumallee als Perspektive durchzogen und von Strauch- und Baumpartien sowie Randwegen im englischen Landschaftsstil umgeben. Im Norden und Osten lagen in den Wäldchen Teiche oder Wiesen, und im Westen erinnerte ein Heckenboskett mit Labyrinth, Rondellen und spielerisch angelegten Wegen an das französische Rokoko. Das hier 1794 festgehaltene Nebeneinander von Motiven des Barock- und Rokokogartens und des englischen Landschaftsgartens bot ein typisches Bild des Übergangs.

Wenig später begann man auch auf den übrigen Berner Landsitzen mit der Umwandlung der Barockgärten. In Bern liess 1814 die russische Grossfürstin Anna Feodorowna den Park der Elfenau vom Gartenarchitekten Baumann aus dem elsässischen Bollschweiler und später von Samuel von Luternau pflegen. Das einzige neue klassizistische Landgut mit einem grossen Park entstand 1832 in Morillon bei Bern. In der Regel blieben die Berner eher konservativ und hielten an den Grundzügen der barocken Anlagen fest, wie dies das Schloss Oberdiessbach, die Waldegg bei Zollikofen und das Bellerive bei Gwatt zeigen. Bei den Schlössern Jegenstorf und Landshut hingegen drängten die englischen Parks die französischen Elemente zurück. Erst mit der Schadau bei Thun stossen wir um die Mitte des 19. Jahrhunderts auf den ersten grösseren englischen Park im Kanton Bern. Trotzdem hatte sich bereits zu Beginn des 19. Jahrhunderts ein Berner Gärtner auf die Anlage von englischen Gärten spezialisiert.

Thun · Landsitz Eichberg bei Uetendorf. Zweiter Projektplan im Übergang vom Rokoko zum englischen Garten, um 1794.

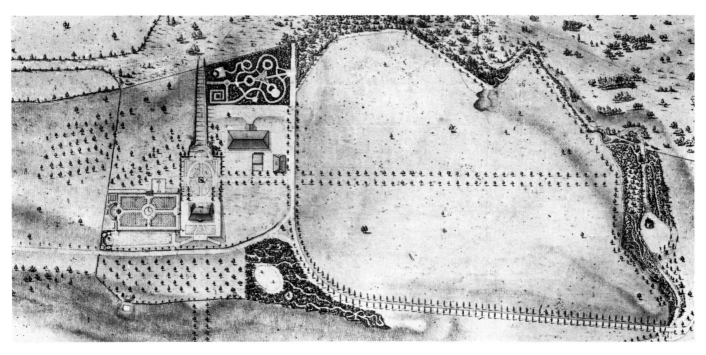

Kunstgärtner Müller aus Bern zeichnete 1825 den Plan für einen englischen Garten beim Schloss Steinhof in *Luzern*. Zwei Jahre später gestaltete er auch den Garten des Landgutes Hitzlisberg in Luzern im englischen Stile um. Anscheinend war Luzern dank seinen Verbindungen zu Frankreich in dieser Hinsicht ein fruchtbarer Boden, denn bereits um 1800 war beim Landgut Kreuzmatt, wo heute das Löwendenkmal steht, ein englischer Garten angelegt worden.

Auch die Entwicklung in der *Ostschweiz* beweist, dass die Anstösse zu neuen Gartenanlagen vor allem aus dem Ausland kamen und dass zuerst in den Grenzgebieten die ersten grösseren englischen Gartenanlagen entstanden. Die *Landsitze der Napoleoniden* am Bodensee – die Schlösser Arenenberg, Eugensberg und Wolfsberg – belegen dies. 1817 hatte die Königin Hortense das verwahrloste Schlösschen Arenenberg erworben und es zu einem französischen Landhaus im Stile des Empire mit Kapelle und Wirtschaftsgebäuden umbauen lassen. In der Umgebung des auf der Anhöhe gelegenen Schlösschens entstand ein weitläufiger Park, der bis zum Untersee hinunterreichte. Von der reizenden Eremitage sind nur noch die alten Wege, ein Rondell mit der Aussicht auf den Untersee und das kleine Gartenzelt mit dem Blick auf Konstanz und sein Münster erhalten. Ein grosser Teil davon wurde durch einen Erdrutsch zerstört und das übrige abgerissen. Ein zeitgenössischer Bericht rühmt auf Arenenberg den Blütenflor der zahlreichen Hortensien. Der von Hortense geförderte Garten- und Landbau wird heute in einem gewissen Sinne von der landwirtschaftlichen Schule des Kantons Thurgau auf Arenenberg weitergeführt. Prinz Eugen, ein Bruder der Königin Hortense, kaufte 1819 in der Nähe des Arenenbergs das Landgut Sandegg und liess sich auf der Anhöhe das Landhaus Eugensberg im Empirestil neu erbauen. Auch er umgab sein Haus mit einem ausgedehnten englischen Park voll von exotischen

Thurgau · Schloss Eugensberg. Weiher unterhalb des ehemaligen Landsitzes im englischen Park, der oberhalb des Schlosses im 20. Jahrhundert neu gestaltet worden ist.

Thurgau · Schloss Arenenberg. Blick vom Eckzimmer des Empireflügels auf den Untersee und die Landschaft.

Bäumen und Sträuchern. Eine Kastanienallee führte zum Schloss und Schlängelwege umgaben das 1821 vollendete Gebäude. Im Park lagen ein Weiher und ein zeltförmiger Pavillon für Bankette im Freien. Park und Landhaus sind von den späteren Besitzern vergrössert und erweitert worden, so dass sie noch heute jene romantische Wirkung besitzen, die ihnen ursprünglich zugedacht war. Das dritte Schloss der Napoleoniden, der Wolfsberg, war bereits unter Jean Jacques Hoegger aus St. Gallen im romantischen Sinne umgestaltet worden. Hoegger empfing hier neben vielen Gästen auch den Komponisten Carl Maria von Weber, in dessen romantischer Oper «Der Freischütz» die Szenerie der Wolfsschlucht an das Wolfsberger Tobel erinnert. Um 1820 übernahm Charles Paquin, ein begeisterter Anhänger von Hortense, den Wolfsberg und liess ihn umbauen. Dabei vergrösserte er den Park, erweiterte das Netz der Spazierwege und die lauschigen Ruheplätze und eröffnete 1825 eine Fremdenpension. Damit die Gäste die Aussicht besser geniessen konnten, liess er auf dem Hohenrain einen Turm als Belvedere erbauen und bezog damit auch die Landschaft der Umgebung ins Bild der Anlage ein. Berühmtheiten der Zeit, die Schriftsteller Châteaubriand und Alexandre Dumas sowie Madame Récamier, hielten sich hier auf und spazierten im Park. Später war der Wolfsberg ein landwirtschaftlicher Musterbetrieb, jetzt ist er ein Ausbildungszentrum. Alle drei Schlösser profitierten von der Aussicht auf den See, von der Lage in einer anmutigen, romantisch wirkenden Landschaft und waren deshalb nicht auf künstliche Gartenanlagen angewiesen.

Neben den Emigranten und Industriellen erwachte in der ersten Hälfte des 19. Jahrhunderts auch bei den Unternehmern und Kaufleuten in *Zürich* der Sinn für englische Gärten. Trotzdem dauerte es einige Zeit, bis der englische Garten auch in dieser Stadt Einzug hielt. Zwischen 1826 und 1829 liess sich der Zürcher Seidenherr Daniel Bodmer-Escher anstelle eines Gartenhauses das Haus «Zum Sihlgarten» errichten. Der auf drei Seiten als englischer Park gestaltete Vorgarten war der erste und für längere Zeit einzige dieser Art in Zürich. Zwar liess sich Hans Heinrich Bodmer zur Arch 1822–1825 auf einem mit Reben und Obstbäumen bepflanzten Hügel von seinem Schwager Hans Caspar Escher den Landsitz Freudenberg erbauen, doch wurde dieser erst viel später durch Arrondierungen mit einem Park umgeben. Wenig später entstanden noch innerhalb der Stadt die Vorgärten der Dépendance des «Baur en Ville» (heute «Baur au Lac») und 1843 die ehemalige Villa Forcart, beide unmittelbar am Seeufer und an dem kurz zuvor seiner Bollwerke beraubten Schanzengraben errichtet. Es folgten anschliessend an den beiden Seeufern ausserhalb der Stadt in erhöhter Lage mit der Aussicht auf See und Berge die zum Teil noch erhaltenen Parkvillen. Zwischen 1826 und 1831 liess der in Amerika reich gewordene Kaufmann Heinrich Escher-Zollikofer den der Seestrasse entlang gelegenen «Wyssenbühl» abtragen, das Sumpfland und das Seeufer auffüllen und das so gewonnene Areal mit zum Teil exotischen Bäumen und Sträuchern bepflanzen. Auf dem Hügel entstand schliesslich die *Villa Belvoir,* deren Park später als Perle des Gartenbaus galt und im Laufe des 19. Jahrhunderts erweitert worden ist. Vor der Villa lagen die Blumenbeete und die Pleasure-Grounds, die durch Magnoliengruppen mit der malerischen Unregelmässigkeit der Naturparks mit Koniferengruppen, grossen einzelnen Laubbäumen oder hohen Pflanzeninseln verbunden wurden, wobei das dunkle Grün der verschiedenen Koniferen durch hellgrüne Bäume unterbrochen war. Die grosse Rasenfläche mit dem weiten Blick auf den See besass als Mittelpunkt einen Springbrunnen, der von einem Blumenteppichbeet umgeben war. Die Kontraste und Stimmungswechsel waren gekonnt mit Trauerweiden, Nadelwäldchen, Blutbuchen und Birken erzeugt, so dass der Park noch durchaus den Zielen Hirschfelds und Sckells entsprach. Wesentlich später entstand 1853–1857 in der Nähe auf dem Rietberg die *Villa Wesendonck* nach Plänen von Leonhard Zeugheer für den rheinländischen Grosskaufmann Otto Wesendonck. Der ausgedehnte Park ist hier als Aussichtsterrasse mit Randwegen, Ein-

Thurgau · Schloss Eugensberg, erbaut um 1821 auf einer aussichtsreichen Anhöhe mit Blick auf den Bodensee.

Zürich · Villa Belvoir. Blick auf die von Bäumen umgebene und mitten im Park gelegene Villa, erbaut 1826–1831.

Zürich · Landsitz Freudenberg, erbaut 1822–1825, mit später angelegtem englischen Park.

schnitten und Gehölzgruppen im Stile des klassischen Landschaftsgartens gestaltet, wobei die offene Mitte vor der Villa als Pleasure-Ground zugleich an die barocken Perspektiven erinnert. Auf dem anderen Seeufer entstanden noch vor der Mitte des 19. Jahrhunderts die Villen Buchenhof, Schönbühl und Rosenbühl mit englischen Parks, doch übertraf diese das 1843–1847 von Leonhard Zeugheer für Heinrich Bodmer-Stockar erbaute Landhaus «Zur Seeburg», in dessen Park, der einst bis zum See reichte, ein grosses Gewächshaus lag. Die freie Gruppierung von Gehölzen und Bäumen und die nun erneut in den Rasen dem Wege entlang gestreuten Blumenteppichbeete machten den Reiz dieser Anlage aus. Offensichtlich waren aber die Zürcher Kaufleute danach bestrebt, die Aussicht auf die Berge und den See zu geniessen, und kümmerten sich weniger um die Gestaltung der Gartenanlagen. Dies sollte sich erst in der zweiten Hälfte des 19. Jahrhunderts mit der Niederlassung von Gartenarchitekten in Zürich und der Anlegung der Quais am See ändern. In Zürich kam somit nicht der romantische, sondern der klassische englische Park zur Blüte. Er konzentrierte sich weitgehend auf die Vegetation und verzichtete auf historisierende Bauten im Park.

Anders als in Zürich verlief die Entwicklung in *Winterthur,* wo im 18. Jahrhundert draussen vor der Stadt bei den Landhäusern «Zum Schanzengarten» und «Zur Pflanzschul» französische Barockgärten angelegt worden waren. Der Einzug des englischen Gartens erfolgte bereits 1787 beim Bau des Lindenguts für den Industriellen Johann Sebastian von Clais. Anstelle des ursprünglich geplanten barocken Ziergartens entstand auf Anregung des Botanikers *Philippe de Clairville* eine Bepflanzung mit Bäumen, die sich teilweise noch erhalten hat. Einzig ein rundes Wasserbecken mit Springbrunnen erinnert noch an den ursprünglich projektierten französischen Garten. Philippe de Clairvilles Einfluss vermutet man in Winterthur auch beim Adlergarten, der um 1822 von Johann Jakob Sulzer zuerst nur als Gartenanlage mit Wegen in freier Bewegung, begleitet von Baumreihen, um zwei zu einem Pavillon führende Rasenflächen angelegt worden ist. Der im Empirestil errichtete Pavillon und die hohen alten Bäume sind Zeugen dieser englischen Gartenanlage, die um 1833 zu einem Landgut ausgebaut wurde. Dabei verzichtete man auf die barocke Achsenbeziehung und erbaute das Haupthaus, die Orangerie und die Nebengebäude frei nebeneinander, wodurch die Weiträumigkeit des Landschaftsgartens erreicht wurde. Obschon der berühmte Winterthurer Ästhetiker *Johann Georg Sulzer* (1720–1779)

Zürich · Rieterpark mit der 1853–1857 erbauten Villa.
Pleasure-Ground des Höhenrückens, umrahmt von Baumgruppen.

Winterthur · Adlergarten, angelegt um 1820 als Garten, 1833 Ausbau zum Landgut mit Gasthaus. Lithographie um 1840.

Sorengo · Villa Lampugnani. Orangerie in historisierenden Formen aus der ersten Hälfte des 19. Jahrhunderts.

in seiner Theorie der schönen Künste erklärt hatte: «Die Natur ist die vollkommenste Gärtnerin – die Gartenkunst, wie jede Kunst Nachahmung der Natur», sollte dieser Gedanke erst in der zweiten Hälfte des 19. Jahrhunderts in seiner Vaterstadt auf fruchtbaren Boden fallen. Gartenpavillons waren damals nicht nur in Winterthur beliebte Kleinbauten im englischen Garten: auch auf dem Chilebuck bei Oberstammheim entstand oberhalb der Galluskapelle 1842 eine kleine englische Anlage mit einem spätklassizistischen Aussichtspavillon nach den Ideen des Schaffhauser Stadtgärtners Schalch.

In der Vorstadt von *St. Gallen* an der Rorschacherstrasse wurden zahlreiche Landhäuser mit Parkanlagen errichtet. Dazu gehörte die Scherersche Besitzung, heute Stadtpark, aus dem ersten Viertel des 19. Jahrhunderts. Ein Pavillon mit Säulenportikus von 1812 ist noch erhalten. Zum Gartengut «Zum Acker» der Familie Sulzberger, das bereits um 1810 für Ruprecht Huber erbaut worden ist, gehörte ein zehneckiger, neugotischer Holzpavillon mit Pyramidendach.

In *Aarau,* der Hauptstadt des 1803 neu geschaffenen Kantons, entwickelte sich eine Vorstadt mit Villen und Parks. Das ehemalige Hérosé-Gut an der Bachstrasse (1816–1819) besass einen umfangreichen englischen Park, der heute stark verändert ist. Auch das bekannte Säulenhaus von 1838 an der Laurenzenvorstadt war von einem englischen Park mit einer halbkreisförmigen Zufahrt umgeben.

Im Laufe der ersten Hälfte des 19. Jahrhunderts entstanden so bei sämtlichen Gross- und Kleinstädten entsprechend ihrer baulichen Entwicklung grössere und kleinere Vorstädte mit den Villen der Industriellen oder Regierungsmitglieder. Diese Villen lagen in mehr oder weniger grossen englischen Parks mit Weihern, Gartenpavillons, seltenen Sträuchern, Bäumen und Grotten.

Die Umwandlung der Barockgärten und die Neuanlegung von englischen Gärten griffen schliesslich auch auf den Süden der Schweiz über. Um 1820 erfolgte der Umbau des Schlosses Reichenau im *Bündnerland* und damit auch die Umgestaltung des dazugehörenden Gartens mit Spazierwegen, Bäumen und Gewächshäusern. Im *Tessin* entstanden am Ostrand der Altstadt von Lugano am See nach 1839 die Villa Ciani mit dem heute als Stadtpark dienenden Park und in Sorengo bei der aus dem 15. bis 18. Jahrhundert stammenden Villa Lampugnani zu Beginn des 19. Jahrhunderts eine reizvolle Orangerie.

Trotz Voltaire und Rousseau blieb die Entwicklung der Gartenkunst in der welschen Schweiz wegen der französischen Herrschaft über Genf etwas zurück. Erst nach der Restauration von 1815 kam es zu grösseren neuen Parks in *Genf und Umgebung.* Am südlichen Stadtrand entstand 1817–1821 das höchst reizvolle Palais Eynard, dessen Park heute einen Teil der ausgedehnten Promenade des Bastions bildet. Ausserhalb von Genf erbaute sich der Genfer Diplomat Pictet-de-Rochemont 1817/18 das Schloss Lancy, das – wie die alten Patriziersitze – auf einer künstlichen Terrasse errichtet wurde. Anderswo be-

Oberstammheim · Chilebuck. Gartenanlage von 1842 mit Aussichtspavillon nach Ideen des Schaffhauser Stadtgärtners Schalch.

Genf · La Grange. Blick von der Anhöhe des Landsitzes durch die Parklichtung auf den Genfersee.

Genf · Park der Villa Bartholoni, angelegt um 1829, heute ein Teil der zusammenhängenden Parkanlagen von Perle du Lac.

gnügte man sich mit der Umgestaltung der Gärten von vorhandenen barocken Landsitzen, wobei meist nur die Zufahrtsalleen erhalten blieben. Ein Beispiel dieser Art am Stadtrand von Genf ist der «Parc de La Grange» beim Landsitz der Familie Lullin aus dem 18. Jahrhundert, dessen künstliche Terrasse entfernt und dessen Gelände gegen den See hin mit einer sanften Neigung versehen wurde. Beidseits der offenen Mitte mit der ausgedehnten Rasenfläche führen Randwege mit Parkbepflanzung zum Landhaus, das ebenfalls verändert wurde. Ein Gewächshaus und eine Orangerie sowie spätere Bauten am Seeeingang bestimmen die malerische Lage des Parks und des Landsitzes. Der östlich anschliessende «Parc des Eaux-Vives» erlebte die gleiche Entwicklung. 1750 als Barockgarten beim Landhaus des Finanzmanns Joseph Bouer angelegt, wurde er zu einem englischen Park umgewandelt, wodurch er eine sinnvolle Ergänzung des «Parc de La Grange» bildet. Im Gegensatz zu diesen heute öffentlichen Parkanlagen sind jene am Nordufer des Genfersees in Sécheron weit ausserhalb der alten Stadt durch die Zusammenlegung verschiedener Domänen aus dem 19. Jahrhundert entstanden. Ausgangspunkt des Parks «Perle du Lac» war die 1828/29 erbaute Villa Bartholoni mit ihrem prächtigen Baumbestand, einem grossen Bassin und Statuen im antiken Stil. Hier entstand bereits 1827 ein Châlet, das den Anfang des Tourismus und des alpinen Vaterlandbildes der Schweiz in Genf markiert. Nördlich daran anschliessend liegt der Park der Villa Barton und südlich davon der 1874 angelegte Park «Mon Repos» bei einer Villa von 1848. Im Gegensatz zu den ehemaligen Barockgärten von «La Grange» und «Eaux-Vives» reichen diese Parks bis ans Seeufer und gewinnen dadurch eine besondere Stimmung, indem die Seeuferlandschaft zum Bestandteil der Anlage wird. Da die Villen jeweils in der Mitte des Parks zwischen See und Landstrasse etwas

Genf · Villa Mon Repos, erbaut 1848, mit dem 1874 angelegten Park und dem Blick auf das Seeufer von Perle du Lac.

zurückgesetzt und erhöht gelegen sind, und die Nebengebäude an der Landstrasse liegen, bilden sich verschiedene miteinander verbundene Parkteile. Bemerkenswert ist die Tatsache, dass man in Genf schon sehr früh in der Nähe der Villen Blumenteppichbeete anlegte und auch auf Vasen mit Blumen sowie andere Elemente der Barockgärten nicht verzichten wollte. Die englischen Parks in und um Genf verraten eine eher aristokratische Einstellung, die sich von der barocken Repräsentation noch nicht vollständig lösen konnte.

Eine völlig andere Stimmung vermittelt der Park der Villa «La Gordanne» bei Perroy (zwischen Genf und Lausanne). Die Villa mit dem kreisrunden Kubus und der Tempelfront von 1828 ist in eine Nische am Fusse eines Abhangs eingebettet, flankiert von Baumkulissen, und wirkt als Hintergrund der leicht ansteigenden Rasenfläche wie ein vergrössertes Gartenhaus.

In *Lausanne* hingegen war der bereits im 18. Jahrhundert ausserhalb der Stadt errichtete Landsitz *«Mon Repos»* mitten in den Rebbergen in den Jahren 1803/04

Lausanne · Plan des Parks Mon Repos, angelegt 1819–1827 nach Plänen des Pariser Landschaftsarchitekten Monsaillier.

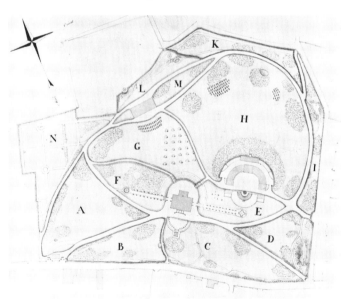

durch ein neues Landhaus ersetzt worden. In den Jahren 1819–1827 verwandelte man den Garten nach Plänen des Pariser Landschaftsarchitekten Monsailler in einen englischen Park, der nicht weniger als fünf Hektaren umfasste. Auf verschiedenen Ebenen steigen hier die Rasenflächen von einer Allee aus bis zum Ende des Parks, in dessen Mitte sich zwischen zwei Volieren ein Bassin mit einem Springbrunnen, Statuen und mit Blumen gefüllten Vasen befinden. Die Blumenparterres liegen wiederum in der Nähe der Gebäude, die Parkbäume und Sträucher bilden in sich geschlossene Gruppen. Auf der Nordseite des Hauses befindet sich ein Gartentheater aus dem 18. Jahrhundert. Ausser dem Pavillon mit dem Pelikan aus dem 18. Jahrhundert begegnet man einem Rundtempelchen, das 1800 zur Erinnerung an den Besuch Napoleons I. errichtet worden ist. Weiter nördlich erhebt sich hinter der Orangerie von 1821 ein zur gleichen Zeit erbauter neugotischer Ruinenturm auf einem künstlichen Felsen. Offenbar waren derartige Turmruinen in Lausanne besonders beliebt, denn ein ähnlicher Turm entstand in Cerjat, ein weiterer beim Park Denantou in Ouchy. Der Park von Denantou, angelegt 1821 von M. Haldimand, öffnet sich gegen den See und bildet noch heute einen grossen Teil des Quais von Ouchy, dessen äusserstes Ende die neugotische Turmruine Haldimand markiert.

Auf zahlreichen barocken Landsitzen am Genfersee ergänzte man zu Beginn des 19. Jahrhunderts den französischen Garten durch einen kleinen englischen Garten. Zu diesen gehört jener des Schlosses Vincy, der anfangs des 19. Jahrhunderts angelegt worden ist. Beim Schloss Hauteville bei St-Légier oberhalb von Vevey hingegen begnügte man sich 1813/14 mit der Errichtung eines klassizistischen Rundtempelchens als Aussichtspavillon auf einem Hügel neben dem französischen Garten.

Noch früher als in der übrigen Romandie drang die Idee des englischen Gartens in *Neuenburg* ein. Bereits 1764 zeichnete der Berner Architekt Erasmus Ritter die Pläne für den Garten des «Petite Rochette» genannten Pavillons am Faubourg de l'Hôpital Nr. 68. Auf der Rückseite des Pavillons lag ein unregelmässig angelegter

Perroy · Villa Gordanne, erbaut 1828. Nischenförmige Gartenanlage mit romantischen Motiven.

Lausanne · Park Mon Repos. Park mit der Orangerie und dem 1821/22 erbauten Ruinenturm. Stich 1. Hälfte 19. Jahrhundert.

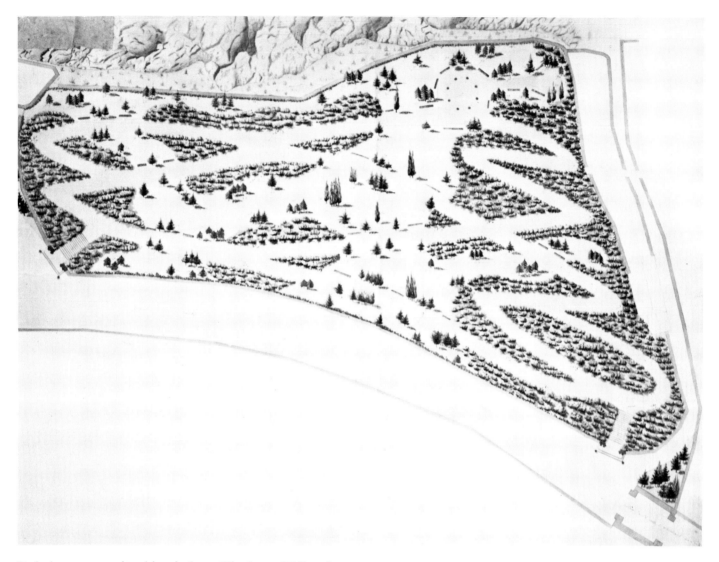

Rokokogarten mit chinesischen Kiosken, Weiherchen, Nischen und Pavillons in der Art des Petit Trianon von Versailles. Wenig später hat Alexandre Du Peyrou damit begonnen, südlich seines Hôtels Bäume zu pflanzen, so dass dort 1787 eine Allee mit Rasenflächen entstand, die später von Jean Frédéric de Bosset durch ein Rondell von Pappeln erweitert wurde.

Erst mit der Entstehung des «Jardin anglais» im Jahre 1865 verschwand diese Anlage. Nach der Besetzung Neuenburgs durch die Franzosen liess sich der französische Marschall Berthier 1810 zur Erinnerung an die Geburt seines Sohnes südwestlich des Schlosses den «Jardin du Prince» (später «Parc Dubois» genannt) anlegen. Dieser entstand an der Stelle des Clos Blancs oder der Schlossreben nach Plänen des Pariser Architekten Dufour. Der an Botanik interessierte Kaufmann Paul-Louis-Auguste Coulon verfolgte die Verwirklichung des Projekts, das im Frühling 1812 mit der Pflanzung der Bäume und Sträucher und einer Verbindung mit dem Garten des Gouverneurs vollendet war. Weite Rasenflächen mit einzelnen Baumgruppen und diagonal angelegte und durch

Neuenburg · Plan des Jardin du Prince, später Parc Dubois, angelegt 1810–1812 nach Plänen des Pariser Architekten Dufour.

Büsche und Sträucher geführte Wege bestimmten den Charakter dieser englischen Anlage, die heute arg vernachlässigt ist. Noch immer verbindet sie eine über dem Burggraben errichtete Brücke mit den Befestigungen des Schlosses.

Gegen Mitte des 19. Jahrhunderts hatte sich der englische Park in der ganzen Schweiz durchgesetzt. Nicht nur waren beinahe sämtliche französischen Barockgärten im englischen Stil umgestaltet, sondern auch alle von Hirschfeld genannten neuen Gartengattungen als englische Parks angelegt worden. Der neue Gartenstil wurde zum Inbegriff des Gartens überhaupt. Einzig die Bauerngärten blieben als Zier- und Nutzgärten der geometrischen französischen Form treu. Der Import fremder Pflanzen und die Zuchterfolge der Gärtner steigerten die Bedürfnisse und bereicherten die Gärten. Nahezu jedes private oder öffentliche Gebäude, das Umschwung besass, erhielt einen mehr oder weniger grossen englischen Park.

Vevey · Schloss Hauteville bei St-Légier. Ausserhalb des französischen Gartens gelegenes Rundtempelchen von 1813/14.

Zu Beginn des Jahrhunderts standen vor allem in Basel und in der Romandie noch romantische Motive, Stimmungen und künstliche Bauten im Vordergrund. Sie waren jedoch meist ausländischen Architekten oder deren Einfluss zu verdanken. Der Landschaftsarchitekt bestimmte den Grundriss und die Anlage der englischen Gärten, weshalb aus dieser Zeit auch zahlreiche Pläne von Gebäuden mit englischen Gärten erhalten sind. Später verzichtete man auf die künstlichen Motive der Romantik und versuchte die romantische Stimmung im Sinne des klassischen Landschaftsgartens mit den verschiedenartigen Bäumen und Sträuchern und deren Grundierung zu erzielen. Dadurch gewannen auch die Exoten Bedeutung.

Mit der Zeit traten deshalb andere Interessen der Gartenkunst in den Vordergrund: das botanische und das soziologische. Das botanische führte zur Anlegung von botanischen Gärten, das soziologische zu öffentlichen Parks im englischen Stil.

Öffentliche Promenaden und Parks im 19. Jahrhundert

Die gesellschaftspolitischen Veränderungen nach der Französischen Revolution und die Industrialisierung im 19. Jahrhundert schufen die Voraussetzungen, aber auch die Bedingungen für neue öffentliche Aufgaben innerhalb der Gartenarchitektur. Diese wurden allerdings in der Schweiz in der ersten Hälfte des 19. Jahrhunderts meist nicht erkannt, so dass man noch heute an zahlreichen Orten die im vergangenen Jahrhundert vergessenen Grünanlagen schmerzlich vermisst. Dies gilt namentlich für jene Städte, die bis ins 19. Jahrhundert hinein mit ausgedehnten Befestigungsgürteln, Schanzen, Bastionen und deren Vorgelände umgeben waren. Weder in Bern oder Zürich noch in Genf nahm man die Chance wahr, bei der Entfestigung, beim Zuschütten der Gräben und beim Schleifen der Schanzen diese Areale in durchgehende Grünzonen zwischen der Innerstadt und den Neuquartieren umzuwandeln. Einzig in Basel, Solothurn und einigen Kleinstädten wurde diese einmalige Gelegenheit damals sinnvoll ausgenützt.

In der zweiten Hälfte des 19. Jahrhunderts traten ausserdem neue Bauaufgaben an die Öffentlichkeit heran, die an einigen Orten Anlass zur Schaffung von Grünflächen gaben. Es waren dies vor allem Regierungs- und Verwaltungsgebäude, Heime, Asyle, Spitäler, Schulen, Bibliotheken und Museen, die man mit Vorliebe mit Parkanlagen umgab oder in bestehende Parks einbezog.

Zu Beginn des 19. Jahrhunderts hielt man sich bei den neuen Anlagen noch durchwegs an die barocke Allee, denn selbst Hirschfeld, der kein Freund der symmetrischen Gartenanlagen war, bemerkte dazu: «Nur jetzt begnügen wir uns zu bemerken, dass solche Spaziergänge, die dem gemeinen Gebrauch offenstehen, nicht weniger eine symmetrische Einrichtung zulassen. Man hat nicht eben die Absicht, die angenehmen Schauspiele der Natur zu geniessen, man versammelt sich, dem Körper Bewegung zu geben und auf bequemen Spaziergängen das Vergnügen der Gesellschaft und der Unterredung zu suchen. Man will sich sehen und sich finden; ebene, offene, gerade und breite Gänge und Alleen fördern diese Absicht und noch eine andere Verhütung aller Unordnung unter der vermischten Menge.»

Eine der ersten Anlagen dieser Art war die auf Initiative der «Gesellschaft der Freunde» um 1802 ausserhalb der Stadt in *Schaffhausen* angelegte Fäsenstaubpromenade. Offensichtlich hatte sich die Gesellschaft dabei von ausländischen Vorbildern anregen lassen, denn der Plan für die Parkanlage stammte von dem damals in Basel tätigen markgräflich-badischen Hofgärtner Johann Michael Zeyher. Zwar war der Park zusammen mit dem anschliessenden Casinogarten im Stile eines englischen Landschaftsgartens angelegt, doch durchzog diesen eine Baumallee, die von einem Rondell unterbrochen war und in einem weiteren Rondell endete. Somit war die Fäsenstaubpromenade in Schaffhausen ein typisches Werk des Übergangs von der barocken zur romantischen Promenade. 1840 entstand in der Nähe eine Kuranstalt mit einem russischen Dampfbad, und 1851 stellte die Stadt auf dem inneren Rondell zu Ehren des Geschichtsschreibers Johannes von Müller ein Denkmal auf, doch bereits

Solothurn · Riedholzschanze als Aussichtsterrasse mit umgebendem Grünring für öffentliche Anlagen.

Lugano · Seepromenade mit Denkmal, angelegt nach der Eröffnung der Gotthardbahn um 1882.

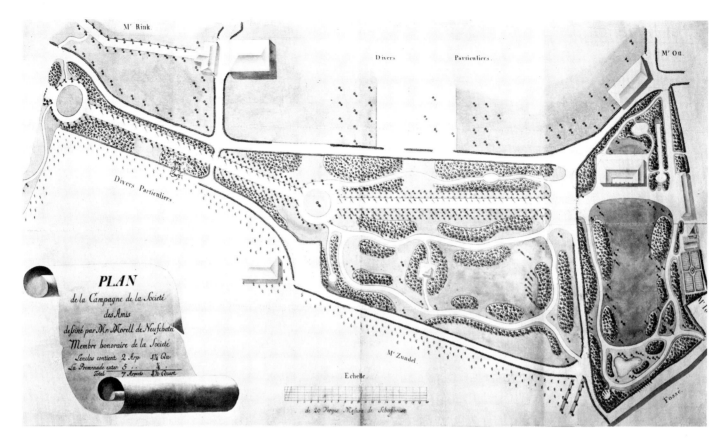

Schaffhausen · Projekt der Fäsenstaubpromenade des Hofgärtners Johann Michael Zeyher, 1802, gezeichnet von Morell.

1842 wurde die Promenade durch eine Strasse entzweigeschnitten – ein Schicksal, das später viele andere Promenaden auch treffen sollte.

Stellvertretend für andere Städte sei hier ein Bericht über Schaffhausen zitiert, der 1840 die Entfernung der Mauern und Türme lobt: «Das Hässliche der allgemeinen Anlage der Stadt verschwindet allmählich. Enge und gefährliche Passagen werden erweitert, die Eingänge zur Stadt zugänglicher gemacht und alte, ungestaltete Türme und Wälle abgebrochen und letztere mit Baumreihen bepflanzt.»

Wegen der Unruhen in der Landbevölkerung zögerten noch zahlreiche Städte die Entfestigung hinaus. Erst nachdem die Gleichberechtigung zwischen Stadt und Land zustande gekommen war, konnten die Städte in der Zeit der Regeneration mit dem Entfernen der Festungen beginnen oder die Entfestigung vollenden. So beschloss der Grosse Rat von *Zürich* erst 1833 die Schleifung der Schanzen. Er verpasste dabei die Gelegenheit, einen Grüngürtel zu schaffen, so dass später auf dem Schanzengelände öffentliche Monumentalbauten wie Schulen und Spitäler entstanden. Nur dank der Bemühungen von Regierungsrat Ludwig Meyer von Knonau konnten wenigstens das Bollwerk «Katz» für den botanischen Garten, das Bauschänzli in der Limmat und die Hohe Promenade gerettet werden. Das Bauschänzli war eine Fluss-Schanze und ging 1841 an die Stadt Zürich über. Der ehemalige Baugarten am Spitz vor dem Stadthaus konnte bereits 1849/50 als Stadthausanlage ausgeebnet und in einen englischen Garten umgewandelt werden. Damit war der erste Anschluss an den See gewonnen, der später durch die Anlage der Quais in der zweiten Hälfte des Jahrhunderts zum Ausgangspunkt eines der grössten Werke dieser Art in der Schweiz werden sollte.

Zwei Jahre nach Zürich beschloss die Bürgergemeinde von *Winterthur* im Jahre 1835 die Auffüllung der noch bestehenden Gräben und liess in den Jahren 1835–1839 eine Ringstrasse um die Stadt herum anlegen. Diese war auf nicht weniger als zwei Dritteln ihrer Länge von einer 20–30 Meter breiten Grünanlage begleitet, wodurch ein Grünring mit Alleen und Spazierwegen entstand, an den sich die Bürger- und Villengärten anschlossen. Später stellte die Stadt in diesen Grünring die öffentlichen Monumentalbauten, wobei die Schulhäuser mit geschlossenen Alleen verbunden waren, während das neue Stadthaus von einer architektonischen Grünanlage mit Ziersträuchern und Springbrunnen umgeben wurde. Auch die Hochwacht von Winterthur wurde um 1850 als Aussichtsterrasse bepflanzt. Wenn auch ein Teil des Grünrings von Winterthur später überbaut worden ist, so hat sich doch auf der Nordseite im Zusammenhang mit dem 1900 bis 1905 angelegten Stadtgarten ein grosser Teil davon erhalten. Auch in Winterthur legte man somit bereits 1835 den

Zürich · Bauschänzli. Ehemalige Fluss-Schanze, seit 1841 im Besitz der Stadt Zürich und später als öffentliche Anlage verwendet.

Winterthur · Grünring um die Altstadt nach der Auffüllung der Gräben 1835 mit Grünanlagen und öffentlichen Gebäuden.

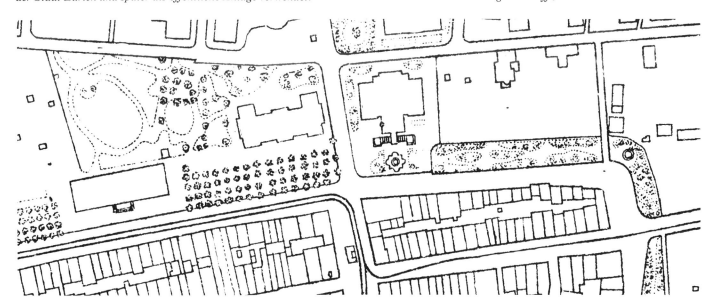

Grundstock zu jenen Gärten, die Winterthur so berühmt machten und noch heute mit dem Namen Winterthur eng verbunden sind.

In *Basel* verzögerten die Trennungswirren und die Gründung des Kantons Basel-Landschaft die Entfestigung der Stadt um Jahrzehnte. 1833 begann ein langwieriger Streit um die Schanzen zwischen der Stadt und der Landschaft. Erst mit einem Entscheid des Bundesgerichts im Jahre 1863 konnte der Schanzenstreit gelöst werden. Demnach hätte Basel bei der Verwendung des Festungsgebiets als Bauland zwei Drittel des Erlöses der Landschaft abliefern müssen. Als daher die Stadt endlich im Jahre 1859 die Entfestigung beschloss, hütete man sich davor, das Gelände zu überbauen, sondern berief auf Initiative des Ratsherrn Karl Sarasin den Hofgartenarchitekten C. von Effner aus München nach Basel mit dem Auftrag, ein Gutachten über die Gestaltung der ehemaligen Schanzen zu verfassen. Dem 1860 eingereichten Gutachten sind die Vielgestaltigkeit der Wegführung und der Bepflanzung, die Beschilderung exotischer Gewächse und nicht zuletzt die Einrichtung einer Stadtgärtnerei im Jahre 1861 zu verdanken. Die Ausführung des grossen Werks lag in den Händen von Stadtingenieur J. J. Stehlin d. J. 1861 begann man mit den gärtnerischen Arbeiten in den

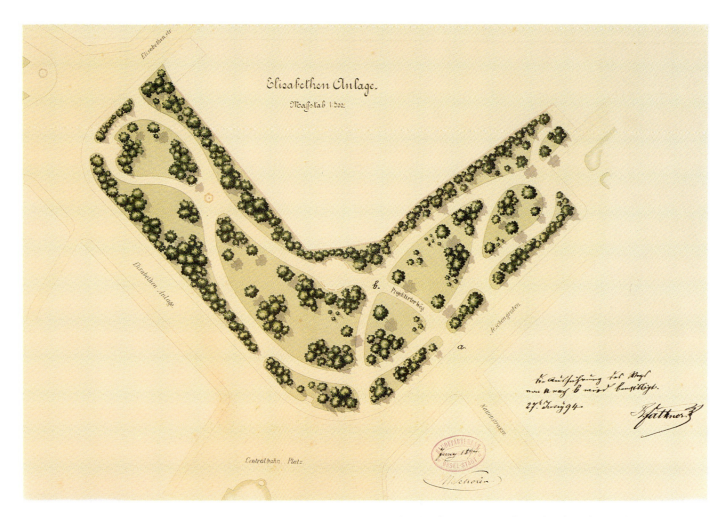

Anlagen Aeschengraben – Aeschentor – St. Elisabethen, in den Münsterkreuzgängen und am Claraplatz. Am Centralbahnplatz entstand eine Parterre-Anlage mit Rosen und Malven, umgeben von einer Dornenhecke und mit einer Paulownia in der Mitte. Vor dem ersten Badischen Bahnhof am Riehenring wurden Linden gepflanzt, und am Leonhardskirchplatz entstand eine Grünfläche mit Taxus und Platanen.

Die Anlagen an der neuen Ringstrasse wurden dabei zu Promenaden und die Artilleriebollwerke oder Schanzen zu Parks umgewandelt. Auch die ursprünglich befestigte Rheinfront erhielt Promenaden. Die Umgestaltung erfolgte schrittweise, wobei man das Pflanzenmaterial aus den botanischen Gärten von Zürich, Karlsruhe, Heidelberg, Darmstadt und Stuttgart bezog. Der Stadtgraben vor dem St.-Johanns-Tor wurde für eine Baumschule hergerichtet. 1871 erstellte man die Claramatte als Park im Kleinbasel. Mit dem Ausbau der Elisabethenschanze als Parkanlage fand das umfangreiche Werk im Jahre 1889 seinen Abschluss. Auf diese Weise erhielt Basel als einzige grössere Schweizer Stadt einen umfassenden Grüngürtel, wie er damals auch in Zürich, Bern und Genf möglich gewesen wäre. Allerdings sind diese Anlagen durch Verkehrsbauten und durch den City-Ring in ihrer Wirkung

Basel · Plan für die Umwandlung der ehemaligen Elisabethenschanze in einen Park mit Spazierwegen, 1894.

und Funktion heute stark beeinträchtigt und zum Teil auch reduziert worden. Somit ist auch hier die Weitsicht des 19. Jahrhunderts der Kurzsichtigkeit des 20. Jahrhunderts zum Opfer gefallen.

Wie in Zürich, so gehörte auch in *Bern* die Abtragung der Schanzen ins Gesamtbild der politischen Umwälzungen von 1833/34. Das neue Regime verlangte die Beseitigung der Schanzen mit dem Argument, die Festungswerke seien eine Herausforderung für die nunmehr politisch mündige Landschaft. Doch auch Bern verpasste die einzigartige Gelegenheit, die Schanzen in einen Grüngürtel umzuwandeln. Schon das alte Regime hatte mit der Entfestigung begonnen. 1817 war die ehemalige Bastion auf der Kleinen Schanze eingeebnet und nach Plänen des Gartenarchitekten von Luternau in eine englische Anlage mit Spazierwegen, Sträuchern und Ruhebänken umgewandelt worden. Ähnlich wie in Zürich entspann sich zwischen Kanton und Stadt ein Schanzenstreit, aus dem die Stadt erst 1833 als Besitzerin der Kleinen Schanze siegreich hervorging. Der aus Deutschland berufene Gartendirektor Göthe begutachtete die Pläne für die landschaftli-

Basel · Grünring. Musikpavillon hinter dem Strassburger Denkmal in der Elisabethenanlage.

Basel · Grünring. Anlage am Aeschengraben mit Fussweg und Brunnen Richtung Aeschenplatz.

che Gestaltung dieser Schanzenanlage, die im Jahre 1876 vollendet werden konnte. Das Projekt der Regierung für eine Art Gartenstadt auf der Grossen Schanze beim heutigen Bahnhof scheiterte 1844, worauf diese Schanze zum grossen Teil abgetragen und 1876 als Fragment für die Grünanlagen des Physikalischen Instituts, der Sternwarte und der Universität in den Jahren 1890–1902 diente. Erst beim Bau des neuen Bahnhofs gestaltete man die ehemalige Grosse Schanze zu einer grossen Grünfläche mit einem Dachgarten über dem Bahnhof um. Ein Park fehlt in Bern bis heute.

In *Freiburg* beschränkte man sich angesichts der topographischen Lage zu Beginn des 19. Jahrhunderts auf die Anpflanzung von Baumalleen am Saaneufer, wo die Promenaden de la Mottaz und des Rennes entstanden. Noch innerhalb der Mauern wurde an der westlichen Stadteinfahrt der Square des Places oder Welsche Platz mit Baumalleen, Springbrunnen und Musikpavillon angelegt. Er diente vor allem den Gästen des Hôtel de Fribourg und glich den in England in Neuquartieren beliebten Squares mit der Ambiance des 19. Jahrhunderts. Kurz nach 1827 entstand als Gegenstück zur Promenade du Palatinat aus dem 18. Jahrhundert auf dem gegenüberliegenden Saaneufer die Promenade des Neigles.

Eine völlig neuartige Anlage schuf 1849 Kantonsingenieur Oberst F. Perrier beim nördlichen Brückenkopf der Zähringerbrücke mit der Promenade du Jet d'eau oder du Zigzag. Der obere Teil umfasste einen englischen Garten mit einem Springbrunnen in der Mitte. Den Hang bis zur Bernerstrasse hinauf überwand man mit einer doppelten, sich in Zickzackform kreuzenden Rampe, die vor allem der Aussicht dienen sollte, heute jedoch mit Bäumen überwachsen ist.

Bern · Kleine Schanze. Ehemalige Bastion als eingeebneter Aussichtspunkt mit Pavillon.

Genf · Grosser Brunnen im Jardin anglais, 1854 angelegt mit Sitzbänken und Büsten berühmter Genfer.

Genf · Jardin anglais und Rousseau-Insel, kurz nach der Entstehungszeit nach 1854.

Genf · Gartenhäuschen im Jardin anglais mit naturalistischer Konstruktion und originellem Dach.

In *Genf* beschloss der Stadtrat erst im Jahre 1849 den Abbruch der alten Bastionen. Ein anschliessend unter der Mitarbeit von Henri Dufour ausgearbeiteter Überbauungsplan sah zwar zahlreiche Grünanlagen vor, doch kamen diese grossenteils nicht zur Ausführung. Als bedeutendste Anlage entstand unterhalb der Promenade de La Treille aus dem 18. Jahrhundert im Zusammenhang mit dem botanischen Garten und dem Bau der Universitätsgebäude die Promenade des Bastions mit Baumalleen und die seitlich das Museum und die Bibliothek flankierenden englischen Gärten. Die anschliessenden Projekte und jene im Osten der Stadt kamen nicht zur Ausführung. Später legte man unterhalb der Promenade de St-Antoine die Promenade du Pin und jene des Observatoires sowie auf dem rechten Rhoneufer die Promenade de St-Jean an. Obschon die Bauplätze am See in Genf bedeutend höher eingeschätzt wurden als jene in der Stadt, verwendete man 1854 eine Befestigung am Seeufer für einen Jardin anglais, der später den Ausgangspunkt der grossen Quaianlagen bilden sollte. Schliesslich vergass man auch einen der grössten Genfer nicht, errichtete auf einer alten Fluss-Schanze 1835 ein Denkmal zu Ehren von Jean-Jacques Rousseau und bepflanzte diese als Insel mit Pappeln in Erinnerung an die Gedenkstätte in Ermenonville bei Paris. Auch *Neuenburg* liess 1838 ähnlich wie Freiburg beim Steinbruch der Evole eine zickzackförmige Promenade mit geschlängelten Fusswegen und Bäumen anlegen und erweiterte 1865 die Promenade du Faubourg zu einem Jardin anglais.

Unter den kleineren Städten ist *Solothurns* Entfestigung besonders interessant. Bereits 1824 hatte die Stadt um die Aussenwerke einen Spazierweg angelegt und diesen für die bis 1886 beliebte Seidenraupenzucht mit Maulbeerbäumen bepflanzt. 1835 begann man mit dem Schleifen der Schanzen, hielt jedoch das Vorgelände von Überbauungen im Norden und Westen der Stadt frei. Das ermöglichte gegen Ende des Jahrhunderts eine Art Miniatur-Grünring mit einer Ringstrasse. Auch wenn dort später – ähnlich wie in Winterthur – öffentliche Gebäude wie das Museum, das Konzerthaus und Denkmäler aufgestellt wurden, blieb diese Grünanlage doch intakt.

Andere Städte begnügten sich oft mit dem Zuschütten der Gräben und deren Verwendung als Gärten, beispielsweise in *St. Gallen*. In *Aarau* hatte man den Graben zwischen dem Obertor bis zum ehemaligen Laurenzentor bereits 1820 aufgeschüttet und mit einer Doppelreihe von Platanen bepflanzt. In Verbindung mit dem Casinogarten entstand daneben später die Grabenpromenade mit einem Weiher und einem Denkmal für Heinrich Zschokke. *Zofingen* begann 1819 mit dem Abbau der Befestigungen und dem Auffüllen der Gräben, die vor allem als Vorgär-

Solothurn · Miniatur-Grünring, Ende 19. Jahrhundert, mit Museum und Konzertsaal sowie Spazierwegen.

ten dienten; auf der Aussenseite dieser Grünflächen konnte eine Ringstrasse gebaut werden, mit Promenaden im Süden und Norden. Auf der Ostseite des Städtchens fanden später öffentliche Bauten wie das Museum und Schulhäuser Platz. Kleinere Promenaden anstelle von ehemaligen Gräben, Weihern oder Befestigungen entstanden auch in Baden am Graben, in Liestal an der Seestrasse und in Thun mit der Schwäbis-Promenade.

Trotz des Rückgangs der Messetätigkeit in *Zurzach* legte man 1811 etwas ausserhalb zwischen reformierter Kirche und Chilebuck eine Promenade mit Baumalleen von Kastanien und Platanen an, damit die Händler im Schatten warten konnten, bis sie ihre Ware zur Eidgenössischen Waage im Zentrum Zurzachs bringen durften.

Die Zeit der Schaffung von öffentlichen Parkanlagen im englischen Landschaftsstil ging in der Jahrhunderthälfte ihrem Ende entgegen. Neue grössere Parkanlagen konnten nur mehr durch Kauf, Schenkung oder Zusammenlegung von Privatgärten gewonnen werden. So entstanden

Aarau · Grabenpromenade, entstanden 1820 nach dem Zuschütten der Gräben, mit einer Doppelreihe von Platanen.

Bern · Bundeshausterrasse. Nach dem Bau des Bundeshauses 1892 als Verbindung vom Casino zur Kleinen Schanze angelegt.

Biel · Stadtpark, entstanden anstelle eines Friedhofs zu Beginn des 20. Jahrhunderts.

beispielsweise der Stadtpark von St. Gallen, der St.-Margarethen-Park in Basel, der Stadtpark von Biel, der Stadtgarten von Chur (bis 1862 Friedhof), der Parc des Crêtets und der Parc Gallet in La Chaux-de-Fonds, der Jardin de Pérolles in Freiburg, der Parc Alfred Bertrand in Genf, der Parco Civico in Lugano oder der Belvoir-Park in Zürich.

Andererseits achtete man darauf, die neuen öffentlichen Monumentalbauten in Grünanlagen mit den entsprechenden Baumkulissen zu stellen, indem man dafür meist bestehende Parks verwendete, wodurch diese verkleinert wurden. Dies gilt für das erste Bundesgerichtsgebäude am Montbenon in Lausanne, das Schweizerische Landesmuseum in Zürich, das Stadthaus in Winterthur oder die öffentlichen Gebäude in den Grünringen von Winterthur, Solothurn, Zofingen und Aarau. Selten entstanden neue Parks oder Promenaden im Zusammenhang mit derartigen Bauten. Immerhin verdanken wir dem Bau des Bundeshauses in Bern die Bundeshausterrasse von 1892 und dem Bau des Historischen Museums von Bern eine neue Grünanlage von 1894. Entscheidend fällt in diesem Zusammenhang die Umwandlung der Funktion des Parks oder der Grünanlage ins Gewicht. Diese ist nicht mehr Selbstzweck und den Gebäuden übergeordnet, sondern dient ausschliesslich der Architektur, die dadurch aufgewertet wurde. Somit übernahm die mehr oder weniger grosse Grünanlage mit ihrem Baumbestand als Umgebungskulisse wiederum etwa die Funktion der Barockgärten, wobei sich die Asymmetrie der Bauten auf die Gärten übertrug und umgekehrt. Gegen Ende des 19. Jahrhunderts folgte der Gartenstil dem Stil der dazugehörenden Gebäude und deren Funktion. Englische Gartenanlagen bevorzugte man für historisierende Bauten der Stile des Mittelalters, während man sich bei Stilen der Neuzeit für regelmässige, symmetrische Gartenanlagen entschied. Eines der wenigen Beispiele eines echten Parks dieser Zeit ist der Volksgarten von 1874–1876 in *Glarus*. In der Nähe des Bahnhofes, des Gemeindehauses und eines Hotels sollte er den Touristen, den Gästen und den Bürgern als Bühne bürgerlicher Repräsentation dienen. Es war deshalb mit einem Springbrunnen, Baumkulissen, Denkmälern, einer Voliere und einer Promenade ausgestattet. Als Ort wählte man eine Allmend mit Pflanzgärten, die nicht mehr so recht zu dem industriell entwickelten Glarus und der dem Tourismus offenen Stadt passen wollten.

Das Erlahmen der Gestaltungskraft für englische Gärten, die neuen Lebensgewohnheiten, die Industrialisierung, der Verkehr und die damit verbundene Mobilität,

Glarus · Volksgarten mit Springbrunnen und Grünanlagen, entstanden 1874–1876 als öffentlicher Park.

Zürich · Bahnhofstrasse, entstanden gegen Ende des 19. Jahrhunderts als Boulevard zur Verbindung zwischen Bahnhof und See.

von denen vorwegs die Städte ergriffen wurden, führten gegen Ende des 19. Jahrhunderts zu einer Krise der öffentlichen Gärten. Den neuen Errungenschaften entsprechend wurde der Strassenbau zu einer der wichtigsten öffentlichen Aufgaben. Gartenarchitektonische Leistungen kamen daher nicht mehr zustande. So wie man im Laufe des Jahrhunderts versucht hatte, die neuen Monumentalbauten mit Umgebungsgrün und Baumkulissen in ihrer Wirkung zu steigern, so bediente man sich nun auch der Baumalleen zur Aufwertung der neuen Verkehrsadern, die oft zu Prunkstrassen oder *Boulevards* mit beidseitigen Baumalleen ausgebaut wurden. Während Bern in dieser Hinsicht an eine ins 18. Jahrhundert reichende Tradition anknüpfen konnte und alle grossen Ausfallstrassen mit Baumalleen umgab, waren Baumalleen in der Stadt selbst etwas Neues. Das leuchtende Vorbild hiefür waren die breiten Boulevards von Paris, die Baron Haussmann in das kleinmassstäbliche Stadtgefüge gelegt hatte. Das wohl prächtigste Beispiel dieser Art erhielt *Zürich* mit der Bahnhofstrasse, die am Rande der Altstadt als Geschäfts- und Prunkstrasse den neuen Bahnhof mit dem See verbinden sollte. Auf diese Weise wurde die ursprünglich selbständige Promenade in die Stadt und ihre Strassen integriert. Die Geschäftsstrasse war zugleich Promenade und umgekehrt. Diese neuen Strassen mit Baumalleen waren so beliebt, dass sie auch in neuen Stadtquartieren der wohlhabenden Bürgerschicht Einzug hielten, da sie hier die Gärten der Villen sinnvoll ergänzten, zugleich aber die Stadt mit der offenen Landschaft verbanden. Ausser in Zürich wagte man auch in *La Chaux-de-Fonds* die Schaffung eines städtebaulichen Schwerpunktes mittels einer Allee, denn die 1891 entstandene Avenue Léopold-Robert erhielt eine Mittelallee, die mit einem Springbrunnen am Ende als Hauptachse der Stadt den Charakter eines Boulevards besass.

Zürich · Belvoirpark, im Laufe des 19. Jahrhunderts vergrössert und später als öffentlicher Park umgestaltet.

Rechts: Lugano · Uferpartie zwischen Lugano und Castagnola mit Promenade dem Seeufer entlang.

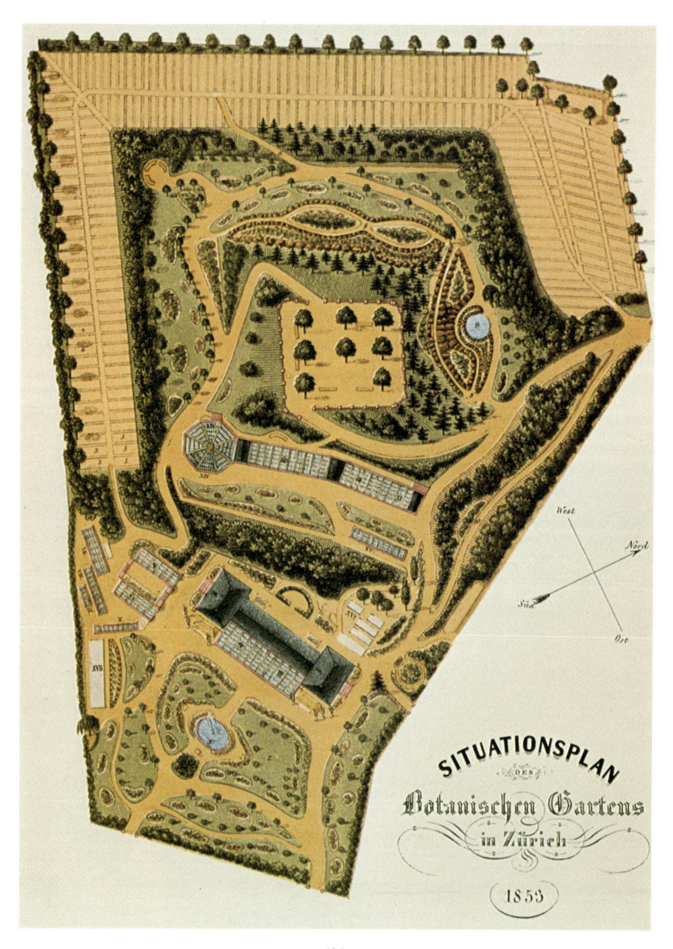

Botanische Gärten

Zwar ist der botanische Garten keine Erfindung des 19. Jahrhunderts, doch schuf dieses Jahrhundert die Voraussetzungen für die ersten öffentlichen botanischen Gärten der Schweiz. Als Wiege des botanischen Gartens gilt Italien, wo derartige Gärten als Heilkräutergärten der medizinischen Fakultäten benützt wurden. Salerno besass bereits 1310 und Padua 1345 einen botanischen Garten, wobei letzterer weit über Italien hinaus berühmt war. In der Schweiz wurde das botanische Interesse zur Zeit der Renaissance, im 16. Jahrhundert, wachgerufen. Es schlief in den folgenden Jahrhunderten nicht ein, sondern erfuhr eine Belebung durch hervorragende Naturwissenschafter.

Die Universtität von *Basel* verfügte schon 1588 über einen kleinen botanischen Garten zu wissenschaftlichen Zwecken beim alten Kollegiengebäude am Rheinsprung. 1692 wurde er in den Garten des Predigerklosters verlegt, wo er um 1777 durch Werner de la Chenal als «Doktorgarten» ausgebaut worden ist. Da er in der Nähe des markgräflichen Gartens lag, besorgte ihn 1801–1804 der bekannte markgräflich-badische Hofgärtner Johann Michael Zeyher. Wegen des Spitalneubaus verlegte man den botanischen Garten 1840 vor das Aeschentor an die St. Jakobstrasse und stattete ihn mit einem Gewächshaus aus. Durch die Verbindung des Gartens mit dem Lehrstuhl der Botanik und der Direktion der botanischen Anstalt kam er 1898 erneut ins Zentrum der Stadt auf den ehemaligen Spalengottesacker an der Schönbeinstrasse, wo ausser dem Institutsgebäude ein Palmenhaus und verschiedene Gewächshäuser entstanden.

Der neue botanische Garten war zwar der Öffentlichkeit zugänglich, bot jedoch keine gartenarchitektonischen Leistungen. Interessant ist noch heute das zehneckige Victoria-Gewächshaus von 1898. Erst mit dem Beschluss der Stadt Basel, einen weiteren botanischen Garten in der Ebene von Brüglingen anzulegen, reifte der Gedanke eines öffentlichen Schaugartens, der im Rahmen der «Grün 80» verwirklicht wurde.

Zürich · Situationsplan des ehemaligen Botanischen Gartens auf der «Katz» in Zürich, 1853.

Auch in *Genf* entstand der erste botanische Garten im Zusammenhang mit der Forschung an der Universität. 1817 liess der Naturwissenschafter Auguste-Pyrame de Candolle bei der Promenade des Bastions einen botanischen Garten anlegen, der bereits 1822 vergrössert werden musste. 1902–1904 wurde er aus Platzgründen nach Sécheron verlegt und mit einem prachtvollen Gewächshaus und einem Alpengarten erweitert. Weitere botanische Gärten bei Universitäten entstanden im Laufe des Jahrhunderts in Bern, Freiburg, Lausanne und Neuenburg. Sie sind oder waren Unterrichtsgärten, Heimstätten von Exoten und später auch von bedrohten einheimischen Pflanzen.

Unabhängig von den Universitäten entstanden erstmals im 19. Jahrhundert botanische Gärten als Parkanlagen für die Öffentlichkeit. Impulse dazu lieferten mancherorts die Naturforschenden Gesellschaften. In *Bern* besass die Gesellschaft vaterländischer Freunde bereits 1804 einen kleinen botanischen Garten bei der Stadtbibliothek. 1862 wurde dieser ins sonnigere Rabbental verlegt. Weit bekannter war in Bern die botanische

Basel · Botanischer Garten in Brüglingen mit den Ökonomiegebäuden des ehemaligen Hofgutes Vorder-Brüglingen.

Genf · Botanischer Garten, angelegt 1902–1904 im Stile eines englischen Landschaftsgartens oder Naturgartens.

Genf · Botanischer Garten. Grosses, kuppelförmiges Gewächshaus mit Seitenflügeln hinter einem Blumenparterre.

Anlage von 1809 beim Studerstein. Als wohlgeordnete Sammlung von strauch- und baumartigen Gewächsen neben dem tempelartigen Kessisoodbrunnen war dies während fünfzig Jahren der grösste und sehenswerteste botanische Garten der Schweiz. Er lag nicht mehr wie die alten Gärten hinter einer Mauer oder einer Hecke versteckt, sondern war eine eigentliche Gartenanlage mit Ruhebänken am sonnigen Waldrand und war der Öffentlichkeit zugänglich. Seine Doppelfunktion als botanischer Garten und Promenade stand der Gartentradition des 18. Jahrhunderts bewusst entgegen. Man betrat hier neue, in die Zukunft weisende Wege und verzichtete auf den rein wissenschaftlichen Charakter der botanischen Universitätsgärten. Trotzdem gab es in der Kessisood-Anlage nicht weniger als 96 Gattungen und nahezu 320 von in Bern winterharten Bäumen und Gewächsen. 1821 versah man die Pflanzen mit Etiketten, und 1823–1828 gestaltete man die Anlage nach verwandtschaftlichen Gesichtspunkten um. Von der umfangreichen Gehölzsammlung ist heute nicht mehr viel zu sehen. Einige noch erhaltene Bäume beschatten den 1893 errichteten Gottlieb-Studer-Stein.

Bern hatte damit das Eis gebrochen. Die einst streng gehütete Zucht von Blumen und Sträuchern, darunter vor allem der Exoten, wurde nun der Öffentlichkeit gezeigt. Noch einen Schritt weiter wagte sich später *Zürich*. Seit der Bittschrift von Conrad Gesner an den Rat der Stadt um 1560 stand auch hier die Errichtung eines öffentlichen botanischen Gartens im Vordergrund. Auf Betreiben der Naturforschenden Gesellschaft entstand 1748 in der «Walche» ein Doktorgarten, der 1767 ins Schimmelgut bei Wiedikon verlegt wurde. Nach der Gründung der Universität Zürich im Jahre 1833 erwarb der Staat den Inhalt des Gartens und verlegte diesen auf das alte Bollwerk «Zur Katz», wo unter der Leitung von Direktor Oswald Heer und von Obergärtner Theodor Fröbel ein neuer botanischer Garten angepflanzt wurde, der von Anfang an für die Öffentlichkeit gedacht war. Wie bei der Berner Anlage handelte es sich um einen botanischen Garten, der zugleich eine Promenade mit Spazierwegen und Ruhebänken sowie eine mit Bäumen beschattete Aussichtsterrasse enthielt. Trotzdem entwickelte sich dieser Garten immer mehr zu einem wissenschaftlichen Institutsgarten und zugleich zu einer Art Handelsgärtnerei, die den Garten finanzieren half. Als jedoch die zum Handel notwendigen Pflanzen die wissenschaftlich interessanten zu verdrängen drohten, hob man 1893 die Handels- und Blumengärtnerei auf. Die Gründung der ETH im Jahre 1855 hatte ausserdem zu einer stärkeren Beteiligung dieser Hochschule am botanischen Garten und zur Anlegung einer Pflanzensammlung geführt. Erst im Jahre 1977 musste dieser botanische Garten aus Platzgründen an die Zollikerstrasse verlegt werden, wo Schauhäuser und Pflanzentröge nach den neuesten gartenarchitektonischen Gesichtspunkten gebaut sowie auch Biotope geschaffen wurden. Das Ziel dieses neuen botanischen Gartens ist nicht mehr wie früher die Züchtung von Exoten, sondern die Erhaltung der Pflanzen im Sinne eines echten Natur- und Pflanzenschutzes. Zürichs neuer botanischer Garten dürfte nicht nur hinsichtlich seiner Gestaltung, sondern auch wegen seiner neuen Zielsetzung eine Pionierleistung innerhalb der botanischen Gärten der Schweiz darstellen.

Luzern · Gletschergarten mit Gems- und Hirschpark sowie Museum, Stich um 1900.

Zürich · Botanischer Garten, angelegt 1977 in parkähnlicher Landschaft mit modernen Schauhäusern.

Zürich · Botanischer Garten auf dem Bollwerk «Zur Katz» mit baumbestandener Aussichtsterrasse und Gewächshaus, um 1855.

Die «Katz» hingegen bleibt als Promenade mit den alten Gewächshäusern, dem einzigen erhaltenen Palmenhaus der Schweiz und einer Büste zu Ehren von Conrad Gesner dem Publikum erhalten, eine Oase in der Grossstadt.

Um die gleiche Zeit wie der botanische Garten auf der «Katz» war um die Mitte des 19. Jahrhunderts in *Solothurn* im Hofe des ehemaligen Jesuitenkollegiums ein kleiner botanischer Garten entstanden, den die Naturforschende Gesellschaft ins Leben gerufen hatte. Auch dieser Garten ist längst verschwunden.

Schon bei seiner Entstehung als Unikum in Europa bezeichnet wurde der *Gletschergarten in Luzern,* der 1872 als Naturdenkmal entdeckt und als Garten mit Gems- und Hirschpark ein Jahr später eröffnet worden ist. Einerseits ist zu beachten, dass sich in nächster Nähe damals bereits das parkartige Gelände des Löwendenkmals befand, andererseits entsprach die Idee der Schaffung eines Gartens mit den ausgegrabenen Gletschertöpfen oder Gletschertrichtern durchaus dem Geist jener Zeit. Er bot auch Gelegenheit, die Entstehung der Alpen zu erforschen, und gab dem Alpinismus gewaltigen Auftrieb. Der bald nach seiner Entdeckung weltberühmte Gletschergarten wurde als reizende Gartenanlage mit Chalet, Brücklein, Stiegen, Wasserfällen und Aussichtsturm ausgestattet und mit Gemsen und Hirschen belebt. Später errichtete man dazu noch ein Museum, das die Erdgeschichte sowie die Entwicklung der Alpen, der Tierwelt und der Pflanzen darstellt. Als Garten eines Naturdenkmals ist der Gletschergarten in jeder Hinsicht auch heute noch ein Unikum.

Als eine besondere Art von botanischen Gärten legte man um die Jahrhundertwende vorwegs in der welschen Schweiz die sogenannten *Alpengärten* an, wie wir ihnen heute in Genf und seit 1945 auf dem Montriond bei Lausanne begegnen. Der botanische Garten beim Montriond geht auf einen alten Landsitz zurück und umfasst deshalb ausser dem Alpengarten auch einen Landschaftsgarten aus dem 19. Jahrhundert. Die Alpengärten in Champex, auf Alp Grüm, Rochers-de-Naye, Schatzalp, Schynige Platte und Weissenstein, aber auch die als Arboretum bezeichneten Anlagen in Aubonne, Brissago, Genf,

Luzern · Gletschergarten mit den ausgegrabenen Gletschertrichtern und der Gartenanlage von 1872.

Grüningen, Oeschberg und Vaduz gehören nicht zu den Gartenanlagen im eigentlichen Sinne des Wortes, sondern sind als Ausstellungen von Pflanzen zu betrachten.

Der botanische Garten hat in der Schweiz keinen grossen Einfluss auf die Entwicklung der Gartenkunst ausgeübt. Der Inhalt der Gärten des 19. Jahrhunderts wurde jedoch von den botanischen Gärten direkt beeinflusst, da diese innerhalb der damals besonders geförderten Blumen- und Pflanzenzucht und deren Verbreitung eine grosse Rolle spielten. Zahlreiche importierte Pflanzen wurden zuerst in den botanischen Gärten kultiviert, bevor sie ihren Siegeszug in die privaten und öffentlichen Gärten antraten. Dass dabei das botanische Interesse immer mehr in den Hintergrund trat und einem Interesse an Kuriositäten Platz machte, war für das 19. Jahrhundert selbstverständlich. Unter diesem Aspekt trug der botanische Garten in der Öffentlichkeit wenig zur Kenntnis der Pflanzengattungen und deren Zusammenstellung bei und förderte dadurch indirekt auch Auswüchse hinsichtlich der Wahl der Pflanzengesellschaften. Im Gegensatz zu anderen Ländern ist der botanische Garten in der Schweiz aus diesen und anderen Gründen in der breiten Masse der Bevölkerung nie zu einer Attraktion geworden. Er blieb trotz allen Versuchen, ihn publik zu machen, eine Angelegenheit von Spezialisten. Der von den Forschungen und Zuchterfolgen profitierende Gartenliebhaber des 19. Jahrhunderts interessierte sich selten für die Entstehung seiner angekauften Pflanzen, sondern benützte diese lediglich als Statussymbole und Bereicherung seines Sortimentes.

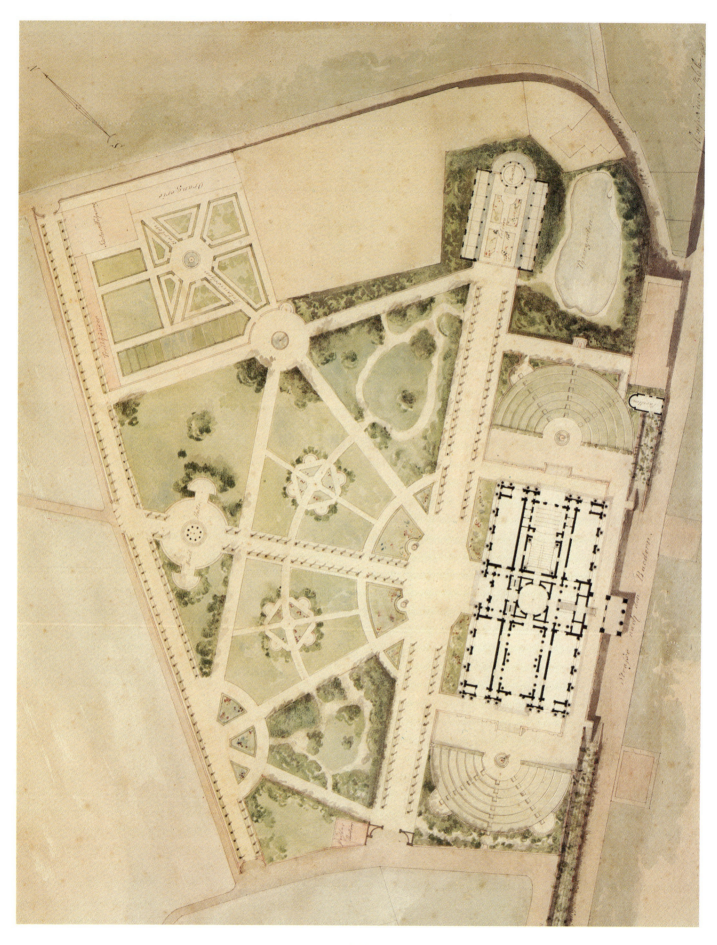

Quai- und Kuranlagen

Gewiss liessen sich die *Quaianlagen der Seestädte* aus dem 19. Jahrhundert auch unter die öffentlichen Gärten einordnen. Sie stehen jedoch den Kuranlagen und den durch den Tourismus bedingten gärtnerischen Bemühungen des 19. Jahrhunderts näher. Ausserdem begegnen wir den Quais auch an Orten, wo sie nur dem Tourismus und nicht auch der einheimischen Bevölkerung dienten. Zwar entstanden einige Seepromenaden oder Quais im Zusammenhang mit Entfestigungen, doch sind sie als neuartige gartenarchitektonische Leistungen des Zeitalters des Tourismus zu bewerten.

Während des ganzen Mittelalters hatten sich die Seeufer der Städte kaum verändert. Schiffsstege, Wuhr- und Befestigungsanlagen und später auch Korn- und Warenhäuser säumten die Ufer oder den Auslauf der Seen. Das meist versumpfte Seeufer war Lagerplatz für Holz, Steine und andere Rohmaterialien, oft von Überschwemmungen bedroht und deshalb keineswegs attraktiv. Erst durch den Tourismus und die Zunahme der Bevölkerung begannen die Seestädte damit, Seepromenaden oder Quais anzulegen, die das mittelalterliche Stadtbild vom See her vollständig veränderten. Vor den neuen Hotels am See suchten die Touristen die Promenaden zum Spazieren, zur Erholung an der kühlen und frischen Seeluft und zum Ausblick auf die so bewunderte Alpenwelt auf.

Zürich

Wohl die bedeutendsten Quaianlagen der Schweiz, deren Ausbau im 19. Jahrhundert begann, sind jene des Zürcher Seebeckens, die sich vom Zürichhorn bis nach Wollishofen erstrecken. Sie bieten nicht nur die genannten Vorzüge, sondern auch den Blick auf die Altstadt und den Zürichberg. Als ältesten Quai in Zürich könnte man die Anlegung eines steinernen Wuhrs längs des damals noch versumpften Limmatufers zwischen dem Helmhaus und dem Rüden aus dem Jahre 1580 bezeichnen. Zwischen 1637 und 1643 folgte die Wühre dem linken Ufer zwischen Kornhaus und Weinplatz. Bis in die Mitte der dreissiger Jahre des 19. Jahrhunderts war jedoch die Stadt durch Palisadenreihen und Festungswerke oder Schanzen vom See, das heisst vom unteren Seebecken abgeschlossen, das früher allseitig weiterreichte. Als daher am 30. Januar 1833 nach einer zehnstündigen Grossratsdebatte aus politischen Gründen der Beschluss fiel, die Schanzen um die Stadt zu schleifen, war das Signal zur Erweiterung der Stadt in Richtung See gegeben, denn kurz nach diesem Beschluss begann die Landaufschüttung. 1837–1843 entstand so durch die Seeauffüllung südwestlich des Bauschänzlis der neue Stadthausquai. Das dem See abgerungene Landstück blieb vorerst noch verwahrlost und wurde erst 1849 in einen englischen Park umgestaltet.

Damit war jedoch der Grundstock zur Ausgestaltung der Seeufer gelegt, ohne zunächst Folgen zu haben. Die Landaufschüttungen im Gebiete der damaligen Gemeinden Riesbach und Enge schoben zwar die Seeuferlinie weiter hinaus, erschwerten aber der Bevölkerung den Zugang zum See und verunstalteten den Blick auf die Stadt, weil das neugewonnene Land als Lagerplatz verwendet wurde. Von 1835 an entstanden dann neue Quais an der Limmat vom Rathaus bis zum Helmhaus und zur Torgasse mit dem Durchbruch der Rämistrasse. Es folgte in der gleichen Zeit die neue Hafenanlage mit dem Kaufhaus am See auf dem heutigen Sechseläuteplatz. Nach dem Bau der Münsterbrücke von 1836–1838 und dem Hotel Baur au Lac von 1844 waren diese Brücke, der Garten des genannten Hotels, die Bauschanze und der Baugarten die einzigen Stellen am See, die einen freien Blick auf den See und die Berge boten. Als man dann den Bahnhof mit dem See durch die Bahnhofstrasse verband, verschwand der Baugarten. In den sechziger Jahren befasste sich Zürich mit der Seeufergestaltung nur im Blick auf zukünftige Strassenbauten.

Das Verständnis für die Schönheit der Seeanlage erwachte erst, als das Seeufer durch das Projekt einer Bahnlinie längs des Sees bedroht war und ein sogenannter «ei-

Baden · Projekt des Kurparks und des Kursaal-Kasinos, 1866. Federzeichnung von Gottfried Semper.

Zürich · Bürkliplatz mit Baumreihen und Blick auf die Terrasse Richtung See mit Sitzbänken und Geländer.

Zürich · Die Entwicklung des Seequais in Zürich. Vogelperspektive nach dem Idealplan von Heinrich Ernst, 1890.

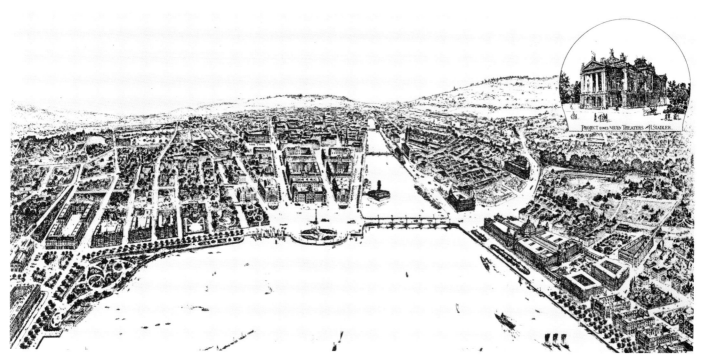

Zürich · Arboretum zwischen General-Guisan-Quai und Mythenquai mit Blick über die Rasenfläche an das Seeufer und seinen Uferweg.

serner Ring» die Stadt vom See abschneiden sollte. Nach einer heftigen Opposition der Bevölkerung erarbeiteten der Stadtingenieur Arnold Bürkli-Ziegler und Ingenieur Huber-Wertmüller 1873 ein Projekt, das den 1881–1884 unter der Leitung von Arnold Bürkli ausgeführten Quaibauten am Seeufer zugrunde gelegt wurde. An die hohen Verdienste des Quai-Ingenieurs erinnern der Bürkliplatz, die Bürkliterrasse und ein Denkmal am Alpenquai. Die Kosten der mit den Quaianlagen verbundenen Bauten beliefen sich auf rund 8½ Millionen Franken. Für die Gestaltung der Uferlinien und der Parkanlagen war eine Kommission eingesetzt, der ausser Bürkli die Architekten J. Stadler, G. Kelterborn, der Handelsgärtner O. Fröbel und der Hofgartendirektor C. von Effner aus München angehörten. Effner hatte bereits in Basel durch ein Gutachten den Grünring mitbestimmt. Als Gartenarchitekt, der unter anderem den Englischen Garten von München entworfen und ausgeführt hatte, übte er auch in Zürich seinen Einfluss aus und schuf die Voraussetzung für die Parkanlagen am See.

In den achtziger Jahren bemühten sich einige Zürcher darum, in die ausschliesslich ästhetischen Gesichtspunkte bei der gärtnerischen Planung der Quaianlagen auch wissenschaftlich-botanische einfliessen zu lassen. Auf diese Weise entstand zwischen dem Alpenquai (heute General-Guisan-Quai) und dem Mythenquai das Arboretum, in dem die Holzgewächse nach pflanzengeographischen, systematischen und pflanzengeschichtlichen Gruppen zusammengestellt wurden. Die ausgedehnten Quaianlagen am linken Seeufer gehören ihrer Bepflanzung wegen zu den schönsten öffentlichen Anlagen der Stadt. Durchblicke auf den See, die freie Aussicht auf die Hügelketten und Alpen schaffen einen vollen Genuss, auch wenn der Verkehr auf der Nordseite vorbeiströmt. Der reiche Baumbestand umfasst ungarische Silberlinden, Mammutbäume, Eiben- und Sumpfzypressen. Vor dem Kongressgebäude stehen die seltenen Brissagobäume. Aus Nordamerika stammen die virginische Flusszeder, die Lawsonsche Scheinzypresse, die amerikanische Papierbirke, die Sumpfzypresse, die Amberbäume, die Magnolien und der Tulpenbaum. Asiatischer Herkunft sind die japanische Lotuspflaume, die Stechfichte, der Gingkobaum oder die Farreneibe, der kaukasische Ahorn, der weinblättrige Birnbaum, der chinesische Surenbaum und die chinesische Flügelnuss. Das Mittelmeer vertritt der Judasbaum und den Norden eine schnitzblättrige Abart der Hängebirke. In den Stadthausanlagen stehen eine Libanonzeder und ein japanischer Schnurbaum zusammen mit lorbeerblättrigem Weissdorn. – Auf dem rechten Seeufer folgt auf den Utoquai und den Seefeldquai die Zürichhornanlage mit einem anmutigen Hain von Silberweiden neben kanadischen Pappeln als Abschluss.

Luzern

Als Tor zur Innerschweiz, der Wiege der Eidgenossenschaft, kam Luzern im Zeitalter des Tourismus vermehrte Bedeutung zu. Auf den Stapellauf des ersten Dampfschiffs im Jahre 1836 folgten in der zweiten Hälfte des 19. Jahrhunderts die zahlreichen Bahnlinien und Bergbah-

Luzern · Schweizerhofquai mit Blick auf den Vierwaldstättersee und die Alpen, vollendet 1854.

nen. Vor 1800 waren die alten Quais und Arkaden an der Reuss dem Markt und der Schifflände vorbehalten, so dass nun angesichts des Fremdenverkehrs neue Quais als Promenaden für die Touristen nötig wurden. Bereits 1833 entstand der Quai vor der Jesuitenkirche und dem Theater, der Theaterquai. 1836 legte der Basler Architekt Melchior Berri einen grosszügigen Plan für einen Quai anstelle der Hofbrücke vor. Auf der durch Aufschütten trockengelegten Fläche zwischen Schwanenplatz und Hof sah er eine einheitliche Reihe von vier grossen Hotelpalästen vor, die sich direkt am Wasser erhoben und gegen den See hin mit einem durchgehenden Laubengang als Promenade verbunden waren, gleichsam als Fortsetzung der Arkaden unter der Egg. Dabei hätte man die Strasse auf die Rückseite dieser Hotels in die Achse der Hofkirche gelegt, was zweifelsohne für die Hotels und das Seeufer von grossem Vorteil gewesen wäre. Statt dessen entstand 1837 als erster Quaiabschnitt vor dem neuen Hotel Schwanen der Schwanenplatz. Ihm folgte wiederum mit dem Bau eines Hotels der Schweizerhofquai von 1844/45, wobei die alte Hofbrücke zwischen Kapellplatz und Hofstift etappenweise abgebrochen und das Ufer aufgeschüttet wurden. 1854 war diese billigere, langfristig aber auch schlechtere Lösung vollendet. Zwar verlief nun die Strasse in der Längsachse der Hofkirche, doch lagen die Hotels nun nicht mehr direkt am See, sondern hinter der Strasse. Zwischen dieser und dem See erstreckte sich der Quai, als Promenade mit Baumalleen bepflanzt, und 1895 um einige Meter in den See hinaus verbreitert. Nach einer kurzen Pause setzte sich von den sechziger Jahren an der Bau der Quaihotels Richtung Osten mit dem Luzerner Hof, dem Hotel National und dem Kursaal fort und fand seinen Abschluss mit dem 1905 errichteten Hotel Palace. Parallel dazu schüttete man den See auf und legte den Quai National und später den Carl-Spitteler-Quai an. Als Höhepunkt der Anlagen schuf Bruno Schmitz, der Erbauer des Leipziger Völkerschlachtdenkmals, 1908 am Quai National den Kurplatz als streng geometrische Anlage mit einem monumentalen Musikpavillon, umgeben von Rosskastanien, Lorbeerbäumchen in Kübeln, Steinbänken, Blumenschalen und Taxuswänden. 1870 hatte man diese Anlagen durch den Bau der Seebrücke mit dem linken Ufer und dem dortigen Bahnhofplatz-Quai verbunden. Mit der Eisenbahn nach Luzern fahrend, gelangte man so direkt an den See und die Quaianlagen, hinter denen sich die palastähnlichen Hotels erhoben, und wo die Dampfschiffe anlegten. Reisebeschreibungen des 19. Jahrhunderts schildern mit Bewunderung diese imponierende Stadtsilhouette am See und vergleichen die Quais mit den

Genf · Jardin anglais oder Promenade des Grand Quai, angelegt als Aussichtspromenade, 1854.

Boulevards von Paris. Der Baedeker bemerkt dazu 1895: «Vor den grossen Gasthöfen am nördlichen Seeufer ziehen sich der Schweizerhofquai und der Quai National hin, mit schattiger Kastanienallee und prächtiger Aussicht auf den See und die Alpen.» Das grossstädtische Gehabe wurde allerdings in Luzern kritisiert, indem man den Planern vorwarf, Luzern mit der Schablone von Paris zu verwechseln.

Genf

In Genf hatte bereits die konservative Regierung von 1815 an mit dem Ausbau der Seeufer und der Brücken begonnen. Nachdem 1823 das erste Dampfschiff seinen Betrieb aufgenommen hatte, sah man das Seeufer nicht mehr als zweitrangig an, sondern begann damit, es als Promenade zu gestalten. Als erste umfassende Anlagen entstanden unter der Leitung des Kantonsingenieurs Henri Dufour auf dem linken Ufer 1829–1835 der Quai du Lac, heute Quai General Guisan, und auf dem rechten Ufer 1833–1838 der Quai des Bergues, verbunden miteinander durch den Pont des Bergues von 1832–1834, von dem aus man auch die Rousseau-Insel von 1835 erreichte. Doch diese Anlagen genügten nicht, weshalb 1854 auf einer ehemaligen Seeschanze der «Jardin anglais» angelegt wurde. Dieser erfuhr 1862 und 1870 Erweiterungen, erhielt in der Mitte einen Brunnen mit Fontäne, einen Musikpavillon, einen Kiosk, zahlreiche Büsten berühmter Genfer sowie eine Barometersäule im neugotischen Stile. Nach dem Bau der Mont-Blanc-Brücke von 1862 bildete das 1869 enthüllte «Monument National» zur Erinnerung an den Anschluss Genfs an die Eidgenossenschaft den Auftakt zu den linksufrigen Quaianlagen. Diese erfuhren 1856–1933 durch den Quai des Eaux-Vives (heute Quai Gustave Ador) eine grossartige Erweiterung, die mit dem 1891 errichteten Springbrunnen auf dem Hafendamm am Ende des Quais ihren Abschluss fand. Der mächtige, damals nur 35 Meter, heute 130 Meter hohe «Jet d'eau» ist heute das vertikale Wahrzeichen eines von Hotelbauten geprägten Stadtbildes am Seeufer. Der ins Monumentale gesteigerte Springbrunnen im See leitet sich von den barocken Springbrunnen in den Wasserbecken der französischen Gärten ab, ist aber hier in Verbindung mit den Quaianlagen, dem See und den Alpen ein eher paradoxes Werk der Jahrhundertwende.

Auf dem rechten Seeufer setzte sich der Quai des Bergues auf dem anderen Brückenkopf des Pont du Mont-Blanc mit dem Quai du Mont-Blanc von 1851–1857 fort. Er erfuhr 1894–1896 eine wesentliche Verbreiterung mit

Genf · Rousseau-Insel. Ehemalige Fluss-Schanze von 1583 als Insel umgestaltet, nach dem Rousseau-Grabmal in Ermenonville, 1835.

Genf · Jardin anglais. Blumenuhr in der Nähe des Nationaldenkmals, angelegt als Dekoration im 19. Jahrhundert.

Genf · Blick von den Parkanlagen des Perle du Lac Richtung Genf mit dem Jet d'eau im Hintergrund.

stilvollen Kandelabern wie am Quai Gustave Ador. Auch dieser Quai erhielt durch ein Denkmal – das «Monument Brunswick» von 1897 – einen vertikalen Akzent. Es folgen der Quai des Paquis mit dem Kursaal und der Quai du Léman von 1866/67, heute Quai Wilson, die als Verbindung zu den Parkanlagen von Sécheron dienen. Somit hatte auch Genf ähnlich wie Zürich im Laufe des 19. Jahrhunderts umfangreiche und ausgedehnte Seeuferanlagen erhalten. Im Unterschied zu Zürich waren hier weniger die gärtnerischen und botanischen Werte massgebend, sondern die gestalterischen und architektonischen, da sie auch in vermehrtem Masse auf den Tourismus ausgerichtet sind. Dies ist nicht zuletzt das Resultat des 1908 ausgeschriebenen Wettbewerbs für die Gestaltung der Seeanlagen der Rade, deren Ziel die Verschmelzung der Naturparkanlage mit der Architektur war. Während die älteren Quais mit Platanen bepflanzt sind und die Ufermauern durch kunstvolle Kandelaber markiert sind, öffnen sich die jüngeren Anlagen mit breiten Blumenbeeten zum See hin.

Weitere Quaianlagen am Genfersee entstanden gegen Ende des 19. Jahrhunderts in Ouchy bei Lausanne in Verbindung mit dem Parc Denantou und in Vevey, wo der Quai Perdonnet ebenfalls noch aus dem 19. Jahrhundert

stammt, während die andern Quais und Promenaden neueren Datums sind. Mittelpunkt von Montreux am See mit Bahnhof, Bootlandeplatz und neuen Quais mit englischen Anlagen war um die Jahrhundertwende Montreux-Vernex, dessen übrige Quaianlagen eine erstaunliche Ausdehnung erlebten und Montreux zu einem der beliebtesten Erholungsorte machten.

In *Neuenburg* verhalf die Juragewässerkorrektion von 1868–1890 der Stadt zu einem breiteren Ufergelände, das zum Ausbau der Quaianlagen verwendet werden konnte. So entstanden hier der Quai du Mont-Blanc (heute Quai Ph. Godet), der Quai Osterwald und westlich des Hafens der Quai des Alpes (heute Quai Léopold-Robert). Der Baedeker von 1895 bemerkt dazu: «Am See entlang zieht sich ein ½ St. langer baumbepflanzter Quai mit schöner Alpensicht.» Einzig der Quai Osterwald zeugt noch heute von dieser Anlage.

Mit der Eröffnung der Gotthardbahn im Jahre 1882 beschleunigte sich der Aufschwung des Tourismus auch im *Tessin,* wo Lugano zum Zentrum des Fremdenverkehrs heranwuchs. Durch den Bau des Palazzo Municipio erhielt der Quai eine Tiefenwirkung, die durch die dahinterliegenden Plätze verstärkt wurde. Der Quai war mit Bäumen bepflanzt und entstand etappenweise zwischen 1882 und 1918 und umfasst heute auch den Park der Villa Ciani und den Lido Paradiso. Eine Tell-Statue und Denkmäler zieren die Quaianlagen.

Die Entwicklung der zahlreichen Fluss- und Seequais im 19. Jahrhundert in der Schweiz würde eine detailliertere Untersuchung erfordern, doch kann hier nur der gartenarchitektonische Aspekt berücksichtigt werden. Wir begegnen in den Quaianlagen mehrheitlich den schattenspendenden *Alleen* und weniger den englischen Gärten, doch sind diese oder eine Kombination der beiden Gattungen nicht ausgeschlossen. In der Regel pflanzte man niedrige Bäume mit weitausladenden Ästen. Zur Ausstat-

Genf · Quai du Mont-Blanc von 1851–1857, verbreitert mit stilvollen Kandelabern 1894–1896.

Ouchy · Quaianlage. Ziermotiv mit ornamentalen Blumenrabatten und Zwergpalme in der Mitte.

Lugano · Blick auf Lugano mit den neuerstellten Quaianlagen, Stich Ende 19.Jahrhundert.

Genf · Perle du Lac. Quai- und Parkanlage mit neuzeitlicher Ufergestaltung und Fussweg durch den Park.

tung der Quais gehörten die Ruhebänke zwischen den Bäumen, Rasenflächen mit Blumenarrangements in Form von Wappen, Uhren, Tieren oder anderen Dekorationselementen. Kleinere Brunnen oder Denkmäler konnten die Baumalleen unterbrechen. Später traten die Beleuchtung mit Gaslaternen und Ufergeländer in kunstvollen Formen hinzu. Der Quai war die *Promenade,* eine Art beschattete Aussichtsterrasse, die unverbaut blieb. Er ist heute leider durch Verkehrsbauten und -regelungen in seiner Wirkung beeinträchtigt, da die einst erholsame Ruhe verlorenging.

Bäder und Kurorte

Einen wesentlichen Beitrag zur Entwicklung der Fremdenindustrie im 19. Jahrhundert in der Schweiz leisteten die Kurorte und darunter vorwegs die Bäder. Letztere blickten zwar zum Teil wie beispielsweise das Bad Pfäfers oder Baden auf eine jahrhundertealte Tradition zurück, waren aber im 19. Jahrhundert dem Ansturm der Fremden vor allem nach dem Erschliessen durch die Eisenbahnen nicht mehr gewachsen. Innert kurzer Zeit schossen neue Bäder und Luftkurorte wie Pilze aus dem Boden, und die Schweiz zählte 1867 nicht weniger als 900 davon. Die neuen Gäste stellten jedoch erhöhte Ansprüche. Sie verlangten Spazierwege oder Parkanlagen, wo sie sich bei schönem Wetter bewegen oder ausruhen und schliesslich auch einem Konzert zuhören konnten. Für die abendliche Unterhaltung erwartete man Kursäle oder Casinos. Ein Ausbau der zahlreichen veralteten Bäder war deshalb dringend notwendig. Noch in den ersten Jahrzehnten des 19. Jahrhunderts genügten sie hinsichtlich des verlangten Komforts für Unterkunft und die Badekur kaum. Selbst von Baden wird 1826 berichtet: «Mit Recht sagt daher Mosch, dass die Anstalten, welche sonst fürstlichen Personen genug waren, jetzt kaum dem ehrsamen Bürger genügen, der in den deutschen Bädern mehr Bequemlichkeit findet.»

In den grösseren Badeorten bemühte man sich allerdings erst in der zweiten Hälfte des 19. Jahrhunderts darum, den Gästen mehr zu bieten. Für die Bäderstadt *Baden* legte der bekannte Architekt Gottfried Semper im Jahre 1866 ein grosszügiges, leider nicht ausgeführtes Projekt für ein Konversationshaus mit einem ausgedehnten Park vor. Das unregelmässige Geviert des zur Verfügung stehenden Terrains wurde von Semper so gut als

Luzern · Knutwiler Bad. Mitte 18. Jahrhundert. Bad mit Gartenparterre, Baumallee und Wäldchen.

Baden · Kurhaus, umgeben von Gartenanlagen mit Springbrunnen, um 1874.

möglich mit Richtscheit und Zirkel in eine Symmetrie gezwungen. Hinter dem Konversationshaus sollten sich eine parallel dazu liegende Promenade und ein Park mit einem strahlenförmigen Wegnetz erstrecken. Die Verbindungswege liefen gerade oder im Halbkreis. Die Hauptachse führte zu einem Musikpavillon, eine Seitenachse zu einem symmetrisch angelegten botanischen Garten, und auf der Seite lag ein englischer Park mit Volieren und einem Tiergarten sowie einem grossen Weiher. Zwischen den strahlenförmigen Wegen befanden sich regelmässig angelegte Gärten und englische Parkteile. Die Gesamtanlage erinnerte an spätbarocke Schlossgärten, die von Partien mit künstlichen englischen Gärten durchsetzt sind. Offensichtlich suchte man einerseits die Repräsentation und andererseits die Intimität. Der Kurverein verlangte später als Hauptbestandteile des Parks einen Teich, einen Wildgarten, Volieren, Turn- und Spielplätze, eine Reitbahn und einen Kunstgarten mit Treibhäusern.

Ein Zeitgenosse schildert uns die Entwicklung dieser Anlage: «Schon im 15. Jahrhundert war das Zentrum aller Vergnügungen und Lustbarkeiten das Mätteli vor dem Hinterhofwäldchen. Hier versammelte sich die Gesellschaft zu Scherz und Spiel. Durch den Neubau des Hinterhofs wird nun der grössere Teil desselben überbaut, nachdem es schon längst seine alte Bedeutung verloren hatte. An die Stelle der alten Bänkelsängermusik mit ihrem schrillen Getöne, welches sogar die Ratten und Mäuse in den Bädern vertrieben haben soll, trat in neuerer Zeit die Kurkapelle. Das im Sommer fertig werdende Kur- und Conversationshaus in wohlgewählter Lage zwischen der Stadt und den Bädern soll einem längst gefühlten Bedürfnis abhelfen und der eigentliche Mittelpunkt der gesellschaftlichen Unterhaltung und Vergnügungen der Badegäste werden. Nach langen Vorarbeiten, besonders zur Herbeischaffung der Geldmittel, konnten im Frühjahr 1872 die Arbeiten nach dem Plan des Herrn Robert Moser aus Baden beginnen. Das Kurhaus, umgeben von 10 Jucharten englischer Parkanlagen, mit seiner Front nach Osten, hat neben dem Saale einen Platz für Kübelpflanzen während des Winters.» Der Badener Kurpark

Bad Ragaz · Ausserhalb der Badanlagen gelegene Landschaft mit Spazierwegen, Weiher und Golfplatz.

wurde demnach in bescheideneren Ausmassen ausgeführt und ist heute mit Ausnahme des alten Baumbestandes vollständig erneuert.

Mindestens so berühmt wie Baden war das *Bad Pfäfers,* das während Jahrhunderten von den Fürstäbten des Klosters St. Gallen und den Konventualen von Pfäfers betreut worden ist. Es genügte im 19. Jahrhundert nicht mehr und konnte nicht das bieten, was in St. Moritz, in Bad Gastein oder in deutschen Bädern üblich war. Eine Verlegung nach *Ragaz* drängte sich auf. Nach der 1838 erfolgten Säkularisation des Klosters leitete man das Wasser nach Ragaz hinunter und eröffnete dort 1840 die neue Kuranstalt. Eine Erweiterung war notwendig, als die Eisenbahnlinie Zürich–Chur projektiert wurde und man in Ragaz einen Zustrom neuer Badegäste breiterer Bevölkerungsschichten erwartete. Bernhard Simon, der 1860 nach St. Moritz berufen worden war, um die Pläne zur Vergrösserung der dortigen Kuranstalten durch Felix Wilhelm Kubly zu begutachten, wurde zum Initianten einer Gesellschaft, die nach mehreren misslungenen Anläufen den Hof Ragaz mit den Kuranstalten kaufen sollte. Schliesslich erwarb Bernhard Simon die Kuranstalt allein und verpflichtete sich, einen grossen Gasthof samt Garten und Parkanlagen, eine Trinkhalle, ein Kursaalgebäude und ein Badhaus zu errichten. Der 1859 ebenfalls von Gottfried Semper entworfene Plan sah die Gruppierung von vier Hotels inklusive Quellenhof um einen Kursaal in der Mitte vor, wodurch ein schlossähnlicher Gebäudekomplex entstanden wäre. Baumalleen sollten die seitliche Zufahrt vom Bahnhof her über die Tamina beschatten. Vor der Talfront war ein grosses französisches Blumenparterre vorgesehen, das in Dreieckform von Baumalleen umzogen war und mit einer Baumallee gegen den Rhein führte. Auch vor den seitlichen Hotels waren längliche französische Parterres mit Alleen geplant. Die Zwischenräume und der Innenhof mit dem Kursaal waren ebenfalls streng symmetrisch mit Parterres und Bäumen vorgesehen. Erst auf der Rückseite gegen den Berghang sollte sich eine englische Parklandschaft mit Spazierwegen, Weiher, kleineren Häusern und Pavillons entwickeln. Während so die Talseite in jeder Hinsicht auf Repräsentation und deshalb auf strenge Symmetrie zugeschnitten war, bot sich den Gästen auf der Bergseite eine intime Zone

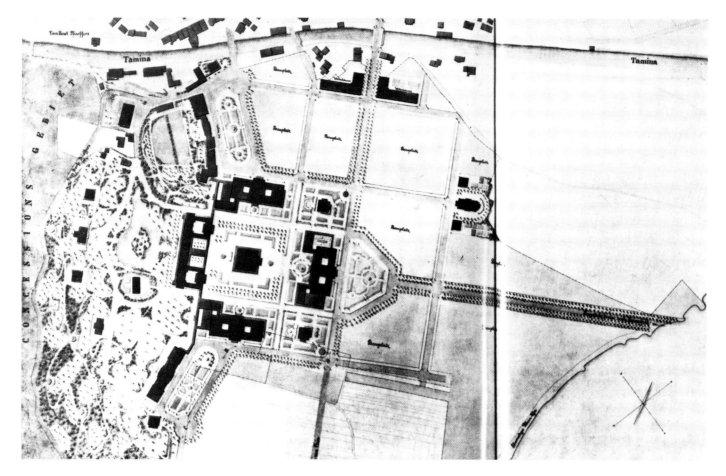

Bad Ragaz · Projektplan für die Vergrösserung der Kuranstalt, 1859 entworfen von Gottfried Semper.

an. Das Ganze präsentierte sich als eine Anlage von fürstlichem Gepräge. Verwirklicht wurden allerdings davon nur der Kursaal, ein seitliches Hotel, der Quellenhof, in Verbindung mit dem bestehenden Hof Ragaz, und das rückwärtige Neubad sowie die Trinkhalle mit den ausgedehnten Gartenanlagen. Diese beschränkten sich auf die Umgebung des Kursaals und der Hotels sowie auf die Bergseite mit dem Weiher.

Die Reise- und Gästeführer jener Zeit verzeichneten mit besonderer Sorgfalt die Vor- und Nachteile der alten und neuen Bäder sowie deren Gartenanlagen und Promenaden. Im berühmten *Bad Schinznach* gab man sich mit der einzigartigen Lage am Aareufer und mit den luxuriös ausgestatteten Gebäuden zufrieden und verzichtete auf einen grossen Park. In *Yverdon* schuf man einen grossartigen Kurpark und suchte das Vergnügen in der Stadt oder auf dem Neuenburgersee. Auf dem *Gurnigelbad* hingegen legte man eine Terrasse mit Gärten, Kegelbahnen und Spazierwegen an. Das Hôtel des Salines in *Bex* umgab man mit einem grossen Park. Die Umgebung von *Lavey* fand der Badeführer von Meyer-Ahrens nicht sehr anziehend: Man habe zwar durch ausgedehnte Anlagen den Kurgästen einige Annehmlichkeiten und namentlich Schatten zu bereiten gesucht, allein auch diese Anlagen hätten, da ihr Baumbestand grossenteils aus Nadelhölzern bestehe, etwas Kaltes. Bei der Kaltwasserheilanstalt *Brestenberg* lobte er die Lage der Gärten. Im Kurhaus des *Grenchenbades* fielen ihm die Springbrunnen auf.

Nachdem Christian Friedrich von Glenck im Jahre 1835 in der *Schweizerhalle* bei Muttenz die grösste Saline der Schweiz entdeckt hatte, eröffnete er dort 1850 eine *Solbadanstalt* mit einer hübschen Gartenanlage am Rheinufer. Sie bildete den Auftakt zu weiteren Solbädern und zum Ausbau *Rheinfeldens* zu einem weltbekannten Badekurort. «Das Rhein-Sool-Bad, das von Herrn von Struve gegründet wurde, liegt etwa 4 Minuten östlich und oberhalb des Städtchens dicht am Rheine und ist, so weit es nicht vom Rhein begrenzt ist, von sehr sorgfältig gehaltenen englischen Gartenanlagen umgeben.» Nach 1881 wurde das Rheinsolbad «Grand Hôtel des Salines im Park» genannt und 1885 der Park bedeutend vergrössert. 1895/96 folgte der Bau der Rheinterrasse, und 1896 kam der westliche Teil des heutigen Parks dazu, so dass der Kurpark eine Fläche von 125 000 Quadratmetern und vier Kilometer lange Weganlagen umfasste. Das vor allem um die Jahrhundertwende weltberühmte Bad verlor seine Gäste erst durch die beiden Weltkriege. Erhalten hat sich ausser den Hotelgebäuden der grosse Kurpark mit den Weganlagen am Rhein und seinem seltenen Baumbestand.

Rheinfelden · Blick in den in der zweiten Hälfte des 19. Jahrhunderts entstandenen Kurpark, auch Salinespark genannt.

Die Heilbäder in den Alpen blieben hinsichtlich der Gartenanlagen und Promenaden einfacher. In *St. Moritz Bad* lag vor dem Kurhaus ein bescheidener Kurgarten, an welchen eine breite, zum Teil von eleganten Läden eingefasste Strasse anschloss. Im *Leukerbad* im Wallis kannte man eine Promenade beim neuen Badhaus.

Mehr oder weniger grosse englische Gärten und Baumalleen sah man damals auch bei den Bädern in der Ostschweiz, bei der *Kuranstalt Mammern*, beim *Stachelberg Bad* im Kanton Glarus, beim bekannten *Heinrichsbad* bei Herisau und in Gais, wo die Molkenkur als neue Heilkraft entdeckt worden ist. Angesichts der klimatischen Verhältnisse brachten diese Gartenanlagen in den Bergen nicht viel Neues, doch gehörten sie zum Bestandteil eines Kurortes oder eines Hotels, obschon der Gast hier vor allem die Bergwelt bewundern und diese als Garten betrachten sollte. Die neuen Höhen- oder Luftkurorte bemühten sich offensichtlich darum, dem Gast aus der Stadt etwas Städtisches zu bieten und ihm mit einem Stück seiner Heimat den Aufenthalt in der Fremde angenehmer zu gestalten. Auf dem Bienenberg oberhalb von *Liestal* entstand deshalb beim neuen Solbad eine künstliche Aussichtsterrasse mit Sitzplätzen im Freien oder un-

Yverdon · Kurpark in der Nähe des alten Bades, 19. Jahrhundert.

ter den Bäumen, unterbrochen von Blumenrabatten. Als *Langenbruck* zum typischen Kurort im Jura aufblühte, verwies der Reiseführer auf einige hübsche Anlagen mit Lusthäuschen, in denen man die Aussicht geniessen könne, doch legte man beim Bau des Kurhauses um die Jahrhundertwende einen eigentlichen Kurpark mit einem Springbrunnen an. Einen Kurgarten kannte auch *Thun*. In *Interlaken*, dem Hauptzentrum des Fremdenverkehrs im Berner Oberland, war der sogenannte Höheweg Mittel-

Kanton Glarus · Bad Stachelberg. Ansicht um 1850. Aussichtsreiche Hanglage mit Gartenterrassen vor dem Bad.

Liestal · Bad Bienenberg. Solbad mit Kurhaus und Badhaus sowie einer künstlichen Aussichtsterrasse, um 1875.

punkt des Tourismus, da sich hier von der alten Nussbaumallee aus der Blick in das Lauterbrunnental und auf die Jungfrau bot. Hotels, Gasthöfe und elegante Kaufläden säumten den Höheweg auf der Bergseite. Die Aneinanderreihung wurde lediglich von der kleinen Gartenanlage mit dem Kursaal unterbrochen. Mittlerweile hatte man in St. Moritz eine Waldpromenade geschaffen, und in *Davos* war vor dem Kurhaus eine Promenade und auf der anderen Strassenseite ein Kurgarten mit Springbrunnen, Statuen, Musikpavillon und Kapelle entstanden. Auch kleinere Kurorte versuchten mit derartigen Anlagen dem Gast aus der Fremde ein wahres Zuhause zu bieten. Wer schon daheim keinen Park oder Ziergarten besass und in der Stadt lebte, sollte wenigstens in den Ferien in den Genuss dieser Vorzüge kommen.

Langenbruck · Kurhaus auf der Passhöhe des Oberen Hauensteins mit Springbrunnen im Kurpark, um 1900.

Davos · Promenade mit Kurhaus und Kurgarten. Grünanlage mit Springbrunnen und Musikpavillon. Ölbild von F. Sommer, 1899.

Gunten · Parkhotel am Thunersee mit Park gegen den See und Blick auf den Niesen im Hintergrund.

Parkhotels

Auf diesem Hintergrund lässt sich auch die Entstehung des Typus des Parkhotels, das bereits mit seinem Namen auf den Park hinwies, erklären. Zum Hotelpalast der reichen Bürgerschicht gehörte nun auch ein Park oder ein Garten, auch wenn sich dieser in der freien Bergwelt höchst paradox ausnahm. Anfangs begegnete man dem Parkhotel nur in den Kur- oder Badeorten in der Ebene, beim Hotel Baur au Lac in Zürich, beim Hôtel du Parc in Vitznau, beim Parkhotel Gunten oder beim «Thunerhof» an der Aare in Thun. In zahlreichen Fällen reduzierte sich der Park auf eine Gartenwirtschaft mit einigen Kastanienbäumen oder Platanen. Parkhotels fanden sich aber auch im Süden mit den beiden Hotels du Parc in Lugano und Locarno, dem Grand-Hôtel in Aigle und dem Hôtel Beau-Rivage in Ouchy. Während in einigen Parkhotels die Kurkapelle nur einmal täglich spielte, trat sie an anderen Orten zweimal oder mehrmals im Tage auf, so dass der Kurpark den ganzen Tag über besucht war.

Mit der Verstädterung der Kurorte machte sich in der zweiten Hälfte des 19. Jahrhunderts eine «Stadtflucht» der Hotelbetriebe auf die umliegenden Anhöhen bemerkbar. Diesen begegnen wir nicht nur in Zürich mit dem Grand-Hotel Dolder oder am Genfersee mit dem Palace-Hotel von Caux oberhalb von Montreux, sondern in vermehrtem Masse in den Voralpen am Vierwaldstättersee. Zwar waren alle diese Hotels mit Hilfe von Zahnradbahnen erschlossen, doch konnten die Gäste auch Spazierwege benützen, die mit Ruhebänken und Aussichtspunkten ausgestattet waren, um dem Gast Abwechslung zu bieten. Eine Ähnlichkeit mit den frühen romantischen Landschaftsgärten ist deshalb nicht zu bestreiten. Auf der Anhöhe, wo das Hotel stand, erleichterte man den Gästen den Aufenthalt und den Genuss der Aussicht auf die Berge durch schattenspendende Bäume, Spazierwege und Aussichtskanzeln. Vor dem Hotel Axenstein oberhalb von Brunnen lag eine grosse Aussichtsterrasse mit einem Springbrunnen, Ruhebänken unter Bäumen, Aussichtspavillons und Blumenrabatten. Doch den Höhepunkt bildete der Bürgenstock mit seinem Parkhotel, symmetrischen Gartenanlagen, einem Waldpark und ausgedehnten Aussichtswegen.

Eine Beziehung zur Landschaft hatten diese Gärten oder Gartenanlagen nicht. Sie wirkten wie die Hotels selbst als Fremdkörper und als Verpflanzung städtischer Kultur aufs Land und schliesslich auf die Berge hinauf. Diese Entwicklung fand ihre Basis und Anregung nicht

Zürich · Uetliberg mit Kulmhotel und Gartenanlagen in den Wäldern, vor 1878.

nur im Verlangen der Gäste, sondern auch in der Herkunft der Bauherren, Architekten und Gärtner. So ist beispielsweise überliefert, dass das Hotel bei den Giessbachfällen im Berner Oberland erst ein Parkhotel wurde, als es in den Besitz von Herrn K.G. von Rappard aus Frankfurt kam. Dieser vergrösserte das Hotel und berief 1856 den Landschaftsgärtner Schmidlin von Stuttgart, der den Wald um das Hotel herum in einen Park verwandelte. So

Brunnen · Hotel Axenstein in aussichtsreicher Anhöhe mit Springbrunnen, Promenade und Spazierwegen, 1860/1870.

ist es denn kaum verwunderlich, dass die an und für sich natürliche Landschaft, das Ideal der romantischen Alpenbewunderung und Schöpfer englischer Landschaftsgärten den Auswüchsen dieser Ideen zum Opfer fiel. Ein Gleiches geschah beim Bau des Hotels Schweizerhof in Neuhausen am Rheinfall, wo sich die ausgedehnten Gartenanlagen bis zum Schlösschen Wörth erstreckten. Offenbar genügte damals selbst die Naturschönheit der Alpenwelt nicht mehr, sondern musste einer «Verschönerung» der Natur im Sinne Hirschfelds weichen. Die Renommiersucht der Gründerjahre kannte keine Grenzen. Was man sich zu Hause nicht leisten konnte oder wollte, das genoss man im Hotelpalast und in dem dazugehörigen Park. Unter diesen Umständen war es auch nicht verwunderlich, dass sich mit der Zeit eine Reaktion anbahnte, die sich zurück zur ländlichen Einfachheit sehnte und die heimische Natur aufwertete. Zwar stehen die Palast- und Parkhotels jener Zeit teilweise noch heute, doch ihre Parkanlagen sind grossenteils längst verschwunden. Nur noch einige alte Ansichten und einzelne Baumbepflanzungen bei den Hotels erinnern zusammen mit den Hotels an jene Euphorie, die städtische Parks und Paläste auf die Berge verpflanzte.

Gartenkunst der zweiten Hälfte des 19. Jahrhunderts

Die Gartenkunst der zweiten Hälfte des 19. Jahrhunderts ist gekennzeichnet durch den Höhepunkt und zugleich das Ende des englischen Landschaftsgartens und das Aufkommen eines *Stilpluralismus* innerhalb der Gartenkunst. Ursache dieser Entwicklung war der Fortschrittsglaube der Gründerjahre und ein neues Lebensgefühl, das in der Vielfalt des Historismus neue Ausdrucksformen fand. Der wirtschaftliche Aufschwung dieser Zeit war von einem starken politischen Gestaltungsdrang begleitet. Der wachsende Wohlstand ermöglichte ausserdem die Anlage von grösseren Privatgärten. Botanisch interessante Pflanzen wurden der Stolz einer weltoffenen Generation. Die intensiven Handelsbeziehungen zum Orient und zu Amerika förderten den Import fremder Gehölze, Sträucher und Blumen. Einfuhr und Kultivierung derselben lag in den Händen der neugegründeten Handelsgärtnereien, die auch die Privatgärten belieferten. Alpen- und Steingärten stiessen auf grosses Interesse, und die «Japanische Ausstellung» von 1893 in Zürich lieferte die Bambusprodukte für die Wintergärten.

Die Vielfalt dieser neuen Strömungen brachte der Gartenkunst den Verlust der Einheit. Zugleich leiteten die Blumenteppiche das Zeitalter des gärtnerischen Stils ein, dem die Teppichgärtnerei machte mit ihren Blumenstücken den Garten zur Blumenschau, in der auffälliger Schmuck und Schablone vorherrschten. Handelsgärtnereien, Blumenbindereien und Blumenimporteure trugen wesentlich zur Kommerzialisierung des Gartens bei, auch wenn die Gartenbaugesellschaften und Ausstellungen das Publikum zu belehren versuchten. Nach wie vor blieb jedoch der englische Landschaftsgarten als Rahmen oder Hintergrund der Gartenanlage bis weit ins 20. Jahrhundert hinein massgebend.

Dieses Nebeneinander oder Ineinander unterschiedlicher Gartenstile lässt sich vorerst in seiner Entwicklung als Modell bei drei Schlössern am Thunersee verfolgen.

Solothurn · Ehemaliger Landsitz Hinter Bleichenberg. Gartenpavillon mit Baldachin, zweite Hälfte 19. Jahrhundert. Im hinteren Teil des ehemaligen Barockgartens in einem Wäldchen versteckt.

Zeitlich am Anfang steht der noch vor dem Bau des Schlosses von 1848–1852 entstandene Park des *Schlosses Schadau* bei Thun, wo ein halb versumpfter, von einer Mauer am See umgebener Garten in einen Park mit bekiesten Wegen, Ruhebänken am See und Glashäusern für die Blumen umgewandelt worden war, der noch als reiner englischer Park zu bewerten ist. Wesentlich bereichert durch Motive verschiedener Zeitperioden wurde hingegen der Park des 1861–1863 erbauten *Schlosses Hünegg* in Hilterfingen am Thunersee. Der in Hanglage über dem See sich ausdehnende Park umfasst nicht nur einen von selte-

Hilterfingen · Schloss Hünegg. Rasenparterre mit Gartenpavillon, entstanden 1861–1863.

nen Bäumen umrahmten Pleasure-Ground, sondern auch eine Aussichtsterrasse mit Blumenstücken und Springbrunnen sowie einen reichen Gartenpavillon und eine Grotte unterhalb der Terrasse. Buchshecken fassen die Fusswege im hinteren Parkteil beidseitig ein. Die Anwendung von Motiven des französischen Gartens und des englischen Parks erfolgte hier auf eine besondere, entfremdete Art, die weder von repräsentativen noch formlosen Ideen abgeleitet war, sondern eine Synthese suchte.

Schloss Oberhofen am Thunersee · Gartenlaube dem Seeufer entlang im hinteren Teil des Parks. Zweite Hälfte 19. Jahrhundert.

Weit ausgeprägter und eindrücklicher ist hingegen die Gartenanlage des *Schlosses Oberhofen* am Thunersee. Im Jahre 1844 begonnen und bis weit ins 20. Jahrhundert hinein erweitert und bereichert, enthält dieser Park eine überwältigende Palette historisierender Gartenkunst. Sie umfasst den bepflanzten Schlossgraben, den Rosengarten im Zwinger am See und die Blumenparterres vor dem Pallas und auf der Seeterrasse mit geometrischen Mustern aus Begonien und Buchs. Hinter dem Schloss liegt der eigentliche Park mit weiten Rasenflächen zwischen hohen Koniferen und dem Schweizerkreuz aus Blumen. Es schliesst sich an die Charmille, die Uferpromenade unter alten Bäumen und eine Pergola von 1868. Neben den grossen Wellingtonien steht das von den Grosseltern Albert Pourtalès' für ihre Enkel erbaute Kinderspielhaus in der Form eines Chalets. Auch wenn dieser ausgedehnte Park erst im 20. Jahrhundert vollendet worden ist, so ist er in seiner Anlage und Ausstattung dennoch so etwas wie ein Höhepunkt der historisierenden Gartenkunst der Jahrhundertwende geworden.

Von den zahlreichen Villen oder Schlossbauten in der Umgebung von Luzern erhebt sich in einzigartiger Lage über dem See das *Schlossgut Meggenhorn,* das in den Jahren 1886–1889 zu einem Landsitz im Stil der französischen Neurenaissance umgebaut worden ist. Offenbar war es der Wunsch der damaligen Besitzerin, Madame Heine aus Paris, hinter dem Schloss einen diesem Stil entsprechenden französischen Garten mit geschnittenen Buchshecken und Eiben anzulegen. Die umrahmenden Bäume hingegen vermitteln für das Schloss und vorwegs für die neugotische Kapelle eine romantische Kulisse, auf die man trotz des französischen Gartens nicht verzichten wollte. Bei diesen Schloss- oder Villenbauten waren die Erbauer und der Stil der Gebäude für die Wahl des Gartenstiles massgebend, denn die als Schlossvilla im englischen Stil 1890/91 auf Dreilinden oberhalb von Luzern erbaute Villa (heute Konservatorium) steht mitten in einem nahezu klassisch anmutenden englischen Park.

Ähnliche Villen mit englischen Parks entstanden in der zweiten Hälfte des 19. Jahrhunderts auch im *Tessin*. Wir

Thun · Schloss Schadau. Blick über die weite Rasenfläche vor dem Schloss gegen den See, entstanden um 1852.

Luzern · Schlossgut Meggenhorn. Vorgelagertes Parterre mit Buchsornament und Aussichtspavillon, entstanden 1886–1889.

Ligornetto · Museo Vela, erbaut 1863 mit Aufgangsrampen, die sich kreuzen und schwungvoll enden.

Vezia · Palazzo Morosini. Mitte 18. Jahrhundert mit Bepflanzung und Figuren.

denken dabei an den Park der Villa Argentina in Mendrisio aus dem dritten Viertel des 19. Jahrhunderts, wo die zweigeschossige Säulenarchitektur die klassische Effektwirkung des Parks erhöht. Beim 1863 errichteten Museo Vela in Ligornetto hingegen beeindruckt die architektonisch angelegte Eingangspartie mit ihren Rampen, die an barocke Vorbilder erinnern. In Vezia legte man ebenfalls im 19. Jahrhundert auf der Ostseite des aus dem 18. Jahrhundert stammenden Palazzos einen exotischen Park an. Zweifellos konzentrierten sich diese neuen Parks auf das Mendrisiotto, das zusammen mit dem Bezirkshauptort *Mendrisio* im 19. Jahrhundert seine Glanzzeit erlebte, doch kam es auch an anderen Orten, so in *Brissago*, dank dem wirtschaftlichen Aufschwung (seit 1848 durch die Tabakindustrie) zu glanzvollen Gartenanlagen. Hievon ist der Garten der Villa Gina mit den Terrassen über dem Lago Maggiore als einziger erhalten geblieben.

Winterthur

In der Stadt Winterthur herrschte ebenfalls noch der englische Park vor, denn ausserhalb der Altstadt lag noch 1860 «ein reicher Kranz von Landgütern, deren parkähnliche Gärten zum Teil von Künstlern ersten Ranges angelegt worden sind». Anstelle des Bauerngütleins Bühl, wo der französische Emigrant *Philippe de Clairville* als Arzt und Botaniker seine Assimilationsversuche mit exotischen Pflanzen, Bäumen und Sträuchern unternommen hatte, entstand in der zweiten Hälfte des 19. Jahrhunderts ein vom Landschaftsgestalter *Konrad Löwe* angelegter Park, der später durch Landkäufe erweitert wurde. Ein Zeitgenosse berichtet 1887 darüber: «Weniger durch die Harmonie in der Komposition, als durch die Wucht teils einzelner Baumgestalten, teils ganzer Baumgruppen und durch das Vorhandensein zahlreicher fremder Holzgewächse ausgezeichnet ist das *Landgut ‚Bühl'* des Herrn Imhoof-Hotze an der Turmhalde. Der an den Terrassen der Turmhalde gelegene nördliche Teil des Gutes bildet eine Art Urwald von mächtigen Silberpappeln, Eschen, Eichen, amerikanischen Nussbäumen, zwischen denen nach gewöhnlichen Begriffen ausserordentlich grosse Exemplare von Eiben, Buchs und andern Hölzern sich verlieren. Der auf dem Plateau liegende südliche Teil dagegen trägt ein milderes, mehr modernes Gepräge; der veredelnde Einfluss der Kunst ist hier sichtbar, und selbst der minder Geübte erkennt sofort in der anmutigen Zusammenstellung von Laub- und Nadelholz die Meisterhand Löwes. Bemerkenswert sind hier eine imposante Gruppe alter Ulmen und in der Nähe der Villa eine hochgewachsene Stechpalme. Auch mehrere fremde Bäume sind in ausgezeichneten Exemplaren vorhanden, so Gymnocladus canadensis, Trompetenbaum, Sorbusarten, gelbblühende Rosskastanie, Gingko biloba, Abies canadensis, Pinus Pinsapo und die elegant aufstrebende Wellingtonia.» Im Jahre 1856 liess Salomon Volkart die inzwischen abgebrochene *Villa Wehntal* an der Römerstrasse inmitten eines Parks erbauen. Moosbewachsene Steinfiguren mit einer Badenden im Waldteich, ein Parkbrunnen unter

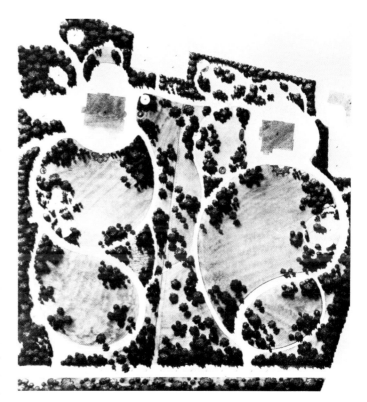

Winterthur · Gartenplan der Villen Bühlstein und Bühlhalde von E. Mertens, um 1874.

der Trauerweide förderten die romantische Stimmung, die auf den durch Gehölze und entlang von offenen Flächen führenden Wegen abwechslungsreich erlebt wurde. Als weiteres Werk von Löwe entstand 1862 der *Brühlgutpark* an der Waldhofstrasse, wovon die Heimatkunde 1887 folgendes berichtet: «Von der Landstrasse aus gesehen, präsentiert sich der Garten als sanft ansteigende, idyllische Waldwiese, welche Gesträuche und Bäume in scheinbar zufälliger Weise umrahmen. Man bemerkt keine grellen Kontraste, keine Künsteleien. Über dem lieblichen Bilde schwebt der Duft der Natürlichkeit; aber kaum erreicht die Natur diese von der Kunst geschaffene Anmut.»

Der Gartengestalter Konrad Löwe hat schliesslich auch die 1869 für den Spinnereibesitzer Eduard Bühler-Egg errichtete *Villa Bühler* an der Lindenstrasse mit

Winterthur · Villa Rychenberg, erbaut 1889, mit weitem Park und verschiedenen Baumgruppen.

einem Park ausgestattet. Die vier Fassaden der mitten in den Park gestellten Villa sind auf dazugehörige Gartenräume ausgerichtet – den Eingangshof, den Park und den Blumengarten. Die Anordnung der Pflanzen war so getroffen, dass durch die Kontraste eine möglichst grosse Tiefenwirkung entstand. Der Gartengestalter *Evariste Mertens* lobte an der Landesausstellung von 1883 in Zürich diese Anlage als «ein Meisterwerk des genialen Gärtners Löwe, und als eine seiner besterhaltenen Arbeiten in der Schweiz», und fügte bei:

«Alle Schöpfungen Löwe's tragen in prägnantester Weise den Stempel der Vollendung; er vermeidet die Zerstückelung des Areals durch unnötige Wege und weiss deren graue Linien den Blicken zu entziehen; er plaziert jedes dekorative Objekt, wie auch jede Nutzabteilung äusserst zweckentsprechend, trifft immer das richtige Verhältnis zwischen Licht und Schatten, das heisst zwischen Rasen oder Wasserflächen und Baum- beziehungsweise Gesträuchgruppen. Seine Gruppierung der Bäume, das Allerwichtigste, ist von keinem Meister übertroffen worden, sein gewonnenes Bild ein tadelloses. Bei ihm ist alles überlegt, nichts dem Zufall überlassen, und doch ist der Effekt von überraschender Natürlichkeit; dadurch offenbart er sich als wahrer Gartenkünstler. Der Beschauer soll keine Ahnung haben von all der Mühe und all den Schwierigkeiten, die zu überwinden waren, um das vorgesteckte Ziel zu erreichen. In dem gut ausgeführten Garten ist es einem behaglich zu Mute und dies trifft zu in allen Anlagen, die Löwe geschaffen. Mehrere davon sind nachträglich von sich kundiger wähnenden Unwissenden ergänzt und verbessert, in Wirklichkeit aber verunstaltet worden.»

Doch auch Mertens selbst sollte in Winterthur zum Zuge kommen, denn als die Brüder Bühler im Jahre 1874 ihre Wohnsitze errichten liessen, beauftragten sie die 1879 in Schaffhausen neugegründete Firma Neher & Mertens mit der Gestaltung der Gartenanlage. So entstand hier der

Pratteln · Villa am Rheinufer in der Schweizerhalle, entstanden um 1860, mit englischem Park.

Typus des späthistoristischen Landschaftsgartens mit individuell gestalteten Partien. Die Hauptelemente des frühen Landschaftsgartens erfuhren eine Steigerung durch effektvolle Steingruppen, Grotten, schilfbestandene Teiche und Tempelchen. Als weiteren Garten in Winterthur legte Mertens 1883 den Palmengarten an. Dieser enthielt ein Blumenparterre, verschiedene Freiräume, ein Rosarium, einen den Vierwaldstättersee imitierenden Teich mit Alpengärtlein und ein Wildgehege.

Die grossen Parkgärten beeinflussten in Winterthur auch die Hausgärten, die mit geschlungenen Wegen, Vasen, freistehenden Pflanzen, Rosen, Koniferen, Obstpyramiden, Blumenbeeten, Gehölzgruppen und Lauben usw. versehen waren. Jedenfalls verdankt Winterthur einen Teil seiner grossen Parkanlagen aus der zweiten Hälfte des 19. Jahrhunderts der Tätigkeit der Gartengestalter Löwe und Mertens. Während Löwe ausser beim Schloss Teufen nur in Winterthur tätig war, erstreckte sich das Arbeitsfeld des aus Holland stammenden Gartenarchitekten Evariste Mertens über die ganze Ostschweiz. Nach der Gründung des Gartenbaugeschäfts im Jahre 1870 in Schaffhausen siedelte er 1886 nach Zürich über und arbeitete mit Otto Fröbel zusammen. Ausser in den Privatparks in Winterthur war er auch bei Bally in Schönenwerd sowie bei Schlumberger und Frey im Elsass beim Entwerfen von Gartenanlagen beteiligt. Die Quaianlagen in Zürich mit dem Arboretum, die Quaianlage in Zug und die Kurparkanlagen in Schinznach und Baden sind ebenfalls unter seiner Mitarbeit entstanden. Durch Mertens und Fröbel wurde Zürich auch unter deren Nachfolgern bis weit ins 20. Jahrhundert hinein ein Zentrum der Gartenarchitektur, das die ganze deutsche Schweiz beeinflusste.

Späthistoristischen englischen Parkanlagen begegnen wir auch beim 1850–1854 erbauten Charlottenfels bei Neuhausen am Rheinfall oder beim Schloss Wart bei Neftenbach im Kanton Zürich, wo Baron Max von Sulzer-Wart die Wege mit Blumenbeeten umsäumen liess. Die

Winterthur · Villa Bühler. Blick von der gusseisernen Veranda in den grossen Park, angelegt 1869.

Villa der Gründerzeit war noch sehr nach englischem Geschmack eingerichtet und ausgestattet. Während in der welschen Schweiz auch noch beim 1858 errichteten Maison Rothschild in Prégny bei Genf französische Vorbilder vorherrschten, wurden in der Westschweiz weiterhin englische Parks angelegt. Beim Schloss Ebenrain bei Sissach erweiterte man um 1860 den Park in östlicher Richtung durch einen späthistorischen Landschaftsgarten mit Teich und Grotte, und bei der neugotischen Villa am Rheinufer bei der Schweizerhalle legte man um die gleiche Zeit einen neuen englischen Park an. Selbst vor der Spinnerei an der Lorze in Baar entstand 1852–1857 eine Gartenanlage, indem beidseits der Einfahrt zwei hohe Springbrunnen mit Gehölzgruppen im englischen Stil eine Symmetrie vortäuschten.

Im Tessin liess die russische Gräfin von St-Léger von 1885 an die grössere der beiden *Brissago-Inseln* in einen Park umwandeln, indem sie seltene Gewächse aus beinahe allen Erdteilen bezog und unter grossen Schwierigkeiten anpflanzte, so dass schliesslich ein subtropischer Garten entstand. Das milde Klima verhalf zu urwaldähnlichen Strukturen mit Lianen und Kletterpflanzen, wie sie in der Schweiz nirgends zu finden sind. Damit erweiterte sich das Spektrum der Pflanzen zu einer ungeahnten Fülle, wie sie selbst Hirschfeld nicht anstrebte. Die dadurch erzielten Stimmungen sind nicht mehr nur jene der Tageszeit oder der Jahreszeit, sondern der Kontinente und Klimazonen der Welt. Damit hatte der Park in pflanzlicher Hinsicht seinen Höhepunkt erreicht.

Was aber auf der Brissago-Inseln mit viel Sachverstand und Kenntnis geschaffen wurde, drohte im Laufe des 19. Jahrhunderts an anderen Orten ins Groteske und Paradoxe abzugleiten. Oft besassen die Gärtner keine glückliche Hand in der Anordnung und Zusammenstellung der Pflanzen und in ihrer Beziehung zum Gebäude. Im gärtnerischen Stil der Jahrhundertwende wurde die feste planerische Einheit endgültig aufgegeben. Selbst die stilistische Beziehung zum Hause konnte ignoriert werden. Ein Schweizer Chalet unter Palmen, ein englischer Garten vor einem Bauernhaus oder ein französischer Gar-

Baar · Spinnerei an der Lorze. Gärten mit Springbrunnen, errichtet durch die Gebrüder Henggeler, 1852–1857.

Rechts: Brissago-Insel · Von 1885 an durch die russsische Gräfin St-Léger in einen Park umgewandelt.

ten vor einer klassizistischen Villa wirkten paradox, waren aber möglich. Die Hauptaufgabe des Gärtners bestand schliesslich nur darin, die ungeheure Menge von exotischen Pflanzen zur Geltung zu bringen. Im Blumengarten des 19.Jahrhunderts diente vor allem das Gewächshaus für die Auspflanzung. Dabei hatten die eleganten Arabesken und Dekorationsformen des französischen Parterres ein zweifelhaftes Erbe hinterlassen. Statt mit gefärbtem Sand oder Erde und Buchsumrahmungen, legte man die Muster mit Steinkraut, Lobelien, Pantoffelblumen und Geranien an. Ausserdem riss man die Muster auseinander, zerstreute über die Rasenfläche Blumenbeete in Form von Sternen, Halbmonden, füllhornartigen Gebilden oder Blumenkörben und schuf Wappen und Uhren.

Es war für den Laien nicht einfach, angesichts der Fülle der Angebote das Richtige auszuwählen. Zwar versuchten die Fachleute, das Publikum mittels Ausstellungen und Fachliteratur aufzuklären, doch hatten sie dabei keinen grossen Erfolg. Handelsgärtnereien und die Fabrikation von Chalets oder Gartenhäuschen waren hauptsächlich auf kommerziellen Erfolg aus und kümmerten sich wenig um die sinngerechte Verwendung ihrer Produkte. Was man zu Beginn des 19.Jahrhunderts als Segen pries, wurde gegen dessen Ende zum Fluch und führte damit zum Zerfall der Gartenkunst überhaupt. Dass sich angesichts dieser Geschmacksverirrungen einige kritische Stimmen meldeten und sich der Naturgarten aufzulösen begann, drängte sich auf.

Tiergräben · Tiergärten Zoologische Gärten

Die Tierhaltung der Öffentlichkeit – vorweg der Städte – beschränkte sich vom Mittelalter bis in das 19. Jahrhundert hinein auf die *Gehege in den Stadt- oder in den Burggräben,* wo in Friedenszeiten hauptsächlich Hirsche gepflegt wurden. Diese Tierhaltung erfolgte wohl weniger für die Zurschaustellung als vielmehr für die Versorgung der Behörden mit Wildfleisch für die Festessen. In zahlreichen Städten erinnern heute noch die Namen der Strassen oder Gräben an diese Tiergehege. In Luzern lag der Hirschengraben auf dem linken Ufer. In Zürich erstreckte er sich vom heutigen Central bis zur Rämistrasse, und in Basel befanden sich die Hirschgehege im Stadtgraben zwischen Spalentor und Steinentor. Im Hirschengraben von Zürich wurden mehrere Tierarten gehalten, doch überwogen später die Hirsche. Der Graben diente als eine Art zoologischer Garten, in dem verschiedene Tierarten zur Schau gestellt waren. Ihre Anzahl wurde durch Geschenke befreundeter Orte und Gemeinden bereichert. Ausserdem lieferte der Hirschengraben das Wildbret für verschiedene festliche Mahlzeiten der Stadt. 1784 schoss man die letzten Hirsche, der Graben wurde eingeebnet.

Den ältesten Tiergraben besass jedoch *Bern,* wo bereits 1382 ein «Tiergarten im Graben» genannt wird. Er lag im Stadtgraben südwestlich des Käfigturms, wo sich 1513–1765 auch der erste *Bärengraben* von Bern befand. Von 1530 an weideten die Hirsche auf der nach ihnen benannten Hirzenhalde. Mit der Erweiterung der Stadt bis zum Christoffelturm entstand ein neuer Stadtgraben, der 1764–1825 als Bärengraben diente. Später wurden auch die Hirsche hierher verlegt, denn seit dem 16. Jahrhundert hiess der Graben zwischen Marzilitor und Christoffelturm auch Hirschengraben. Zwischen dem Hirschengraben und dem Bärengraben lag der 1823 zugeschüttete Entengraben, so dass hier bereits drei verschiedene Tiergattungen vorkamen. Am bedeutendsten für Bern waren die Bären, das Wappentier der Stadt, denn sie wurden in Kriegszeiten zur Einschüchterung des Gegners in die Schlachten mitgeführt.

Um 1757 erhielt der Schanzengraben vor dem Murten- und Aarbergertor durch die Anpflanzung von Bosketten, die Anlage zweier Wasserbecken und den Bau eines Fachwerk-Stallgebäudes den Charakter eines öffentlichen Tiergartens, worin sich nicht nur Federvieh und Hasen, sondern auch Hirsche und seit dem Beginn des 19. Jahrhunderts auch einige Steinböcke tummelten. Der Bärengraben wurde 1825 zum drittenmal verlegt, nun in den Schanzengraben der Freitagsschanze. Erst 1857 entstand der heutige Bärengraben, in welchem jedes Jahr an Ostern die Jungtiere der Öffentlichkeit vorgestellt werden.

Kleinere Parks oder Promenaden mit Tiergehegen und Volieren traf man im Laufe des 18. und 19. Jahrhunderts in zahlreichen Schweizer Städten an. Diese entwickelten sich aus den ehemaligen *Tiergräben* zu *Tiergärten,* in denen die Grünanlagen dominierten. In *Basel* entstand auf diese Weise im Jahre 1871 der *Tierpark Lange Erlen.* Bereits in den Jahren 1863–1867 war der linksufrige Teil des Waldes längs der Wiese entsumpft und mit Spazierwegen und einer Promenade versehen worden. Ruhebänke und ein kleiner Weiher sorgten für angenehme Atmosphäre. Erst 1870 stifteten einige wohlhabende Bürger Schwäne und Enten für den beliebten Weiher. Nach der Gründung des Erlenvereins im Jahre 1871 siedelte man auch Hirsche an und erstellte Vogelvolieren. Die Tierhäuser und Ausläufe waren jedoch so angelegt, dass sie den Charakter des Parks nicht beeinträchtigten.

Ähnlich wie der Tierpark Lange Erlen wurde der *Tierpark Dählhölzli in Bern,* das schon vorher in der Engehalde einen Hirschenpark besessen hatte, angelegt. 1889 liess der Verschönerungsverein der Stadt Bern im Dählhölzli Fusswege auslegen und Bänke aufstellen. Bereits 1901 plante er am gleichen Ort einen zoologischen Garten. Doch erst 1937 entstand dann aufgrund eines neuen Projektes durch die Verlegung des Hirschbestandes der Tierpark Dählhölzli. Darin dominieren Gehölze und Grünflächen, die sich aus den Kinderspielplätzen und Freigehegen ergaben. Das Dählhölzli zählt deshalb zu

Bern · Der Bärengraben am Aarbergertor 1764–1825. Ansicht aus dem Beginn des 19. Jahrhunderts, als die Bären hier im alten Stadtgraben gehalten und zur Schau gestellt wurden.

Zürich · Hirschengraben im 18. Jahrhundert mit beidseitiger Promenade für das flanierende Publikum.

Basel · Blick auf das Spalentor von Süden mit dem Hirschengraben im Vordergrund. Ansicht von 1788.

Bern · Tierpark Dählhölzli, angelegt um die Jahrhundertwende und vergrössert 1937 mit Wald- und Uferpartien.

den schönsten Tierparks der Schweiz, weil die Lage und Bepflanzung besonders natürlich wirken und in diesem Sinne nicht mehr ein Park oder ein Garten, sondern eine Naturlandschaft erlebt wird.

Von den einst zahlreichen Tiergräben hat sich nur mehr jener beim Munot in Schaffhausen erhalten. Er vermittelt noch heute ein anschauliches Bild der Haltung von Tieren in Burg-, Festungs- und Stadtgräben.

Während sich der Tierpark hinsichtlich der Auswahl der Tiere am ehesten von den Tiergräben ableiten lässt, sind die Vorläufer der *zoologischen Gärten* in den botanischen Gärten zu suchen. Der Zürcher Naturforscher Conrad Gesner schlug bereits im 16. Jahrhundert vor, einen Medizinalkräutergarten mit der Schaustellung lebender Tiere zu verbinden und als öffentlichen Park einzurichten. Felix Platters Gärten und Sammlungen in Basel nahmen diese Idee wieder auf, doch erst mit dem «Jardin des Plantes» von Paris kam es 1635 zur Verwirklichung eines Medizinalkräutergartens mit exotischen Tieren.

Die Verstädterung in der zweiten Hälfte des 19. Jahrhunderts bewirkte indessen nicht nur ein erhöhtes Interesse an der Natur, sondern auch an der Tierwelt. Die Ornithologische Gesellschaft von Basel erliess deshalb im Jahre 1873 folgenden Aufruf zur Beteiligung an der Gründung eines zoologischen Gartens:

«Eine wegen ihres ungünstigen Einflusses auf das menschliche Gemüt unerfreuliche Thatsache unserer Zeit ist es, dass mit dem übermächtigen Anwachsen der Städte ... der Sinn für das freie Aufathmen in Gottes schöner Natur, die Empfänglichkeit für die herzerhebenden und geistesstärkenden Natureindrücke und damit auch die Einfachheit und Genügsamkeit in Sitte und Leben täglich mehr abnehmen. Vorzüglich ist es aber das für den stillen Beobachter so ungemein erquickende Leben und Treiben der uns näher und ferner umgebenden Tierwelt, welches selbst dem gebildeten Teil der Städter bald nur noch aus Büchern und Erzählungen meist sehr mangelhaft bekannt ist. In sehr vielen Städten ist man aber noch weitergegangen, indem man solche schöne Anlagen mit einer munteren lebenden Thierwelt bevölkerte, d.h. zoologische Gärten errichtete und auf diese Weise den Besuchern eine weitere unerschöpfliche Quelle der Unterhaltung, Erfrischung und Belehrung verschaffte.»

Der Zoologische Garten in Basel

Dieser sollte als erster schweizerischer Tiergarten die ganze Pracht und Schönheit der Alpentierwelt darbieten und ausserdem andere europäische Tiere zeigen. Den Plan für diesen zoologischen Garten entwarf der Basler Architekt Gustav Kelterborn zusammen mit einer Kommission nach dem Vorbild ausländischer Gärten. Vögel und anderes Federvieh kamen in Häuser mit volierenartigen Vorbauten. Für Wasservögel, Biber und Fischotter wurden kleine, umzäunte Teichlandschaften angelegt. Die Behausungen der Hirsche erhielten den Charakter winkliger Jagdschlösschen, die im Zentrum eines sternförmig

Basel · Zoologischer Garten. Planskizze aus der Entstehungszeit um 1874 mit den nur teilweise verwirklichten Gartenpartien.

ausstrahlenden Geheges standen und von Bäumen umgeben waren. Für das Bergwild schuf man ein von Tannen umgebenes romantisches Miniatur-Felsengebirge. Mittelalterlich anmutende dunkle Gemäuer und Gelasse errichtete man für die Eulen und die Bären. Der Stadtgärtner Weckerle sorgte dafür, dass von Anfang an mit Hilfe der Bepflanzung ein wirklicher Garten mit parkartigen Partien, Weihern und Bächlein entstand. Spätere Erweiterungen brachten eine Festwiese und aussereuropäische Tiere, da das Publikum diese bevorzugte. Die Tierhäuser wurden wenn immer möglich im Stil der Heimatländer der Tiere hergestellt. Das Hirschhaus, heute Rentier-Anlage, erinnert an skandinavische Holzbauten. Das Elefantenhaus zeichnete sich durch eine maurische Kuppel aus, und das Raubtierhaus glich einer Pagode. Dieser Stilpluralismus entsprach einerseits der Architektur der zweiten Hälfte des 19. Jahrhunderts, erinnerte aber andererseits an die Staffagen in den romantischen Landschaftsgärten wie dem Hameau im Petit Trianon in Versailles oder dem Schwetzinger Schlossgarten. Dies galt auch für die künstlichen Felsenpartien für Affen, Bären oder Seelöwen. Weiher, Spazierwege und Bepflanzung sollten eine Natürlichkeit vortäuschen und damit auch den Tieren zu einem natürlichen Auslauf verhelfen.

Unter dem Einfluss des Zirkus Hagenbeck ging man im Laufe unseres Jahrhunderts dazu über, die Zwinger oder Gehege der Raubtiere durch Territorien zu ersetzen, das heisst, an die Stelle des Käfigs trat eine Freianlage, die dem natürlichen Lebensraum eines bestimmten Tieres am ehesten entsprach. Es sollte zum persönlichen Grundbesitz des Tieres, seine Heimat werden. Dadurch wurde der zoologische Garten als in sich abgeschlossenes Territorium noch mehr zur Parkanlage und zur Lunge in der Grossstadt. Auch der Basler Zoologische Garten konnte sich diesen Erneuerungen nicht verschliessen. So entstanden um 1921 die künstlichen Felsenbauten des weltbekannten Zürcher Bildhauers und Tierfreundes Urs Hegen-

Basel · Zoologischer Garten. Altes Hirschhaus, heute Rentieranlage mit den ursprünglichen Gehegen.

Basel · Zoologischer Garten. Zebrahaus, errichtet zu Beginn des 20. Jahrhundert im maurischen Stil.

schwiler, der Murmeltierfelsen und die Seelöwenanlage. Ihnen folgten später der Affenfelsen, die Bären-Freianlage und der Steinbockfelsen.

Bei der 1974 begonnenen Neugestaltung der Basler Zoolandschaft unter Kurt Brägger ging man davon aus, dass die Romantik und der geistige Hintergrund des englischen Landschaftsgartens die Voraussetzungen für die Gestaltung bildeten und deshalb weiterzuentwickeln waren. Die ehemalige Ausrichtung des Ausbaus auf die Tierschauhäuser wurde fallengelassen und durch die Idee eines von Tieren bewohnten Landschaftsgartens ersetzt. Daraus ergaben sich neue Gestaltungsprinzipien. Die Nutzung und Gestaltung sollten den natürlichen Gegebenheiten des Geländes des Flusstales angepasst werden. Über dem zur Talsohle fliessenden Wasser entstanden Geländeterrassen und Auen in logischer tektonischer Folge. Dadurch verschwand die Folge einzelner Schaustellungen

Basel · Zoologischer Garten. Gitterlose Freianlage mit künstlichen Felsen für die Eisbären, entstanden um 1930 als Ersatz für den ursprünglichen, mittelalterlich anmutenden Bärengraben.

zugunsten eines landschaftlichen Zusammenhangs in der Form eines Spaziergangs ohne abrupte Übergänge. Dazu gehörten das Verbergen der Grenzen und eine neue Wegführung, die den Eindruck der Weite hervorruft. Erdwälle oder Bepflanzungen verbergen zunächst die unmittelbare Fortsetzung eines Weges und nehmen dem Auge das städtische Mass der Weglänge weg. Unmittelbare Nähe und weite Ferne werden auf diese Weise natürlich erfasst. An die Stelle der Wegachsen mit beidseitigen Gehegen tritt nun ein Ausblick, indem sich die Wege – bald links und bald rechts von Vegetation gesäumt – zu grünen Fenstern öffnen, von denen aus nur ein Gehege überblickt wird. Dadurch sind die Tiere nicht mehr wie früher auf Präsentiertellern ausgestellt. Jedes Gehege oder Territorium bildet ein in sich geschlossenes Ambiente aus Bodengestaltung, Vegetation und Tiergestalt. Bestimmte Tierarten werden bestimmten Pflanzengesellschaften zugeordnet. Auch die Gebäude unterwerfen sich dieser Landschaftsgestaltung, weshalb das neue Affenhaus bis aufs Dach begehbar und von Vegetation überwuchert ist. Ebenso versinkt der Weg zu den tief gelegenen Räumen des Vivariums allmählich in der Ufervegetation eines Teiches. Tierhäuser werden aber auch unter die Erde oder in Geländestufen gelegt. Diese neuen Grundsätze, nach denen

Basel · Zoologischer Garten. Neue Elefantenanlage mit natürlicher Gestaltung des Auslaufs.

der Basler Zoologische Garten zur Zeit erneuert wird oder teilweise schon ist, entsprechen den heutigen Bedürfnissen nach Natürlichkeit und bringen eine Renaissance des englischen Landschaftsgartens.

Der erst 1929 eröffnete *Zoologische Garten in Fluntern bei Zürich* ist zwar hinsichtlich seiner Bauten zukunftsweisend, kennt jedoch nicht die differenzierte Landschaftsgestaltung des Zoologischen Gartens in Basel, wo sich der Garten immer mehr zu einem Tierpark entwickelt, der zwar mit neuzeitlichen Mitteln, aber ganz im Sinn und Geist von Hirschfeld als unverdorbene Landschaft wirken soll. Wenn Brägger die Spuren des künstlichen Ursprungs der komplizierten Anlagen verwischen will, wenn er die sichtbare Architektur auf das unumgänglich Notwendige beschränkt, das Garteninnere von sichtbaren Gebäuden freihält, die Trennung zwischen Mensch und Tier durch Gräben in Form von natürlich gestalteten Wasserläufen optisch aufhebt und zugleich alle vom Menschen geformten Gartenmotive, wie Blumenbeete, geschnittene Hecken und Bäume oder gepflegten Rasen, verschwinden lässt, dann sind wir der natürlichen Landschaft nicht mehr fern und erleben erneut eine Art Anti-Garten, der uns an den englischen Landschaftsgarten der Frühzeit erinnert.

Denkmalgärten und Friedhöfe

Das Fehlen von Fürstenhöfen in der Schweiz hatte zur Folge, dass vor der Französischen Revolution eigentliche Denkmäler sozusagen unbekannt blieben. Nach den Reiseberichten des 17., 18. und 19. Jahrhunderts betrachtete man auch Schlachtkapellen oder Kapellen, welche – wie die Tellskapelle – an Heldentaten erinnerten, als Denkmäler. Sie waren als Stätten der Erinnerung erbaut und hatten noch durchwegs sakralen Charakter, riefen aber im 19. Jahrhundert vermehrt auch die Heldentaten der Eidgenossen wach. Eigentliche *Denkmäler* entstanden allerdings erst durch das Aufkommen des Geschichtsbewusstseins und des Nationalgefühls im 18. und 19. Jahrhundert. Die Mehrzahl der Denkmäler war noch ganz naturverbunden, denn mit dem Erlahmen der architektonischen Ausstrahlung der Gebäude wechselte das Denkmal ganz im Sinn und Geiste der Romantik von der Architektur zur Natur. Damit vertauschte es seine bauliche Verbundenheit ähnlich wie die öffentlichen Gebäude jener Zeit mit der Isolation. Es ist deshalb keineswegs verwunderlich, wenn wir einer Art Vorstufe der Denkmäler in den romantischen Landschaftsgärten wie in der Eremitage in Arlesheim oder auf dem Bilstein bei Langenbruck begegnen. Auch das erste Gessner-Denkmal in Zürich fand seinen Platz in der Platzspitzanlage. Waren es anfangs noch bescheidene Denkmäler für Dichter oder Philosophen, so kamen später Gedenkinschriften für Staatsmänner und Kriegshelden hinzu. Der Schritt zu den isolierten Gedenkinschriften in der freien Natur drängte sich auf. Beispiele dieser Art waren der Felsen am Klöntalersee mit der Inschrift zu Ehren von Salomon Gessner, das 1783 auf der Altstad-Insel beim Meggenhorn im Vierwaldstättersee errichtete und 1796 vom Blitz zerschmetterte Nationaldenkmal und der berühmte Schiller-Stein am Vierwaldstättersee. Doch das an die Macht gekommene Bürgertum suchte für seine Vorfahren, Staatsmänner, Dichter, Denker und Künstler weitere Denkmäler als Ausdruck seines Selbstbewusstseins.

Zürich · Denkmal für den Botaniker Conrad Gesner im Botanischen Garten «Zum Schimmel» in Wiedikon, um 1782.

Wenn nicht in der freien Natur, so sollten die Denkmäler doch in einer ihnen würdigen Umgebung aufgestellt werden. Dazu eigneten sich zweifellos die öffentlichen Parkanlagen am besten. Aus diesem Grunde kam es im Laufe des 19. Jahrhunderts zu einer wahren Denkmalschwemme in Vorgärten von öffentlichen Gebäuden, Promenaden, Parks und Quaianlagen. Da ausserdem in der Schweiz die andernorts für Denkmäler beliebten grossen Plätze fehlten, gab man sich schliesslich auch mit kleinen Blumenbeeten zufrieden.

Denkmalgärten

Das erste grosse Denkmal in der Schweiz mit einem eigenen Park war das *Löwendenkmal in Luzern,* das auf Initiative von Karl Pfyffer von Altishofen um 1821 geschaffen wurde. Die kolossale Löwenfigur von Bertel Thorwaldsen gefiel zwar den Zürchern nicht, da diese lie-

Zürich · Denkmal zu Ehren des Idyllendichters Salomon Gessner in der Platzspitzanlage, um 1800.

Luzern · Nationaldenkmal auf der Altstad-Insel beim Meggenhorn, errichtet 1783 und durch Blitz zerstört 1796.

Luzern · Löwendenkmalpark mit Löwendenkmal, 1821 von Lukas Ahorn nach Bertel Thorwaldsen, Park von Konrad Stadler.

Balgach · Denkmal für Jakob Laurenz Kuster, geschaffen 1829 von Lukas Ahorn als Altar auf einer Insel.

Genf · Monument Brunswick, errichtet 1879 beim Quai du Mont-Blanc zu Ehren des Herzogs Karl von Braunschweig.

ber eine Kapelle oder ein schlichtes Monument gesehen hätten. Diese Idee wurde schliesslich mit einer Gedächtniskapelle im Löwendenkmalpark ebenfalls verwirklicht. Das Gesamtkonzept nach dem Entwurf von Konrad Stadler entsprach dem englischen Landschaftsgarten, indem die asymmetrische Parkanlage mit hohen Bäumen und gewundenen Spazierwegen den Eindruck der natürlichen Gewachsenheit hervorrief. Der Löwe in der Felsennische, der grosse Weiher davor und die Kapelle im Park waren so eingefügt, dass sie als zufällige Requisiten wirkten. Die ausgehauene Felsennische wird Teil des romantischen Naturbegriffs des Landschaftsgartens und geht auf den Typus der künstlich angelegten Grotte zurück, so wie sie in der manieristischen Parkarchitektur des 16. Jahrhunderts üblich war. Auch die Spiegelung des Denkmalfelsens im Weiher wirkt durch den Vexierbildeffekt als Naturspielerei. Im Gegensatz dazu enthält die allegorische Kolossalfigur des Löwen barockes Pathos. Somit vereinen sich beim Löwendenkmal romantische und barocke Strömungen, wie sie für die Übergangszeit vom klassischen zum englischen Landschaftsgarten typisch sind. Wie das Löwendenkmal durch einen Teich vom Beschauer getrennt und damit in gewissem Sinne isoliert ist, so wurde auch das *Denkmal für Jakob Laurenz Kuster in Balgach*,

das Lukas Ahorn 1829 schuf, als römischer Altar auf einem künstlichen Inselchen inmitten der freien Natur errichtet. Es liegt etwas westlich des Schlosses Grünenstein. Das Wasserbecken ist quadratisch und mit einem Steinrand eingefasst, während die ovale Insel mit dem kleinen Monument von einem Eisengitter umgeben ist. Die Trennung ist somit im Vergleich mit dem Löwendenkmal noch verstärkt. Noch mehr von der Umgebung und den Betrachtern isoliert ist das Denkmal, das die Stadt *Genf* 1838 für Jean-Jacques Rousseau errichtete. In Anlehnung an die *Rousseau-Insel* in Ermenonville bei Paris gestaltete man das aus dem Jahre 1583 stammende Flussbollwerk zu einer Insel um, bepflanzte diese mit Pappeln und umgab das von James Pradier geschaffene monumentale Bronzedenkmal mit einer kleinen Grünanlage. Damit besass Genf einen Denkmalgarten als Insel, die nur mittels Brücken erreichbar war und in ihrer Isoliertheit durchaus dem Ideal der ersten Hälfte des 19. Jahrhunderts entsprach. Im gleichen Jahr wie die Rousseau-Insel entstand vor dem Hafen von Rolle eine künstliche Insel zu Ehren von César Frédéric de La Harpe mit einem 1844 eingeweihten Denkmal, einem Obelisken von Henri Fraisse und vier bronzenen Medaillons von James Pradier. Die von Bäumen bepflanzte *Ile de La Harpe* und ihr Denkmal

sind nur mit einem Schiff erreichbar und daher noch mehr isoliert als die Rousseau-Insel in Genf.

Strebte man in der ersten Phase der Denkmalgärten noch die Schaffung von neuen Gärten und eine starke Naturverbundenheit an, so behalf man sich in der zweiten Hälfte des 19. Jahrhunderts mit bestehenden öffentlichen Grünanlagen und versuchte die Eingliederung der Denkmäler. In diese Richtung weist in Genf einerseits das 1869 vor dem «Jardin anglais» errichtete «Monument National» und andererseits das 1879 auf dem Quai du Mont-Blanc aufgestellte neogotische *Monument Brunswick,* das zu Ehren des 1873 in Genf verstorbenen Herzogs Karl von Braunschweig errichtet worden ist. Als eines der grossartigsten Denkmäler jener Zeit steht es in einer kleinen Parkanlage und zugleich am Quai, so dass die Naturverbundenheit gewahrt bleibt.

In ähnlicher Art wie die Denkmäler von Genf ist das Tell-Denkmal in Lugano, geschaffen 1852 von Vincenzo Vela, ursprünglich vor dem Hôtel du Parc und heute beim Casino aufgestellt. Das von Friedrich Auguste Bartholdi 1895 geschaffene Strassburger Denkmal gegenüber dem Bundesbahnhof in Basel wurde zum Bestandteil einer umfassenden, aber bereits bestehenden Grünanlage. Für das Hebel-Denkmal hingegen fand man erst 1899 nur eine kleine Blumenrabatte vor der Peterskirche in Basel.

Rolle · Ile de La Harpe. Künstliche Insel mit Obelisk, errichtet 1844 zu Ehren von César Frédéric de La Harpe.

In Bern wählte man für die Aufstellung des *Weltpostdenkmals* die Kleine Schanze, die zu diesem Zwecke 1904 durch eine künstliche Felsengruppe und einen Teich bereichert wurde. Für das Welttelegraphendenkmal von 1911 fand man nach zehnjährigem Standortstreit das Rondell des Helvetiaplatzes als geeignet. Anderseits suchte man auch wieder eine architektonische Verbindung des Denkmals zur Umgebung. So entschied sich 1908 die Jury für das *Reformationsdenkmal* in Genf für eine architektonische Lösung. Das erst 1917 vollendete Denkmal entwickelt sich als monumentale Reliefmauer, die sich der Linienführung der Bastionen anpasst und auf die bereits 1726 angelegte «Promenade des Bastions» Rücksicht nimmt. Interessanterweise ist auch dieses Denkmal wie das Löwendenkmal durch eine Wasserfläche vom Beschauer getrennt, so dass eine respekteinflössende Distanz besteht. Anstelle der romantischen, zufällig wirkenden Anordnung ist eine architektonisch klare Trennung und Einfügung angestrebt. Sie entspricht dem Wiederaufleben der architektonischen Gartengestaltung jener Zeit und leitet damit zur Gartengestaltung des 20. Jahrhunderts über.

Genf · Reformationsdenkmal in der Promenade des Bastions, errichtet als Reliefmauer 1917.

Friedhöfe

Wie das Denkmal, so sollte auch der Grabstein an die Vergänglichkeit und zugleich an die Auferstehung erinnern. Aus diesem Grunde suchte man schon sehr früh auch für die Gräber einen eigenen Ort, der den Grabesfrieden gewährleisten sollte. Die ältere Form oder der ältere Name für die Begräbnisstätten war der *Kirchhof* bei der Kirche. Er erhielt sich in der reinsten Form bis heute bei den Landkirchen. Seine Einfriedung bestand ursprünglich aus einem Dornhag mit Weissdorn oder Wildrosen. Diesen löste ein Palisaden- oder Plankenzaun ab, doch wurden später die meisten Kirchhöfe von einer Mauer umgeben, wobei dieser Einhegung kultische und rechtliche Bedeutung zukam. Die Mauerkrone war oft mit apotropäischen Pflanzen, wie der Hauswurz, bepflanzt. Die Kirchhofmauer, die Kirche und der Prozessionsweg bestimmten die Abgrenzung und grobe Einteilung der Kirchhöfe. Innerhalb dieses Rahmens waren die Gräber nach Ständen usw. eingeteilt. Das Gräberfeld selbst war ursprünglich eine grüne Wiese, die das Paradies symbolisierte. Dazu gehörte eine eigene Flora von Stauden, Sträuchern und Bäumen. Dem altgermanischen und keltischen Totenkult entnahm man die Eibe als Totenbaum. Wie in den Bauerngärten oder in den Kreuzgängen fanden sich auf den Kirchhöfen auch Wacholder, Holunder und Hagedorn. Die Linde hingegen stand meist vor dem Kirchhof. Die spätere Baumbepflanzung einzelner Grabstellen brachte fremde, zum Teil überseeische Arten auf den Kirchhof. Die aus dem Süden stammende Zypresse wurde dabei im Norden durch Thuja-Arten ersetzt. Die Pflanzen und Blumen auf den Gräbern wurden ursprünglich aufgrund ihrer Heil- und Zauberkraft ausgewählt, sollten aber auch Zierpflanzen sein.

Der im Blick auf die Gartenarchitektur weit interessantere *Friedhof* bezeichnet das Gräberfeld ausserhalb der Stadt. Die Via Appia in Rom, die Aliscamps in Arles und die Champs Elysées in Paris zeugen davon, dass bereits die Römer diese Art von Begräbnisstätten kannten. Im Mittelalter hingegen zog man aus kultischen Überlegungen und Gründen der Sicherheit die Bestattung im Kirchhof oder in der Kirche vor. Abweichungen kannte man bei Schlachtfeldern oder Pestäckern, denen man durch den nachträglichen Bau von Kapellen einen sakralen Charakter verlieh.

Im Spätmittelalter zwang die Bevölkerungszunahme die Städte dazu, ihre *Gottesäcker* ausserhalb der Mauern

Links: Schaffhausen · Junkernfriedhof. Vor der Reformation Kreuzganggarten des Klosters Allerheiligen.

Gentilino · Malerische Zypressenallee als Zugang zum Friedhof mit Kirche S. Abbondio und Beinhaus.

anzulegen. Hygienische und sanitärische Rücksichten leisteten seit der Reformation dieser Trennung von der Kirche Vorschub. 1529 erhielt Chur ausserhalb der Stadt den Scaletta-Friedhof. 1541/42 verlegte man in Aarau den Begräbnisplatz von der Stadtkirche vor das Laurenzentor. Im 17. Jahrhundert entstanden sowohl in Basel als auch in Zürich neue Friedhöfe vor den Stadtmauern. Erst die Aufklärung förderte die vollständige Loslösung der Begräbnisstätte von der Kirche. Dies führte zu einer Verweltlichung und Säkularisation des Friedhofs- und Bestattungswesens. Allerdings waren die Traditionen der Kirchhofbestattung noch sehr stark. Dies beweist Basel mit einem erst 1814 ergangenen Ratsbeschluss, wonach zu Stadt und Land niemand mehr in den Kirchen begraben werden dürfe und neue Begräbnisplätze anzulegen seien. Durch seine Loslösung von der Kirche und dem Kirchhof verwandelte sich der Friedhof in eine selbständige Anlage, die wie ein Kunstwerk als Garten oder Park gestaltet werden konnte. Bereits 1628 hatte Josef Furttenbach einen Friedhof entworfen, der in seiner geometerischen Anlage dem mathematischen Denken jener Zeit und damit dem Schema des barocken Gartens entsprach. Dieser geometrische Typus des Friedhofs war bis ins 19. Jahrhundert hinein beliebt und erhielt sich bei kleineren Friedhöfen bis heute. So entwarf im Jahre 1818 der Bäckermeister Josef Affolter den Katharinenfriedhof an der Baslerstrasse in Solothurn als rechteckige Anlage mit einem Achsenkreuz und gleichmässigen Rechteckfeldern. Pappeln sollten den Eingang flankieren und Trauerweiden die Weihwasserbecken beschatten.

Die Ideale des *englischen Landschaftsgartens* erfassten im Laufe des 19. Jahrhunderts auch den Friedhof. Der

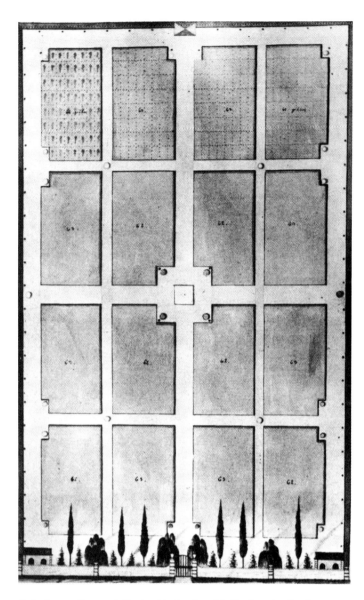

Solothurn · Entwurf für den Katharinenfriedhof an der Baslerstrasse, von Bäckermeister Josef Affolter, 1818.

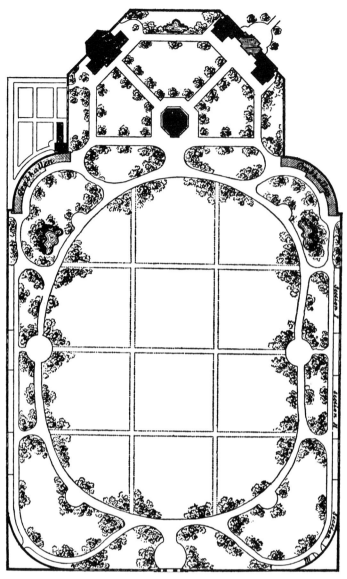

Basel · Gottesacker auf dem Wolf, angelegt 1872 nach Plänen von Amadeus Merian unter Mitarbeit von Rudolf Fechter.

Junkernfriedhof des Klosters Allerheiligen in Schaffhausen beweist allerdings, dass es bereits früher üblich war, die Toten im Baumschatten zu begraben. Doch nun sollte zum erstenmal seit dem St. Galler Klosterplan die planmässige Verwirklichung dieser Idee erfolgen. Interessanterweise zeigten sich zur selben Zeit in der Grabmalkunst Anzeichen des Zerfalls, weshalb Sckell ohne Rücksicht auf die Grabmäler 1825 verlangen konnte, dass «die Denkmäler zeitlicher Trennung von schönen Bäumen malerisch bekleidet ... halb versteckt, in einer Dämmerung von Schatten ... gesehen werden. Nur durch die Pflanzung kann ein solcher Trauer-Ort verschönert und sein schauerlicher Charakter in ein heimliches, mildes Bild verwandelt werden.» Auch Hirschfeld hatte sich in diesem Sinne geäussert, doch hatten zu jener Zeit seine Anweisungen wenig Erfolg.

Der *Park- oder landschaftliche Friedhof*, gekennzeichnet durch den bewusst herbeigeführten landschaftlichen und parkartigen Gesamteindruck, umfasste die sich dem Terrain anschmiegenden, unregelmässigen Wegzüge und Pflanzen, die das eigentliche Gräberfeld verdeckten. Das Resultat war ein unregelmässiger Grundriss, in dem das Totenfeld, der eigentliche Friedhof, als Kompositionselement stark zurücktrat. Diese neuen Ideen vermochten sich zu Beginn des 19. Jahrhunderts noch nicht durchzusetzen. Der damals neu angelegte Friedhof Monbijou in Bern beeindruckte zwar durch seinen «aspect d'un riche jardin», und das «Bündnerische Volksblatt» von 1831 wünschte die Umgestaltung der Kirchhöfe in Totengärten, doch zu eigentlichen Parkfriedhöfen kam es noch nicht.

Man erkannte sehr bald, dass die Idee des englischen Parks nur schwer mit den Aufgaben der Begräbnisstätten

Basel · Gottesacker auf dem Wolf. Blick auf einen Weiher mit Grotte und Felspartien, entstanden 1872.

in Einklang zu bringen war, da der Raum und die Mittel dazu fehlten. Erst in der zweiten Hälfte des 19. Jahrhunderts vermochte sich der landschaftliche Friedhof oder Parkfriedhof auch in der Schweiz durchzusetzen. Besonders aufschlussreich unter diesem Aspekt ist der 1872 in Basel eröffnete Gottesacker auf dem Wolf. Von Stadtbaumeister Amadeus Merian unter Mitarbeit von Rudolf Fechter entworfen, wirkte er hinsichtlich der Eingangspartie und der Gesamtanlage eher streng geometrisch. Der Rundweg und die seitlichen Ausbuchtungen mit den geschwungenen Wegen, dem Buschwerk und den stehenden Gewässern führten allerdings zu freieren Formen, die an englische Parkanlagen erinnern. Noch einen Schritt weiter wagte man sich in Zürich mit dem Friedhof auf Manegg. Der älteste Teil des Friedhofs von 1897 weicht sowohl in der Wegführung als auch in der Stellung der Bäume jeglicher Symmetrie aus, so dass wir hier den ersten Parkfriedhof in der Schweiz antreffen. Dem romantischen Ideal der Jahrhundertwende entsprach jedoch dieser Park noch nicht, und man erfand den *Waldfriedhof* als ein Stück von der Technik unberührter Natur. Als in Schaffhausen die vorhandenen Aussenfriedhöfe zu Beginn des 20. Jahrhunderts nicht mehr genügten, entschloss sich die Stadt für einen einsamen Friedhof im Rheinhardwald. Die Pläne dazu schuf 1909 der Schöpfer des Münchner Waldfriedhofs, Dr. Hans Grässel. Die 1919 eröffnete Anlage umfasste zwölf Hektaren Wald, der sich vorwiegend aus Buchen, Föhren und Eichen zusammensetzte. Er untersteht als Wald dem eidgenössischen Forstgesetz, das die Erhaltung und Erneuerung des Baumbestandes vorschreibt und dadurch zugleich den Charakter des Friedhofs prägt. Der ursprüngliche Gedanke, die Gräber einzeln oder in Gruppen frei in die Waldlandschaft einzufügen, wurde später aus Gründen der Ökonomie und des Unterhalts fallengelassen. Man ging vielmehr dazu über,

für die verschiedenen Grabarten Felder anzulegen, welche den örtlichen Verhältnissen angepasst sind. Nach diesem ersten Waldfriedhof unseres Landes folgten weitere, darunter jener von 1919 in Davos, der in einem vorhandenen Lärchenhain angelegt worden ist.

In den grossen Städten war aus dem ehemaligen Kultort der Begräbnisstätte ein Schaufeld für die Besucher entstanden. Wer kein Denkmal in der Stadt erhielt, konnte sich auf dem Friedhof ein Monument erstellen lassen. Die *Zentralfriedhöfe* der Städte waren voll von skurrilen und aufwendigen Grabmälern. Die Gartenkunst beschränkte

Schaffhausen · Waldfriedhof im Rheinhardwald, angelegt nach Plänen von Hans Grässel, 1909–1919.

sich hier auf die Bepflanzung der Grabsteine, Figuren und Tempelchen. Den Höhepunkt dieser Entwicklung erleben wir im italienischen *Camposanto,* in der Schweiz am vortrefflichsten vertreten in Locarno.

Andererseits ging man dazu über, die alten ehemaligen Friedhöfe in öffentliche Grünanlagen mit Spielplätzen umzuwandeln. Beispiele hiefür sind der Scaletta-Friedhof in Chur, der Kannenfeld-Gottesacker in Basel und der

Basel · Friedhof am Hörnli, angelegt 1927–1932 als streng architektonische Anlage. Blick Richtung Einfahrt.

Winterthur · Friedhof Rosenberg. Urnenhain, angelegt 1924 nach Plänen der Architekten Robert Rittmeyer und Walter Furrer.

Rosengarten in Bern. Die Kulturkritik der Jahrhundertwende und die dadurch verursachte Vereinheitlichung der Gräber und der Grabmäler kamen der Tendenz entgegen, im Friedhof die Landschaft dominieren zu lassen. Der *architektonische Friedhof* des 20. Jahrhunderts kehrte zwar zum strengen Grundriss der geometrischen Friedhöfe zurück und nahm die axiale Anlage mit beherrschenden Gebäudegruppen und symmetrische Verteilung der Gräberfelder wieder auf, doch trat nun das pflanzliche Material stärker hervor, und die Gehölzmassen wurden zu raumbildenden Elementen.

Noch ganz im Stile des architektonischen Friedhofs ist der 1927–1932 entstandene Friedhof am Hörnli in Basel angelegt. Als umfangreiche repräsentative Anlage am Fusse des südlichsten Schwarzwaldausläufers nimmt er den Geländeabfall in Terrassen auf. Eine kalte und feierliche Stimmung umfängt den Besucher angesichts der symmetrischen Gestaltung dieser monumentalen Nekropole, die von den kritischen Zeitgenossen ironischerweise mit Versailles oder den Boboli-Gärten in Florenz verglichen wurde. Eine breite Allee von pyramidenförmig geschnittenen Eiben führt zu einer breiten Treppe, über der sich die Hauptterrasse mit den repräsentativen Gebäuden beidseits der offenen Mittelachse erhebt. Da die Mittelachse

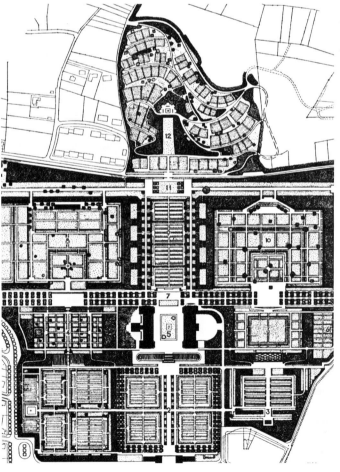

Basel · Grundriss des 1927–1932 angelegten Friedhofs am Hörnli mit der symmetrischen Struktur an Hanglage.

Locarno · Camposanto, angelegt 1835 mit den für das 19. Jahrhundert typischen Grabmälern und Gebäudeformen.

durchgezogen ist und die Gebäude sie nur flankieren, erinnert die Anlage an den Garten der Villa Lante in Bagnaia. Die Querachsen sind wie in Barockgärten teilweise mit Baumalleen bepflanzt. Die architektonische und gartenkünstlerische Sprache ist mittelmeerhaft und bezieht ihren Gehalt aus den pathetischen Formen des italienischen Camposanto. Auch der Werkbund-Architekt Hannes Meyer hatte sich am Wettbewerb für diesen Friedhof beteiligt. Die Proteste gegen das realisierte, zum Klassizismus tendierende Projekt waren nicht zu überhören. Eine Tageszeitung schrieb deshalb: «Wir glauben nicht, dass das Wesen unseres Gottesackers im Gewande einer grossen Parkanlage mit pompöser Hauptachse und prunkvollen herrschenden Gebäuden erfüllt sei.»

Die Erweiterungen des 1897 entstandenen Parkfriedhofs Manegg in Zürich brachten 1906 und 1938 ebenfalls eine deutliche Tendenz zur architektonischen Gestaltung. Auch der 1902 eröffnete und 1928–1934 zu einer parkartigen Grossanlage erweiterte Friedhof Enzenbühl in Zürich konnte auf architektonische Elemente nicht verzichten, doch verspürt man hier bereits den Übergang zur naturnahen Gestaltung. Die neueren Friedhöfe sind meist als Park- oder Waldfriedhöfe angelegt, weil sie zugleich als Erholungs- und Grünflächen am Rande der Städte dienen sollen.

Die apotropäische Bedeutung der Friedhofpflanzen ist heute vollständig zurückgetreten. Bäume, Sträucher und Blumen übernehmen die Rolle der alten Grabmalsymbolik; der Gartenarchitekt erfüllt die Funktion des Bildhauers und Malers. Die Kargheit der Bauten oder Grabmäler wird heute von Pflanzen und Blumen überdeckt. Dadurch ist die gärtnerische Ausgestaltung eines der wichtigsten Kennzeichen der neuzeitlichen Friedhöfe geworden. Heimisches Material für die Grabsteine und standortgerechte Gehölze nehmen dabei auf die Umgebung und die Landschaft Rücksicht. Unter diesem Aspekt ist der Friedhof zu einer der bedeutendsten Leistungen der Gartenarchitektur der Nachkriegszeit geworden. Die Schweiz kann sich rühmen, mit ihren Friedhöfen zu Stadt und Land dem freieren landschaftlichen Friedhofgarten zum Durchbruch verholfen zu haben. Der Friedhof Zollikon bei Zürich von 1917–1940 und der Friedhof Rosenberg in Winterthur von 1933, aber auch zahlreiche kleinere Landfriedhöfe zeigen die Wandlung der Friedhofarchitektur vorwegs in der deutschen Schweiz auf. Das Problem, wie die Aufteilung des Friedhofs in Bestattungs-, Weg-, Pflanz- und Wirtschaftsflächen erfolgen soll und wie sich die Ideen der Gartenarchitekten mit den Aufgaben des Friedhofs in Einklang bringen lassen, ist allerdings geblieben, doch verspürt man bei allen Neuanlagen das Bemühen um eine gartenarchitektonische Lösung.

Gartenkunst des 20. Jahrhunderts

Der Architekturgarten

Die Kritik am englischen Landschaftsgarten setzte vor allem um die Jahrhundertwende ein, als *Paul Schultze-Naumburg* 1904 in seinen «Kulturarbeiten» den kleinformatigen, bürgerlichen Landschaftsgarten angriff: «Wenn man nämlich Gärten anlegt, so muss man dabei bekennen; ich mache jetzt einen Garten, das heisst, ein Menschenwerk, und dabei nicht so tun, als ob man ein Flussgott wäre, der sich durch die Wiesen schlängelt. Wobei auf kleinen Flächen übertrieben gewundene Wege herauskommen, auf denen man sich keinen Schritt mehr vorwärts bewegen kann, sondern beständig bald rechts, bald links taumelnd durch den Garten tänzeln muss.» Lächerlich fand Schultze-Naumburg, wie jeder Bürger «sich beim Gartenkünstler ein Wässerchen bestellt», Teichlein, die bei 50 Fuss Ausdehnung 25 Kurven hätten. Zwischen sonderbaren Tropenpflanzen ragten schreckliche Miniaturruinen empor, von Elfen und Zwergen belebt. Wie schön seien doch dagegen schlichte Erdbeerbeete, hellgrüne Salatpflanzen, dort wieder dunkle, die Farbenpracht des Rotkohls. Bereits 1889 schlug Xaver Steiner, ein Gärtner aus Schwyz, vor, in die Parkanlagen anstelle der Exoten heimische Obstbäume einzuführen.

Eine der zahlreichen Reaktionen auf den späthistoristischen Landschaftsgarten war der Architekturgarten. Als eine Antwort auf die Auswüchse im bürgerlichen Landschaftsgarten entpuppt er sich aber auch als ein Kind des Historismus, da er sich weitgehend der geometrisch-abstrakten Formen bediente. Gleichzeitig setzte zur Überwindung des Stilpluralismus vom Kunstgewerbe her eine Erneuerung der Architektur ein, die im Zeichen des Jugendstils stand. Diese Bewegung leitete zusammen mit dem 1906 gegründeten Heimatschutz zum Architekturgarten über. Die treibende Kraft war in der Schweiz der Winterthurer Fabrikant, Sammler, Förderer des Kunstvereins, des Heimatschutzes und des Werkbundes,

Winterthur · Villa Tössertobel, angelegt von 1908 an. Blick auf den ehemaligen Küchengarten, umgestaltet mit Rasenfläche nach 1945.

Richard Bühler. Er verlangte bereits 1910, dass beim Gartenbau das künstlerische Prinzip in den Vordergrund gestellt werde. Der Garten solle der Kunst gehören. An der Zürcher Städtebauausstellung von 1911 bemerkte er: «Die Architektur ist wirklich die Kunst, mit der die Gartenkunst am meisten Verwandtschaft hat.» Haus und Garten sollten in Zusammenarbeit zwischen Architekt und Gärtner als Einheit geschaffen werden. Der Architekturgarten umfasste regelmässige Beete, gerade Wege, Terrassierungen und eine sinnvolle Anpassung an die umgebende Landschaft. Da die Landschaftsgärten angesichts der zunehmenden Überbauungen nicht mehr zu verwirklichen waren, suchte man notgedrungen eine stärkere Bindung an die Architektur. Man propagierte kleinere, intimere Gärten und erklärte, dass die Architektur für die Gestaltung des Gartens und den Blumenschmuck wesentlich sei. Der Gartengestalter habe sich der Linienführung der Gebäudearchitektur anzupassen, und der Gärtner müsse die bauliche Masse und deren Farbe beim Blumenschmuck des Gartens berücksichtigen. Der Blumenschmuck des Gartens sollte je nach Haustyp – Chalet, Bauernhaus, Vorstadtvilla usw. – verschieden sein. In der Zusammenstellung der Blumen war auf die Farbenharmonie zu achten. Rabatten und Beete beim Haus sollten sich in ihrer Farbenzusammenstellung der Wirkung der Gebäude und deren Farbe unterordnen. «Je schwerer die Bauart des Hauses, desto kräftiger dürfen die Farben der Blumenbeete sein, in reinem Rot, Blau oder Gelb. Je detaillierter aber die Bauart, je kleiner die Dimensionen, umso weicher müssen die Farbtöne der Blumen sein, Rosa, Violett, Orange.»

Diese Ideen beeinflussten allerdings nicht nur die neuen Gärten, sondern auch die Rekonstruktionen von Barockgärten. Es verwundert deshalb angesichts dieser Postulate nicht, wenn wir in den ersten beiden Jahrzehnten des 20. Jahrhunderts wiederhergestellte Barockgärten mit Blumenbeeten in sehr kräftigen, meist allzu starken Farben finden. Der Garten wurde nicht mehr als selbständiges architektonisches Element behandelt, sondern dem Hause untergeordnet. Darin liegt auch der Hauptunter-

Winterthur · Villa Tössertobel. Blick auf die Terassenpartie mit den kegelartig geschnittenen Eiben, bekrönt mit Hähnen.

Winterthur · Villa Tössertobel. Grundrissplan der Villa und des Gartens von Robert Rittmeyer und Walter Furrer, 1908.

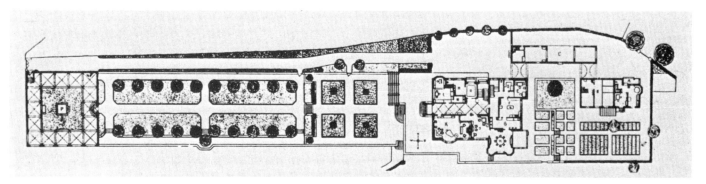

schied zwischen den geometerischen Barockgärten und den Architekturgärten des 20. Jahrhunderts.

Die grossen Vorbilder für diese neuen Architekturgärten lieferten die *Villengärten bei Winterthur*. Hier entstand bereits 1907 am Fusse des Lindenbergs die von den Erben Fröbels entworfene Gartenanlage der Villa Müller-Renner völlig symmetrisch in der Längsachse des Hauses. Horizontale Kies- und Rasenflächen waren in geometrischen Formen auf verschiedenen Ebenen so angelegt, dass die Neigung des Hanges nicht mehr fliessende Übergänge, sondern streng begrenzte Flächen dem Hause zuordnete. Natursteinmauern, Treppen und symmetrisch verteilte Pavillons dienten als Gestaltungselemente. Eine einfache Lindenallee ersetzte die sonst übliche artenreiche Bepflanzung, und Lattengitterwerk diente zur Aufnahme von Spalierbäumchen. Richard Bühler bezeichnete diese Anlage als einen Markstein der schweizerischen Baukunst. Was er hier als selbständige Eigenart einer langen bodenständigen Entwicklung betrachtete, ging allerdings auf barocke Vorbilder zurück. Mehr Eigenständigkeit bewies der Garten der Villa Tössertobel, die sich Georg Reinhart an der Kante einer vom Wald begrenzten Hügelkuppe errichten liess. Die langgestreckte Gartenparzelle wird von einer Stützmauer markiert und endet im Westen beim sogenannten Sonnenbad, das als Endpunkt der 300 Meter langen Gartenachse einen kreuzgangartigen Ort mit efeuumrankten Arkaden, einem Lebensbrunnen und einem Buddha darstellt. Die vom Haus ausgehenden Gartenterrassen entwickeln sich als eine Abfolge von verschieden gestalteten Räumen mit Freiplastiken als Schwerpunkten. Typisch für jene Zeit ist der Rosenhof mit den niedrigen Buchshecken um die Rosenbeete und den kegelförmig geschnittenen Eiben, die mit Hähnen bekrönt sind. Als Kontrast zum architektonisch gestalteten Garten wurden die freie Natur der Umgebung und die Waldränder durch Bepflanzungen bereichert. Die auf den Hauseingang gerichtete Gartenachse, die mit dem Solarium als «Point de vue» endet, erinnert jedoch noch an barocke Perspektiven. Bei der Villa Flora in Winterthur ging man sogar so weit, dass man den Landschaftsgarten in einen Architekturgarten umgestaltete. Im Zusammenhang mit der Aufstellung einer Grossplastik von Aristide Maillol im Jahre 1916 entstand ein kleines Geviert mit einer quadratischen Wasserfläche, geschnittenen Buchshecken und Taxusbäumchen an den Ecken. Rittmeyer und Furrer planten ausserdem regelmässige Kieswege, abgeschlossene Sitzplätze und Rasenflächen. Eine Allee von Rosenbäumchen führte zu der in eine geschnittene Hecke

Winterthur · Villa Tössertobel. Sitzender Tempellöwe am Eingang in den ehemaligen Küchengarten.

Winterthur · Villa Tössertobel. Blick in das kreuzgangartige Solarium am Ende der Gartenachse.

gefügten Gartenbank. Für die Skulpturen entstanden eigene Raumbezirke, die sogar den Franzosen Maillol begeisterten. Im gleichen Jahr entwarf Evariste Mertens den Garten der Villa Am Römerholz. Wie im Garten der Villa Flora wurden hier ursprünglich die regelmässigen Flächen durch niedrige Buchshecken mit geschnittenen Taxusbäumchen in den Ecken betont. Das heute ornamentlose Rasenparterre wird von Skulpturen von Maillol und Renoir bestimmt. Im Mockentobel liess sich die Familie Sulzer von der Firma Mertens einen abwechslungsreichen Landschaftsgarten planen, der als natürlicher Übergang vom Architekturgarten beim Hause zur freien Natur gedacht war. Dank der Aufgeschlossenheit einiger Kaufleute und durch die Tätigkeit der Firma Mertens kam Winterthur am Beginn des 20. Jahrhunderts zu den schönsten und bekanntesten Architekturgärten in der Schweiz.

Die Tendenz zum Architekturgarten machte sich auch andernorts bemerkbar. Als der englische Architekt M. H. Baillie Scott in den Jahren 1907–1911 dem Ostschweizer Industriellen Theodor Bühler das *Landhaus Waldbühl bei Uzwil* im Kanton St. Gallen erbaute, machte sich auch hier die Rückkehr zum Architekturgarten bemerkbar. Der erste Gartenplan von 1910, auch «Versailler Plan» genannt, fasst das rund 16 Hektaren umfassende Grundstück in einem übersichtlichen Achsensystem zusammen und bezieht dieses aufs Haus. Mit Hilfe einer Aufforstung wollte Scott die Grenzen des Grund-

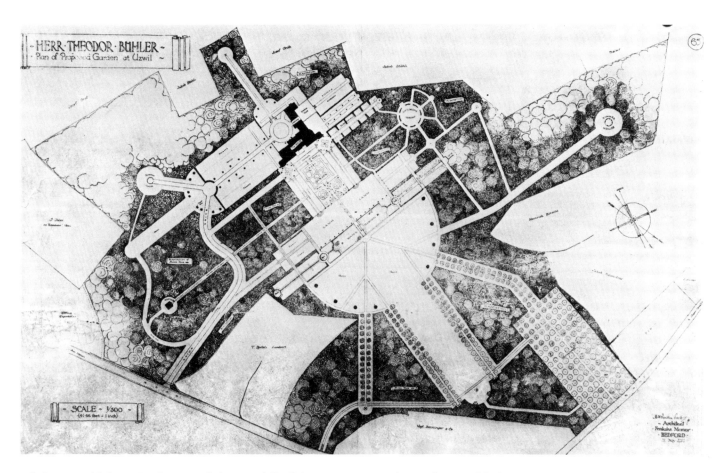

Uzwil · Landhaus Waldbühl. Sogenannter, nicht ausgeführter Versailles-Plan für den Garten, um 1907. Strahlenförmige Anlage mit halbkreisförmigem Rasenstück sowie Baumalleen im Wald.

stücks verschleiern. In den westlichen und östlichen Partien des Waldes waren gewundene Wege wie in Landschaftsgärten geplant. Ausserdem waren einige Pavillons scheinbar zufällig und spielerisch ganz im Sinne des Rokokos verteilt. Der Architekturgarten war aufs Haus ausgerichtet, doch seine Räume waren voneinander abgetrennt wie in den Gärten des 16. und 17. Jahrhunderts. Der Kontrast zwischen Haus und Garten war aber eigenartig, da das Haus englische Bauernhäuser zum Vorbild nahm, während der Garten an die aristokratischen Barockanlagen erinnerte. Im Unterschied zu diesen handelte es sich in Uzwil nicht um Repräsentation gegen aussen, da keine Alleen zum Ehrenhof führen und das Ganze vom Wald umschlossen gedacht war. Die Achsen und Höfe oder Parterres blieben in sich geschlossen und wiesen nicht ins Unendliche. Ausgeführt wurde schliesslich in Waldbühl nur der Architekturgarten in unmittelbarer Nähe des Hauses unter Verzicht auf die Aufforstung. Es sind dies vorwegs der Rosengarten mit den Terrassen vor dem Haus, der Pergola und dem Wasserbecken, das erst 1912 entstand. Verglichen mit dem sogenannten Versailler Plan trat anstelle der Offenheit und Grosszügigkeit der weitläufigen Achsen und breiten Plätze eine intime Geschlossenheit, die mit dem nach aussen geschlossenen Renaissance-Garten verwandt ist. Man suchte innerhalb des Gartens Geborgenheit.

Uzwil · Landhaus Waldbühl. Angelegt 1907–1911 vom englischen Architekten M. H. Baillie Scott.

Augst · Villa Clavel auf Castelen, angelegt um 1918 von Max Alioth. Blick über die Aussichtsterrasse mit dem Römerbad.

Ganz anderer Art ist der um 1918 entstandene Architekturgarten der *Villa Clavel auf Castelen in Augst*, auch wenn hier ebenfalls Barockgärten als Vorbild dienten. Die Aussichtsterrasse im Westen besteht aus einer streng geometrisch angelegten Gartenfläche mit Baumgruppen und Hecken sowie dem Römerbad in der Mitte. Das Ende der Achse markiert die Kopie einer Statue des Kaisers Augustus. Während dieser Gartenteil als Hochterrasse in sich geschlossen bleibt und vorwegs die Aussicht mit einbezieht, erstreckt sich auf der Einfahrtseite ein weites Rasenparterre, das von Bäumen umrandet ist. Hier entstand eine Achse mit offener Mitte, da die Wege seitlich den Baumreihen entlang führen. Somit ist auch dieser Garten nicht auf Repräsentation nach aussen gedacht, sondern bleibt in sich geschlossen. Die Einheit von Haus und Garten und die Durchführung der Achsen des Architekturgartens sind realisiert worden, doch bleibt die Geschlossenheit des Landschaftsgartens, die hier auch an Renaissancegärten erinnert. Der barockisierende Architekturgarten jener Zeit diente nicht mehr der Repräsentation nach aussen, sondern den Bewohnern und ihren Gästen.

Gleichzeitig mit dem Rückgriff auf geometrische Gärten und deren Gestaltung setzten in jener Zeit auch die Rekonstruktionen von Barockgärten bei barocken Landsitzen ein. Im Detail sahen auch diese anders aus. Man war nicht dazu bereit, die neu gezüchteten Pflanzen über Bord zu werfen und auf die Errungenschaften des Gartenbaus des 19. Jahrhunderts zu verzichten. So verhalten sich denn sowohl die neuen Architekturgärten als auch die Neubarockgärten zum Barockgarten in eher zwiespältiger Verwandtschaft. Daraus entstand eine Mischung zwischen Repräsentations-, Blumen- und Architekturgarten mit der Tendenz zu intimeren Teilen, die sich vom Landschaftsgarten nicht ganz lösen konnten. Unter den Architekturgärten aus dem Beginn des 20. Jahrhunderts finden sich auch die kleinen, mehr oder weniger öffentlichen Anlagen, die nur ein sehr begrenztes Areal umfassten. Ein Kuriosum oder Unikum besonderer Art ist unter diesem Gesichtspunkt der sogenannte *Fürstengarten* beim *Badischen Bahnhof in Basel*. Er entstand 1912/13 als Bestandteil von getrennten Räumen für den Aufenthalt von gekrönten und fürstlichen Häuptern auf der Westseite des Bahnhofs. Die rechteckige Fläche war von Gebäuden und einem Zaun mit Pfeilern umgeben und in der Mitte durch ein Portal mit Podesten und Gittertor geöffnet. Der Garten selbst besteht aus einem ovalen Rondell sowie einem Wasserbecken und einem prächtigen Brunnen in der Mitte. Es ist vorgesehen, diesen anlässlich der Restaurierung des Übernachtungsgebäudes des Bahnhofs zu rekonstruieren.

Im Zusammenhang mit der Wiederentdeckung des Architekturgartens erwachte das Interesse am alten Bauerngarten, der nahezu unversehrt die Jahrhunderte überdauert hatte. Der Basler Hermann Christ vermittelte 1916 ein genaues Bild des Bauerngartens aus der Zeit vor dem Ersten Weltkrieg. Sein Werk über die Geschichte des alten Bauerngartens der Basler Landschaft stiess auf grosses Echo, doch hielt die Aufwertung des Bauerngartens nur bis zum Zweiten Weltkrieg an.

Basel · Badischer Bahnhof. Alte Ansicht des ehemaligen Fürstengartens, angelegt 1912/13.

Der Wohngarten

Mit der Verkleinerung der Häuser und der zunehmenden Überbauung vor allem in den städtischen Verhältnissen entstand nach dem Ersten Weltkrieg der Wohngarten. *Le Corbusier* formulierte 1927 sein Programm für den Gartenbau in diesem Sinne: «Die Zeit der Gartenarchitektur ist vorbei. Der Garten ist Natur ums Haus. Seine Elemente sind Rasen, Bäume, Sträucher, Blumen, Wasser, Amseln, Tauben, Schildkröten usw. Die kristallinen Formen konkreten Denkens gehen nicht über den Architekturkörper hinaus, sondern treffen hier auf gegensätzliche, Spannung bereitende Formen: die der Natur. Die Natur erscheint wild. Im Garten will man sie ruhig betrachten, will drum herum gehen. Funktionen in geordnete Bahnen lenken, ist Aufgabe der Geometrie. Ihre ordnenden Kräfte kommen infolgedessen dann und wann auch in der Gartengestaltung zum Ausdruck.» Der Garten sollte nicht mehr einen Freiraum vor fremden Einblicken schützen, und das Gartentor wurde als asozial fallengelassen. In einem neuen Quartier gab es weder Privatgärten noch individuelle Fassaden, sondern unpersönliches, öffentliches Grün und analoge Häuser. Anstelle von Hausgärten verlangte man Dachgärten.

Gustav Ammann sah im gleichen Jahre die Gefahr dieser Wohngartenbewegung, die eigentlich den Naturgarten meinte, voraus und schrieb: «Aber wenn die Pflanzen beginnen, zwischen den Steinplatten der Wege und Treppen, zwischen den Mauern, um die Wasserbecken zu wuchern und gleichsam den baulichen Teil, also das Gesetzmässige zu sprengen oder zu verdecken, wenn, ihnen entgegenkommend, Mauern immer lockerer geschichtet, Platten immer loser zerstreut, Lauben in Einzelbögen und Ruten

Umgebung von Basel · Wohngarten in Hanglage mit natürlicher Terrassierung und einheimischer Bepflanzung.

Zofingen · Landhaus Hirzenberg. Umwandlung eines ehemaligen Barockgartens in einen Wohngarten. Die hangseitige Baumallee, als seitlicher Abschluss erhalten, sorgt für intime Atmosphäre.

aufgelöst werden, dann ist der Kreislauf geschlossen, die Romantik beginnt, der Landschaftsgarten ist wieder da.»

Die Auflösung der Fassaden ermöglichte die Verschmelzung der ebenerdigen Wohnräume mit dem Wohngarten. Die Gartengestaltung konzentrierte sich auf den Gartensitzplatz. Man betrachtet den Garten unbedingt als zum Hause zugehörig und lässt seine Entwicklung in erster Linie im Sinne der Bewohnbarkeit geschehen. Damit verzichtete man auf die Schaffung selbständiger architektonischer Gartenformen.

Vorläufer dieser Wohngärten, die ein raumvergrösserndes Erlebnis beim Haus anstrebten, gab es schon sehr früh. Dazu gehörten der eingefasste Kleingarten, der persische Dachgarten und Frauengarten, der römische Xystus, das mittelalterliche Paradiesgärtlein und die maurischen Gartenhöfe. Sie alle waren eine Art «Hortus conclusus». Der Wohngarten ist deshalb eine Erweiterung des *Wohnraums im Freien*. Dieser Raum sollte aber nach den Gesetzen der natürlichen Landschaft gestaltet werden. Die platzsparende Gartengestaltung nahm auch den Gartenausblick als raumvergrösserndes Element auf, die Aussichtsterrasse über dem See oder auf den Bergen. Räume in der Natur werden im Garten in Verkleinerung wiederholt. So wird ein freier Platz ähnlich wie eine Waldlichtung mit Büschen, Sträuchern oder Bäumen und Hecken begrenzt. Der moderne Wohngarten ist in der Regel von der Umgebung scharf abgetrennt. Ein ebener Rasen dient als Spielplatz, wird mit Spalier- und Buschwänden als Raum gefasst, liefert Blumen fürs Haus und enthält vielleicht auch eine Laube mit einem Sitzplatz im Schatten eines Baumes und einen Weg, der dazu führt. Im unselbständigen Gartenraum ist das Haus selbst der Akzent des Gartens. Rings um das Haus herum können verschiedene Räume entstehen. Wege, Alleen, Sitzplätze, Rosengärtchen, Gartenlauben und Terrassen können als Verbindung zwischen Wohnraum und Garten dienen. Da sich das Haus selbst gegen den Garten öffnet, dringt dieser auch in den Innenraum. Nicht nur dass der Garten dank grosser

Zürich · Aussenbezirk mit Vorgärten zwischen Trottoir und Hausfassaden aus der Jahrhundertwende.

Fenster im Innern wie ein Bild erlebt wird, sondern auch dadurch, dass sich im Zimmer Topfpflanzen, Blumenfenster und Wintergärten befinden.

Besonders reizvoll ist die Entwicklung des *Wohngartenhofs* in den Atriumgärten gewisser Einfamilienhaus-Siedlungen, wo auf engstem Raume ausser dem Sitzplatz auch der Spielplatz und das Blumenbeet sowie einige Sträucher als Hauptelemente des Gartens Platz fanden.

Die später aufgekommenen Flachdächer bei Ein- und Mehrfamilienhäusern ermöglichten die Schaffung von *Dachgärten,* wie sie das alte Rom bereits gekannt hatte: wiederum sind sie Ausdruck einer dichten Überbauung in den Städten. Diese Dachgärten mit Pflanzenkübeln und -trögen sowie gedeckten Sitzplätzen oder Lauben sind auch heute ein Ersatz für einen Garten auf ebener Erde, können aber je nach Fläche und Gestaltung intime Gartenerlebnisse wecken.

Obschon der Wohngarten eigentlich ein Naturgarten sein will, ist sein Aufbau, sein Gerippe, bewusst gestaltet, ohne dass die Natur in ihrem Wuchse dadurch eingeschränkt werden muss. Der Hang zum Natürlichen, aber künstlich Geschaffenen besteht nach wie vor, auch wenn die Tendenz zur sterilen Rasenfläche Oberhand gewinnt. Der echte Wohngarten ist deshalb nichts anderes als ein Stück gestaltete Natur.

In dieser Form finden wir den Wohngarten vor allem in der Zwischenkriegszeit auch bei öffentlichen Bauten, wie beim Kollegiengebäude der Universität Basel oder bei der Schweizerischen Landesbibliothek in Bern. Für kleinere Wohngärten schuf Oskar Mertens in Zürichs Vororten ausgezeichnete Beispiele. Auch Fröbels Erben hinterliessen in Zürich zahlreiche Gärten dieser Art bei neuen Villen am Seeufer. Die damals aufkommenden Gartenhöfe sind der Ausdruck einer rationellen, weil raumsparenden Gartenkultur. Kleinere *Reihenhausgärten* liessen sich unter Mertens' Hand zu eigentlichen intimen Wohngärten gestalten. Zu diesen Überbauungen gesellen sich die Vorgärten, die sowohl zum Haus als auch zum Strassenraum gehörten. Ein wesentliches Element des Wohngartens war der Weg, der als Blickfang dienen konnte und den Garten erschliesst. Böschungen, Mauern und Treppen in verschiedenem Material und unterschiedlicher Ausbildung dienten als Einfassung. Mit Vorliebe verwendete man Trockenmauern und Steintreppen, die man überwachsen liess. Zum Wohngarten gehörte aber auch das Zier- und Planschbecken und der Spielplatz für die Kinder. In seltenen Fällen schuf man ausserdem in einer Mulde ein Sonnenbad.

Auch wenn der Wohngarten in der Nachkriegszeit angesichts der hohen Landpreise immer mehr zusammengeschrumpft ist, so erhielt er sich trotz aller Modernismen bis heute dort, wo der Hausbesitzer Wert darauf legt, die Umgebung seines Hauses als Garten zu gestalten.

Winterthur · Bewachsene Stützmauer als Trennung zwischen Gartenräumen und als Element des Wohngartens.

Gartenstädte

Eine Folge der Verstädterung und der Wohnkasernen war der Versuch, die Vorstadtsiedlungen in sogenannte Gartenstädte einzukleiden. Ihre Vorläufer waren die *Arbeitersiedlungen* mit Reiheneinfamilienhäusern und kleinen Nutzgärten. Diese entstanden zuerst in den Industriestädten wie Winterthur, wo 1852 die Siedlung der Firma Rieter, später die Siedlung der Firma Sulzer und 1873 jene an der Jägerstrasse erbaut wurden. Ihr Vorbild war die «Cité ouvrière» in Mülhausen von 1852. Auch die Arbeitersiedlung in der Breite in Basel, begonnen 1852 nach Plänen von Johann Jakob Stehlin, war noch keine Gartenstadt.

Ausgangspunkt für die Gartenstadt waren die Ideen der *Philanthropen und Physiokraten* des 18. und 19. Jahrhunderts in England. Doch erst *Ebenezer Howard* verhalf 1902 mit seinem Buch «Garden Cities of To-Morrow» dieser Idee zum Durchbruch. Howard dachte sich seine Stadt als eine Reihe von konzentrischen Kreisen. Zwischen dem Zentrum mit den öffentlichen Gebäuden und dem äussersten Kreis schob er eine kreisrunde, grosse Avenue mit Grünflächen und Bäumen ein. Den äussersten Gürtel der Stadt reservierte er der Landwirtschaft. Im kreisrunden, von Gärten umgebenen Park im Zentrum sollten die öffentlichen Gebäude stehen. Die grundlegende Idee des Planes war demnach nicht neu, sondern bereits in der Renaissance entwickelt worden.

Howards Werk stiess auf grosses Echo, und es bildeten sich auch ausserhalb Englands in zahlreichen Ländern sogenannte *Gartenstadtgesellschaften*. Auf dem Kontinent vermischte sich Howards Idee mit jener der Einfamilienhaus-Vororte, und es entstanden sogenannte «englische Viertel» wie jenes von Heinrich Ernst 1873 in Zürich. In zahlreichen Städten, darunter wiederum Winterthur, erliessen die Behörden unter dem Eindruck der *Gartenstadtbewegungen* neue Bauvorschriften für die Vor- und Hausgärten in Neusiedlungen.

Die erste eigentliche und zugleich einzig echte Gartenstadt der Schweiz entstand 1919–1921 mit dem nach Plä-

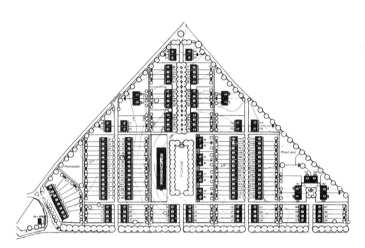

Muttenz · Grundrissplan der Gartenstadt Freidorf, erbaut 1919 bis 1921 nach Plänen von Hannes Meyer.

Muttenz · Gartenstadt Freidorf. Hauptachse mit der Spielwiese.

nen von Hannes Meyer erbauten *Freidorf bei Muttenz* in der Nähe von Basel. Das Ideal der Gartenstadt verband sich hier mit jenem der dörflichen Gemeinschaft. Hannes Meyer bezeichnete das Freidorf selbst als ein Gebilde, halb Kloster und Anstalt, halb Gartenstadt und Juradorf. Jedes Haus besitzt seinen eigenen Garten, der zur Erholung und Bepflanzung dient. Vor dem zentralen Genossenschaftshaus in der Mitte der Siedlung liegt ein rechteckiger, öffentlicher Platz als Spielwiese mit Brunnen und Obelisk. Mauern umschliessen die ganze Siedlung und schirmen sie nach aussen ab. Baumalleen umsäumen die Siedlung, die Strassen und den Platz in der Mitte. In einer Ecke bildete sich sogar eine Häusergruppe mit einem kleinen Gartenhof in der Mitte. Häuser und Gärten, private und öffentliche, finden sich im Freidorf auf eine einzigartige Weise vereint, so dass hier tatsächlich von einer Gartenstadt gesprochen werden kann.

Versuche ähnlicher Art in anderen Kantonen blieben teils auf dem Papier oder wurden in anderer Art ausgeführt. Der Wettbewerb «Pic-Pic» für eine Gartenstadt in Aïre bei *Genf* entfachte 1919 Diskussionen unter den Architekten, konnte aber nicht verwirklicht werden. Der zweite Preisträger, Hans Schmidt, wählte interessanterweise als Devise für sein Projekt einen Ausdruck von Rousseau: «Unter den Linden». Verwirklicht wurde hingegen 1921 die kleine Genossenschaftssiedlung von Prélaz bei *Lausanne* mit einem von Bäumen umstandenen Platz in der Mitte. Gleichzeitig entstand in den Jahren 1920/21 und 1922/23 die Gartenstadt an der Avenue d'Aïre in Genf nach Plänen von Camille Martin und Arnold Hoechel. Der Grundriss der Siedlung ist wie beim Freidorf ein Dreieck, doch bestimmen zwei Seiten des Dreiecks und nicht dessen Inneres die Siedlung. Das Zentrum bildete ein von Häuserreihen umschlossener rechteckiger Platz. Eine Anlehnung ans Freidorf ist spürbar, doch fehlt die Einheit.

In der Folge löste man sich von der Idee der Gartenstadt und erbaute als sozialen Wohnungsbau die Siedlungen Weberstrasse und «Selbsthilfe» in Winterthur oder die Wohnkolonie Hardturmstrasse in Zürich, das Hirzbrun-

Winterthur · Arbeitersiedlung der Firma Rieter, erbaut 1852 mit kleinen Nutzgärten zur Selbstversorgung.

Winterthur · Siedlung Selbsthilfe in Geiselwald, erbaut 1928 nach Plänen von Franz Scheibler.

Basel · Familiengarten mit idyllischer, üppiger Bepflanzung als Nutz- und Ziergarten.

nenquartier in Basel und die Gartenstadt Liebefeld in Bern. Sie alle versuchen, mittels Vorgärten und Pflanzgärtchen der Idee der Gartenstadt nachzuleben, doch gelang es selten, die Siedlungen als städtebauliche Leistung im Sinne der Gartenstadt zu realisieren. Einzig beim Hirzbrunnenquartier in Basel kam dank dem Spitalpark im Zentrum eine Weiterentwicklung des Freidorfs zustande. So blieb denn die Idee der Gartenstadt ein Ideal, das in zahlreichen neueren *Wohnkolonien* nachklang, aber selten verwirklicht werden konnte.

Die Gartenstadt selbst, ein typisches Produkt der zwanziger Jahre und ein von höchsten Idealen getragenes städtebauliches Phänomen, war eine der wertvollsten Errungenschaften des Garten- und Städtebaus des 20. Jahrhunderts. Wirtschaftlich und sozial betrachtet, ist sie noch heute vorbildlich und nachahmenswert.

Der Schreber- oder Familiengarten

Schon im 14. Jahrhundert war es üblich, dass die Städte an die Einwohner Allmendboden als Pflanzland abgaben. So entstanden, wie alte Ansichten zeigen, vor den Toren der Städte und in den Stadtgräben richtige *Pflanzengärten,* die meist jederzeit aufgehoben werden konnten. Durch die Zunahme der Bevölkerung im späten Mittelalter wurde das Pflanzland so begehrt, dass es verlost werden musste.

1623 verpachtete Winterthur zwanzig Gemüsegärtchen im Lenzengräbli zu einem niedrigen Pachtzins an die Einwohner. An anderen Orten waren es Klöster und Burgerkorporationen, die sich so sozial betätigten. In Basel und Zürich wurden noch im 18. Jahrhundert die Pflanzplätze in den Stadtgräben an die Bürger verlost. In Basel lagen sie nur in den Stadtgräben, in Zürich auch auf einem Teil des Schützenplatzes im Hard.

Basel · Familiengärten aus dem Beginn des 20. Jahrhunderts in leichter Hanglage mit zum Teil älteren Häuschen.

Wenn auch diese Gärtchen anfangs noch wenig mit Gartenkunst zu tun hatten, so entwickelten sie sich im Laufe des 17. und 18. Jahrhunderts mancherort zu Zier- und Nutzgärten, vergleichbar mit den gleichzeitigen Bauerngärten. Als 1864 in Leipzig die ersten sogenannten *Schrebergärten,* so benannt nach dem Berliner Arzt Daniel Schreber (1808–1861), entstanden, und in der Folge der soziale Aspekt den Familiengärten neuen Auftrieb gab, waren die Vorläufer dieser Gärten unter der Bezeichnung «Pünte» oder «Pflanzplätz» längst bekannt. Unter dem neuen Namen «Schreber- oder Familiengarten» verbarg sich die Idee, die Kinder der Arbeiterfamilien aus den dumpfen Hinterhofwohnungen herauszuholen und ihnen die Möglichkeit zur Erholung und zum Spiel im Freien zu bieten. Die Industrialisierung im 19. Jahrhundert führte auch dazu, dass diese Gärtchen vorwiegend für die Fabrikarbeiter geschaffen wurden. Da diese Arbeiter meist vom Lande in die Stadt übersiedelt waren, boten ihnen die Schrebergärten einen Ersatz für die durch Generationen überkommene ländliche Tätigkeit von Säen und Ernten. Zudem entwickelte sich in den Familiengartenkolonien eine neue Geselligkeit und Gemeinschaft, die im Miethaus nicht möglich war. Auf diese Weise setzte sich der mittelalterliche Ring von Bürgergärtchen an der Peripherie der Städte auf breiter Ebene fort.

Als in der zweiten Hälfte des 19. Jahrhunderts die Pflanzplätze vor den Stadttoren neuen Strassenzügen und Häuserreihen weichen mussten, befassten sich vorerst die *gemeinnützigen Vereine* mit der Beschaffung von neuem Pflanzland. In Basel gab es bereits um 1880 einzelne «Arme-Leute-Gärten», die von den Seidenbandfabrikanten zur Verfügung gestellt wurden. In Bern ersuchten der Mattenhof- und der Länggassleist 1887 den Gemeinderat darum, geeignete Landstücke an minderbemittelte Arbeiterfamilien zu verpachten. Der Stadtgärtner führte Gemüsebaukurse durch und erstellte in der städtischen Baumschule Monbijou einen Kursgarten. In Basel wurden 1909 vom Frauenverein zur Hebung der Sittlichkeit unter der Leitung des Stadtgärtners die ersten 25 Pflanzgärten geschaffen. 1911 waren es bereits 200. Die Notlage während des Ersten Weltkrieges hob die Bedeutung der Kleingärtner als Selbstversorger hervor und zwang die Gemeinden zur aktiven Unterstützung. In Bern parzellierte man nach dem Abschluss der Landesausstellung von 1914 das Hochfeldquartier in 415 Gärtchen. Der ungeahnte Auftrieb durch den Ersten Weltkrieg führte dazu, dass sich die Pächter in Basel, Bern, Genf, Zürich und Winterthur

Basel · Familiengarten mit originellem Häuschen, dessen Dach zugleich als Sitzplatzerweiterung dient.

zu lokalen Vereinigungen zusammenschlossen. Anlässlich der Ausstellung für schweizerische Land- und Forstwirtschaft und Gartenbau in Bern, wo auch ein Musterkleingarten gezeigt wurde, gründeten die verschiedenen Vereinigungen am 21. September 1925 den *Schweizer Kleingärtnerverband*. Allein in Winterthur bestanden damals nicht weniger als 3300 Pünten. Die Stadt stellte zusätzlich zum Pflanzland auch typisierte Püntenhäuser, Brunnen und Hydranten zur Verfügung. In den Krisenzeiten der dreissiger Jahre und im Zweiten Weltkrieg stieg die Zahl der Pflanzlandpächter weiter an. Während die Zuteilung früher weitgehend sozialen Charakter besass, erhielt sie vermehrte Bedeutung im Rahmen der Landesversorgung und nach der Baukonjunktur der Nachkriegszeit im Zeichen der Erholungsfunktion. Der eigene Garten als wichtigste Stätte der Freiheit hiess nun meist nicht mehr Schreber-, sondern Familiengarten mit Namen wie «Eigene Scholle», «Heimelig», «Billiges Bauland», «Aus der Scholle spriesst die Kraft» oder «Unterm Holderbusch». Mit der Zeit entwickelte sich der Familiengarten vom ursprünglich reinen Pflanzgarten zum Wohngarten, zur Stube im Grünen. Aus diesem Grunde enthielt der Mustergarten an der Landesausstellung von 1939 in Zürich die Dreiteilung von Pflanzgarten, Gartenhäuschen und Rasen- und Liegefläche. Auch der an der Gartenbauausstellung «G 59» in Zürich gezeigte Familiengarten hielt sich an dieses Schema.

In den Jahren der Hochkonjunktur liess sich folgende Entwicklung feststellen: die ursprüngliche Freiheit in den meist als Provisorien errichteten Gärtchen wich einer strengen Reglementierung, die sich auf die Einfriedigung, die Wegeanlagen, die Gartenhäuschen usw. bezog. Das *Familiengärtchen* stand vermehrt im Zeichen der Erholungsfunktion, so dass das Pflanzen zurücktrat und das Gartenhäuschen als zweites Heim des Familiengärtners mit Sitz- oder Liegeplatz im Freien dominierte. Gartenarchitektonische Leistungen waren selten anzutreffen. Mit der Kommerzialisierung des Gartenbaus wurde teilweise auch der Gemüsebau eingeschränkt, und der Familiengarten entwickelte sich zum Weekendhaus mit Wohngarten.

Unter dem Eindruck des Umweltschutzes trat die Freizeit-, Erholungs- und Sportfunktion des Familiengartens wieder in den Hintergrund, auch wenn die Funktion des Gärtchens als Ausgleich für mindere Wohnqualität erhalten blieb. Die Pflanzung erhielt vermehrten Auftrieb, da sie eine sinnvolle Freizeitbeschäftigung ist. Reglemente, Normierungen und Kommerzialisierung schränken allerdings die Freiheit im Familiengarten immer mehr ein und führen dazu, dass die Familiengärten dieselbe Monotonie und Sterilität aufweisen wie neue Einfamilienhaussiedlungen. Für die Zukunft sollte deshalb beachtet werden, dass die im Mietshaus verunmöglichte schöpferische Arbeit im Familiengarten wieder erleichtert wird.

Zürich · Feldmeilen. Blick vom Wohnzimmer auf den über dem Zürichsee gelegenen Skulpturengarten mit Werken von Henry Moore in der schneebedeckten Winterlandschaft.

Hausgärten

Bei den Hausgärten traten im Laufe des 20. Jahrhunderts zu den bekannten Villengärten in vermehrtem Masse die *Reihenhaus- und Einfamilienhausgärten*. Sie sind je nach Ausdehnung und Bedürfnis als Wohn- oder/und Gemüsegärten angelegt. Ausserdem zeichnen sich diese Kleingärten durch eine besondere Vielfalt der Gestaltung auf oft kleinstem Raume aus. Mit der Hochkonjunktur und der damit verbundenen Kommerzialisierung des Gartenbaus verschwanden die Gemüsegärten und gleichzeitig auch die architektonische Gestaltung der Wohngärten. Übrig blieb eine Rasenfläche mit einigen Ziersträuchern oder -bäumchen und das obligate Blumenbeet. Der Garten entstand auf Anweisung des Architekten unter Beiziehung eines Gärtners weitgehend nach kommerziellen Gesichtspunkten. Die Normierung und Schematisierung der

Bern · Gerzensee. Altes Schloss. Erneuerter Stilgarten mit subtropischen Topfpflanzen, angelegt als Haus- und Wohngarten.

Architektur und ihre soziale, semantische und formale Verarmung machte sich auch im Hausgarten bemerkbar.

Die mit der Rezession und den Ideen des *Umweltschutzes* einsetzende Rückbesinnung auf die echten Werte der Natur gab dem Gemüsebau und dem Naturgarten wieder neuen Auftrieb und führte zu Rückgriffen auf traditionelle Gartenelemente, wie sie noch im Bauerngarten zu finden sind. Die neuen Strömungen und Tendenzen im Hausgarten weisen daher einerseits in die Vergangenheit und andererseits in die Zukunft.

Beim *Mehrfamilienhaus* ergaben sich durch den Bau von Hochhäusern und Quartierplanüberbauungen grössere Freiflächen, die jedoch selten zur Gestaltung von eigentlichen Gartenanlagen verwendet wurden. Ausser dem meist vorgeschriebenen und deshalb lieblos angelegten Spielplatz entstanden mehr oder weniger monotone und sterile Rasenflächen, die nicht betreten werden dürfen. Im Schatten der Hochhäuser gedeiht weder Mensch noch Natur. Die vielgepriesenen Freiflächen zwischen den Hochbauten blieben meist ungestaltet und von Parkierungsflächen und Erschliessungsstrassen eingeengt.

Doch auch beim Einfamilienhaus wird der Rasen mehr und mehr zum Statussymbol. Das Blumenbeet vor oder hinter dem Haus läuft Gefahr, zum Sinnbild der Geschmacksverirrungen und zum Produkt der Gartencenter zu werden. Für individuelle Gestaltung und Phantasie bleibt oft wenig Raum. Die Unkenntnis der Botanik und der Ökologie führt zu Gärten, die im Gartencenter vorprogrammiert werden und vorwiegend den kommerziellen Interessen folgen. Diese beeinflussen auch die Bepflanzung öffentlicher Plätze und Anlagen in Dörfern und Städten. Ziertannen oder -föhren «zieren» die Dorfplätze und Schulanlagen. Pflanzentröge und -kisten ersetzen die von den Autos verdrängten Vorgärten. Die in Massenproduktion hergestellten Gartenzwerge, Rehe, Figuren, Pseudozierbrunnen und andere Abarten von Plastiken setzen Akzente.

Standesbewusstsein und Konsumzwang sowie mangelnde schöpferische Phantasie haben zu einer Verarmung der Gartenkunst unserer Zeit beigetragen. Der Verlust des ökologischen Gleichgewichts erschwert die Gartenpflege enorm. Die Entfremdung des Menschen von der Natur macht sich im Garten deutlich bemerkbar. Obschon der Garten entscheidende Erlebnisinhalte verloren hat, ist er doch in gesteigertem Masse zum Erholungsrevier der Industriegesellschaft geworden.

Je intensiver die Verbauung unserer Umwelt verläuft, desto grösser wird der Drang des Menschen zur Natur, und desto schöner sein Traum vom eigenen Garten. Auch der Hausgarten ist so zu einem der wichtigsten Erholungsorte des Menschen geworden. Dieser und weniger seine

Zürich · Blick vom Belvoirpark auf die Gärten für die «G 59».

gartenkünstlerische Gestaltung stehen heute im Vordergrund, weshalb aus dem Motto «Zurück zur Natur» das Schlagwort «Vorwärts zur Natur» entstanden ist.

Öffentliche Gärten

Angesichts der wachsenden Bautätigkeit und der Verstädterung der Siedlungen in der Schweiz entstanden im 20. Jahrhundert wenig neue öffentliche Garten- oder Parkanlagen grösseren Ausmasses. In den Städten kam es höchstens zur Umwandlung von ehemaligen Privatparks oder ehemaligen Friedhöfen in öffentliche Anlagen, die vorwiegend *Erholungsfunktion* besitzen. Beispiele hiefür sind der ehemalige Kannenfeld-Gottesacker und die Rosentalanlage in Basel, der ehemalige Scaletta-Friedhof und heute Stadtgarten in Chur, der Rosengarten in Bern und «La Perle du Lac» oder «Mon Repos» in Genf. Im Zusammenhang mit diesen Umwandlungen erfolgten auch Reaktivierungen durch Spielwiesen, Spielplätze, Ruheplätze, Tiergehege und andere Attraktionen. In der Regel liessen sich auch neue Elemente der Gartenkunst in die vorhandenen Anlagen sinnvoll einfügen.

Neue und weitreichende Impulse für den öffentlichen und den privaten Gartenbau vermittelte die erste *Schweizerische Gartenbauausstellung «G 59» in Zürich,* wo beide Seeufer im neuzeitlichen Sinne umgestaltet wurden. Hervorstechend war dabei der Verzicht auf Repräsentation und die Beschränkung auf klare, einfache und geo-

Rheinfelden · Salinespark. Kinderspielplatz mit Indianer-Kral, angelegt 1976 in der Nähe der Rheinpromenade.

Winterthur-Wülflingen · Freibad Wässerwiesen mit einer Plastik von H. Aeschbacher, angelegt 1966/67.

Zürich · Uferweg und alter Parkbaumbestand am Seefeld mit natürlicher Ufergestaltung.

metrische Formen bei der Anlage der einzelnen Sektoren. Ein Wassergarten zeigte neue Formen von Wasserflächen innerhalb des Gartens. Ein Blindengarten erinnerte mit den erhöhten Beeten an die mittelalterlichen Rasenbänke. Ein Findlingsgarten brachte die Verbindung zwischen romantischer Natur und funktioneller Architektur. Trittsteine im Wasser ahmten japanische Gärten nach. Naturnahe Strandgestaltungen vermittelten neuartige Ufereindrücke. Staudengärten, Rosengärten und Steingärten, aber auch Blumenteppiche demonstrierten einfachere Pflanzungsarten. Ein Poetengarten, ein Liebesgarten und ein Patio regten die Phantasie an. Ferien- und Weekendhausgärtchen vertraten den Kleingarten, und ein Musterfriedhof zeugte vom hohen Stand dieser Gartengattung. Verschieden gestaltete Wege und Stege und Dekorationselemente illustrierten die Vielfalt heutiger Gartenkunst. Dank der hohen Qualität der Ausstellung beeinflusste sie in der Folge während langer Zeit die Gestaltung der öffentlichen und privaten Gärten. Dabei konnte man feststellen, dass die heutige Gartenkunst kaum mehr einen spezifisch nationalen Charakter aufweist, sondern international ist. Besonders typisch für die Schweiz erwies sich die geballte Gestaltungskraft auf relativ kleinen Flächen, die sich aus der Verknappung des Bodens ergeben. Hier liegt denn auch die Chance einer eigenen Entwicklung, denn die Kleinräumigkeit zwingt zu einer kleinmassstäblichen Gestaltung mit besonderem Reiz.

Der Einfluss der Ausstellung in Zürich machte sich vorerst in den städtischen Grünanlagen bemerkbar, indem diese unter dem Aspekt der Erholungsfunktion aufgewertet wurden. Dies gilt namentlich für die Grosse Schanze in Bern, das Genferseeufer im Gebiet der Stadt Lausanne und zahlreiche kleinere Grünanlagen in Stadtquartieren, wo Ruhebänke oder -plätze und vor allem Spielplätze für Kinder geschaffen wurden. Die Vermehrung der Freizeit förderte die Erholungsfunktion der Grünanlagen, die mittels Spazierwegen, Sitzbänken, Spielwiesen und Spielplätzen erreicht wurde. In gemischten Sportanlagen wie den Garten- und Freibädern hingegen entstanden neue und zukunftweisende Lösungen. Das Gartenbad wurde auf diese Weise zu jener neuen Grünanlage, die weitreichende Impulse vermittelte und sich äusserst positiv entwickelte.

Münchenstein · Quellsee der 2. Schweizerischen Ausstellung für Garten- und Landschaftsbau in Brüglingen als naturnah gestalteter Teil im Sektor «Land und Wasser».

Basel · Rosenfeldpark, entstanden als Villenpark Ende 19. Jahrhundert; zum öffentlichen Park umgestaltet 1951.

In jüngster Zeit erkannte man auch, dass es nicht allein darum geht, möglichst viel Grünflächen in Wohngebieten zu besitzen, sondern auch darum, diese mit möglichst intensiven Erlebnisinhalten zu versehen. Unter diesem Aspekt werden auch Hinterhöfe zu begrünten Kinderspielplätzen umgewandelt. Spiel, Sport und Erholung wurden zum Leitmotiv der öffentlichen Gärten und Grünanlagen. Diese werden dank vermehrter Freizeit und dadurch erzeugter Erholungsbedürfnisse zunehmend an Bedeutung gewinnen. Das Verhältnis zwischen Mensch und Natur lässt sich allerdings angesichts der grossen Agglomerationen nur schwer lösen. Es wird aber die Aufgabe kommender Generationen sein, den Menschen der Natur wieder näher zu bringen.

Unter diesem Aspekt findet in Brüglingen bei Basel im Jahre 1980 die 2. Schweizerische Ausstellung für Garten- und Landschaftsbau, genannt «Grün 80», statt. Die Themen der Ausstellung heissen: «Grüne Universität», «Schöne Gärten», «Das tägliche Brot», «Land und Wasser». Damit wird das Ziel dieser Ausstellung, die Selbstdarstellung des Gartenbaus, das Thema «Mensch und Natur» und der Beitrag zur Lebensqualität angesprochen. Verbunden damit ist die Schaffung eines zeitgemäss gestalteten neuen Erholungsraumes in einem Ballungsgebiet. Nicht nur eine vorübergehende Schau, sondern eine zukunftsweisende, bleibende Tat im Zeichen einer Neubesinnung auf der Suche nach neuen Wertmassstäben steht im Vordergrund dieser dem Gartenbau gewidmeten Ausstellung. Sie sollte deshalb auch für die Gartenkunst der Zukunft wegweisend sein.

Literaturverzeichnis

Allgemein
Altdörfer H., Der Biedermeiergarten, München 1956 · André E., L'art des jardins, Paris 1879 · A Roll T., Der schweizerische Botanikus, Zug 1687 · Baumann A., Zur Geschichte und Gestalt des Rosengartens. Schweiz. Garten-Blatt, Nr. 25ff., Solothurn 1960 · Brinckmann A.E., Schöne Gärten, Villen und Schlösser aus fünf Jahrhunderten, München 1925 · Charageat M., L'art des jardins, Paris 1962 · Clark K., Landscape into Art, Beacon Press, Boston 1961 · Clifford Derek, Geschichte der Gartenkunst, München 1966 · Coats P., Berühmte Gärten, Frankfurt 1963 · Dochnahl F., Bibliotheca Hortensis, Nürnberg 1861 · Falke J.v., Der Garten. Seine Kunst und Kunstgeschichte, Stuttgart 1884 · Grimal P., L'art des jardins, Paris 1954 · Grimal P., Les jardins romains, Paris 1969 · Gothein M.L., Geschichte der Gartenkunst, 2 Bde., Jena 1926 · Grisebach A., Der Garten. Eine Geschichte seiner künstlerischen Gestaltung, Leipzig 1910 · Grohmann J.G., Ideenmagazin für Liebhaber von Gärten etc., 1779–1805 · Gromort G., L'art des jardins, Paris 1934 · Hadfield M., Les Jardins, Paris 1963 · Hallbaum F., Der Landschaftsgarten, München 1927 · Hautecœur L., Les jardins des dieux et des hommes, Paris 1959 · Hennebo D. und Hoffmann A., Geschichte der deutschen Gartenkunst, 3 Bde., Hamburg 1962 · Heyer H.R., Historische Gärten in der Schweiz. In: Unsere Kunstdenkmäler, XXVII, 1976, Heft 4 · Heyer H.R., Die Farbe in historischen Gärten. In: Von Farbe und Farben, Zürich 1980 · Hirschfeld C.C.L., Theorie der Gartenkunst, 5 Bde., Leipzig 1779–85 · Historische Gärten und Anlagen als Aufgabengebiet der Denkmalpflege, Verlag Ernst Wasmuth, Tübingen 1978 · Huxley A., An illustrated History of Gardening, New York/London 1978 · Hocquette M., Histoire générale des jardins, Lille 1951 · Jellicoe G.A., Gardens of Europe, London o.J. · Jones B., Follies and Grottoes, London 1953 · Jünger F.G., Gärten im Abend- und Morgenland, München 1960 · Keller H., Kleine Geschichte der Gartenkunst, Berlin/Hamburg 1976 · Lasius G., Über Gartenbaukunst. Zeitschrift des Schweiz. Gartenbauvereins, Bd. 1, Zürich 1881 · Lippold-Hällsig G., Deutsche Gärten, Dresden 1957 · Mertens O., Aus der Geschichte der Gartenkunst. Verlag Schweizer Garten, Zürich o.J. · Mez L., Der Garten in der Literatur, Basel 1979 · Müller G.I., Der Garten in der romantischen Dichtung. Diss. Wien 1942 · Porcinai P. und Mordini A., Gärten, München 1974 · Pückler-Muskau H. Fürst v., Andeutungen über Landschaftsgärtnerei, Stuttgart 1834 · Repton H., Sketches and Hints on Landscape Gardening, London 1806 · Repton H., Landscape Gardening and Landscape Architecture, London 1840 · Sanierung und Rekonstruktion historischer Gärten. Referate der Fachtagung 26.–27. September 1978 in Ludwigsburg · Schnack F., Traum vom Paradies. Eine Kulturgeschichte des Gartens, Hamburg 1962 · Sckell F.L. von, Beiträge zur bildenden Gartenkunst für angehende Gartenkünstler und Liebhaber, München 1819 · Stahl L., Die Gartenarchitektur, Leipzig 1910 · Thacker Chr., The History of Gardens, Croom Held Ltd., London 1979 · The Garden. Guide to the exhibition at the Victoria and Albert Museum, London 1979 · Trigg I., Garden Craft in Europe, London 1913 · Walpole H., On Modern Gardening, London 1798 · Whateley Th., Observations on Modern Gardening, London 1770 · Wright R., Story of Gardening, New York 1938

Zeitschriften
Garten und Landschaft. Zeitschrift der Deutschen Gesellschaft für Gartenkunst und Landschaftspflege, Callwey-Verlag, München · Anthos. Vierteljahres-Zeitschrift für Garten- und Landschaftsgestaltung. Herausgegeben vom Bund Schweiz. Garten- und Landschaftsarchitekten, Zürich · Schweizer Garten. Organ für Gartenliebhaber, Münsingen

Ursprünge der Gartenkunst
Bögli H., Die Schweiz zur Römerzeit, Bern o.J. · Drack W., Die römische Malerei der Schweiz, Basel 1960 · Drack W., Der römische Gutshof bei Seeb. Archäologische Führer der Schweiz 1, Zürich 1974 · Drack W., Die römische Kryptoportikus von Buchs ZH und ihre Wandmalereien. Archäologischer Führer der Schweiz 7, Zürich 1976. · Fellmann R., Die Romanen. Die Schweiz im Frühmittelalter. Repertorium der Ur- und Frühgeschichte der Schweiz, Heft 9, 9f. · Gonzenbach v. V., Die römischen Mosaiken der Schweiz, Basel 1961 · Gothein M.L., Geschichte der Gartenkunst, 2 Bde., Jena 1926 · Jahrbuch der Schweiz. Gesellschaft für Urgeschichte · Laur-Belart R., Führer durch Augusta Raurica, 4. Aufl., Basel 1966 · Laur-Belart R., Domus romana augustae rauricae constructa, 6. Aufl. Basel 1976 · Pope A.U. und Ackermann Ph., Persian Gardens in a Survey of Persian Art, Oxford 1939, T.II · Rutten A. und Lacam J., Les jardins suspendus de Babylone, Revue horticole 1949, p. 88–92, 123–127 · Ur- und Frühgeschichtliche Archäologie der Schweiz, Bde. I–VI, 1968–1979 · Zeitschrift für Schweiz. Archäologie und Kunstgeschichte

Klostergärten
Birchler L., Die Kunstdenkmäler des Kantons Schwyz, Bd. I: Die Bezirke Einsiedeln, Höfe und March, Basel 1927 · Fietz H., Die Kunstdenkmäler des Kantons Zürich, Bd. I: Die Bezirke Affoltern und Andelfingen, Basel 1938 · Frauenfelder R., Die Kunstdenkmäler des Kantons Schaffhausen, Bd. I: Die Stadt Schaffhausen, Basel 1951 · Germann G., Die Kunstdenkmäler des Kantons Aargau, Bd. IV: Der Bezirk Muri, Basel 1967 · Guyan L. und W.U., Das Kräutergärtlein zu Allerheiligen Schaffhausen, Schaffhausen 1973 · Hauser A., Bauerngärten der Schweiz, Zürich 1976 · Maurer E., Die Kunstdenkmäler des Kantons Aargau, Bd. III: Das Kloster Wettingen, Basel 1954 · Poeschel E., Die Kunstdenkmäler des Kantons St. Gallen, Bd. III: Die Stadt St. Gallen, 2. Teil, Das Stift, Basel 1961 · Reinle A., Die Kunstdenkmäler des Kantons Luzern, Bd. V: Das Amt Willisau mit St. Urban, Basel 1959 · Sörrensen W., Gärten und Pflanzen im Klosterplan. In: Studien zum St. Galler Klosterplan, St. Gallen 1962 · Strabo W., Vom Gartenbau. Übersetzung und Einleitung von Werner Näf und Matthäus Gabathuler, St. Gallen 1942

Bauerngärten
Christ H., Der alte Bauerngarten. Zur Geschichte des alten Bauerngartens der Basler Landschaft und angrenzender Gegenden, Basel 1916 · Hauser A., Bauerngärten der Schweiz, Zürich 1976 (mit umfangreichem Literaturverzeichnis) · Heyer H.R., Baselbieter Bauern- und Herrschaftsgärten, Liestal 1979

Burg- und Stadtgärten des Mittelalters
Baer C.H., Die Kunstdenkmäler des Kantons Basel-Stadt, Bd. I, Basel 1932, S. 310 (Lobgedicht) · Bartsch K., Die schweizerischen Minnesänger, Frauenfeld 1886 · Capitulare de villis vel curtis imperialibus. Einzige Handschrift in Wolfenbüttel · Crescenzi Petrus de, Opus ruralium commodorum, Bologna 1305 · Die Burgen und Schlösser der Schweiz, herausgegeben unter Mitwirkung der Schweiz. Vereinigung zur Erhaltung der Burgen und Ruinen, Basel 1937, 1942, 1948 · Dürst H., Rittertum – Dokumente zur aargauischen Kulturgeschichte, Aarau 1960 · Fischer-Benzon R. v., Altdeutsche Gartenflora, Kiel/Leipzig 1892 · Fretz D., Conrad Gesner als Gärtner, Zürich 1948 · Fretz D., Der «Zerleite Baum», Atlantis 1949 · Frikart Joh. Jak., Chronik der Stadt Zofingen, Zofingen 1811 · Gessler E.A., Die Schweizer Bilderchroniken des 15./16. Jahrhunderts, Zürich 1941 · Heinis F., Die Flora der Burgruinen im Baselbiet. In: Baselbieter Heimatblätter, 7. Jg., S. 105–112 · Hennebo D., Geschichte der deutschen Gartenkunst, Bd. I, Hamburg 1962 · Merian M., Topographia Helvetiae, Frankfurt a.M. 1654 · Merz W., Burgen des Sisgaus, 4 Bde., Aarau 1909–1914 · Meyer W./Widmer Ed., Das Grosse Burgenbuch der Schweiz, Zürich 1977 · Moosbrugger R., Die Bäume in der Basler Altstadt. S.A. Regio Basiliensis, Bd. XVIII/1, 1977 · Schweizer Beiträge zur Kulturgeschichte und Archäologie des Mittelalters, Bd. I–VI, Olten 1974–1979 · Zemp J., Schweizerische Bilder-Chroniken, Zürich 1897

Renaissancegärten
Alberti L.B., De re aedificatoria ..., Florenz 1485 · Arnold P., Kaspar Jodok Stockalper vom Thurm, 1609–1691, 2 Bde., Mörel 1972 · Bauhin J., Historia Plantarum Universalis, 3 Bde., Yverdon 1650 · Burckhardt J., Cicerone, Basel 1860 · Burckhardt J., Die Kultur der Renaissance in Italien, Gesammelte Werke III, Basel 1955 · Burckhardt J., Die Baukunst der Renaissance in Italien, Gesammelte Werke II, Basel 1955 · Coffin D.R., The villa d'Este at Tivoli, Princeton 1960 · Comito T., The Idea of the Garden in the Renaissance, Hassocks, Sussex/New Brunswick N.J. 1979 · Cysat R., Collectanea pro chronica lucernensi et Helvetiae, 1. Abt. Bd. I, Neudruck Luzern 1969 · Dami L., Il giardino italiano, Mailand 1924 · Das Bürgerhaus in der Schweiz, Bd. IV: Kanton Schwyz, Berlin 1914, 2. Aufl. Zürich 1925 · Dumbarton Oaks Colloquium on the History of Landscape Architecture I: The Italian Garden, Washington 1972 · Falda, I giardini di Roma, 1670 · Fiorani C., Giardini d'Italia, Rom 1960 · Fischer H., Conrad Gesner – Leben und Werk, Zürich 1966 · Fretz D., Conrad Gessner als Gärtner, Zürich 1948 · Gromort G., Jardins d'Italie, Paris 1922 · Hamlin A.D.F., Italian Gardens. American Institute of Architecture, 1902 · Hauser H., Schweiz. Wirtschafts- und Sozialgeschichte, Erlenbach 1961 · Lamb Carl, Die Villa d'Este in Tivoli. Ein Beitrag zur Geschichte der Gartenkunst, München 1966 · Leuzinger R., Der Freulerpalast in Näfels. Museum des Landes Glarus, Glarus o.J. · Lötscher V., Felix Platter und seine Familie, Basel 1975 · Marie A., Jardins français, créés à la Renaissance, Paris 1955 · Masson G., Italienische Gärten, München/Zürich 1962 · Merian M., Topographia Helvetiae, Frankfurt a.M. 1654 · Meyer A., Die Kunstdenkmäler des Kantons Schwyz. Neue Ausgabe Bd. I: Der Bezirk Schwyz, Basel 1978 · Rhagor D., Pflantz-Gart, Bern 1639 · Rieder M. u.a., Basilea Botanica, Basel 1979 · Schwarz D.W.H., Die Kultur der Schweiz, Zürich 1967 · Shepherd J.C. und Jellicoe G.A., Italienische Gärten der Renaissance, Teufen 1965 · Stettler M. und Maurer E., Die Kunstdenkmäler des Kantons Aargau, Bd. II: Die Bezirke Brugg, Lenzburg, Basel 1953 · Stettler M., Die Kunstdenkmäler des Kantons Aargau, Bd. I: Die Bezirke Aarau, Kulm, Zofingen, Basel 1948 · Wharton E., Italian Villas and their Gardens, 1904

Barockgärten
Baumann A., Der Solothurner Garten des 17., 18. und 19. Jahrhunderts, Jurablätter 1962, S. 73–94 · Binder G., Altzürcherische Familiensitze am See, Zürich 1930 · Boerlin P.H., Basler Gärten – Bäumlihof, Basel 1972 · Boyceau I., Traité du jar-

dinage selon les raisons de la nature et de l'art, Paris 1638 · Burckhardt-Werthemann D., Das Basler Landgut vergangener Zeiten. In: Basler Kunstverein, Berichterstattung 1911, Basel 1912 · Courvoisier J., Die Kunstdenkmäler des Kantons Neuenburg, Bde. I–III, Basel 1955, 1963, 1968 · Das Bürgerhaus der Schweiz, Bd. II: Kanton Genf, Zürich 1912; Bd. XI: Kanton Bern (II. Teil), Zürich 1922; Bd. VIII: Kanton Luzern, Zürich 1920; Bd. IX: Kanton Zürich (I. Teil), Zürich 1921; Bd. XVIII: Kanton Zürich (II. Teil), Zürich 1927; Bd. XII: Kanton Graubünden (I. Teil), Zürich 1923; Bd. XIV: Kanton Graubünden (II. Teil), Zürich 1924; Bd. XVI: Kanton Graubünden (III. Teil), Zürich 1925; Bd. XV: Kanton Waadt (I. Teil), Zürich 1925; Bd. XXV: Kanton Waadt (II. Teil), Zürich 1933; Bd. XXII: Kanton Basel-Stadt (II. Teil), Zürich 1930; Bd. XXIII: Kanton Basel-Stadt (III. Teil), Kanton Basellland, Zürich 1931; Bd. XXI: Kanton Solothurn, Zürich 1929; Bd. XX: Kanton Friburg, Zürich 1928; Bd. XXIV: Kanton Neuenburg, Zürich 1932 · Dennerlein I., Die Gartenkunst der Régence und des Rokokos in Frankreich, Diss. München 1962, Bamberg 1972 · Drack W., Siedlungs- und Baudenkmäler im Kanton Zürich, Stäfa 1975 · Ducerceau J. A., De plus excellents bastiments de France, 2 vol., 1576–79 · Félibien A., Description de Versailles, Paris 1703 · Franck C. L., Die Barockvillen in Frascati. Ihre Gestaltung aus den landschaftlichen Gegebenheiten, München/Berlin 1956 · Ganay E. de, Les jardins à la française en France au XVIIIe siècle, Paris 1943 · Ganay E. de, Le Nostre, Paris 1962 · Gantner/Reinle, Kunstgeschichte der Schweiz, Bd. 3, Frauenfeld 1963 · Heyer H. R., Die Kunstdenkmäler des Kantons Basel-Landschaft, Bd. I.: Der Bezirk Arlesheim, Basel 1969 · Heyer H. R., Die Kunstdenkmäler des Kantons Basel-Landschaft, Bd. II: Der Bezirk Liestal, Basel 1974 · Hirschfeld C. C. L., Theorie der Gartenkunst, 5 Bde. Leipzig 1770–1785. (Nachdruck in 2 Bd., Hildesheim 1973) · Jones B., Follies and Grottoes, Constable, London 1953 · Julmy M.-T., Notice sur les manoirs fribourgeois du XVIIIe siècle. In: Unsere Kunstdenkmäler 1974, 4, S. 196–201 · Kieser A. R., Berner Landsitze des 17. und 18. Jahrhunderts, Genf 1918 · Knopp N., Das Garten-Belvedere, Deutscher Kunstverlag München 1966 · Le Pautre J., Nouveau dessins de jardins, parterres et fassades, Langlois, um 1665 · Lerber H. v., Bernische Landsitze, Berner Heimatbücher Nr. 7 · Loris, Le Trésor de parterres, Gent 1629 · Marie A., Jardins français classiques, Paris 1949 · Morel, Théorie des jardins ou l'art des jardins de la Nature, 1776 · Poeschel E., Die Kunstdenkmäler des Kantons Graubünden, Bde. I–VII, Basel 1937–1948 · Poeschel E., Zur Kunst- und Kulturgeschichte Graubündens. Ausgewählte Aufsätze, Zürich 1967 · Renfer Chr., Zur Anlage und Architektur Zürcherischer Landsitze. In: Unsere Kunstdenkmäler XXV, 1974, 2, S. 116–124 · Reinle A., Die Kunstdenkmäler des Kantons Luzern, Bde. II–VI, Basel 1953–1963 · Richardi H. G., Die Schönsten Gärten und Parks, München 1975 · Serdakowska S. de, Les jardins vaudois et leurs secrets, XVII–XIXe siècle, Pully-Lausanne 1970 · Tomic-Schneiter L., Remarques sur le jardin du XVIIIe siècle à Genève. In: Unsere Kunstdenkmäler Jg. XXVII, 1976, 4, S. 325f.

Öffentliche Promenaden im 18. Jahrhundert
Baer C. H., Die Kunstdenkmäler des Kantons Basel-Stadt, Bd. I: Geschichte und Stadtbild, Basel 1932 · Courvoisier J., Die Kunstdenkmäler des Kantons Neuenburg, Bd. I: Stadt Neuenburg, Basel 1955 · Ein Baum wächst in Bern, Benteli Verlag Bern 1977 · Escher K., Die Kunstdenkmäler des Kantons Zürich, Bd. IV: Die Stadt Zürich, Basel 1939 · Frikart Joh. Jak., Chronik der Stadt Zofingen, Zofingen 1811 · Grandjean M., Die Kunstdenkmäler des Kantons Waadt, Bd. I: Die Stadt Lausanne, Basel 1965 · Hennebo D., Geschichte des Stadtgrüns von der Antike bis in die Zeit des Absolutismus, Berlin/Hannover 1979 · Hirschfeld C. C. L., Theorie der Gartenkunst, Bd. V., Leipzig 1785 · Hofer P., Die Kunstdenkmäler des Kantons Bern, Bd. I: Die Stadt Bern, Basel 1952 · Hofmann H., Die klassizistische Baukunst in Zürich. Mitteilungen der Antiquarischen Gesellschaft in Zürich, Bd. XXXI, Heft 2, Zürich 1933 · Kunstführer durch die Schweiz, Bd. 2, Zürich 1976 · Meyer F. H., Bäume in der Stadt, Stuttgart 1978 · Mumenthaler E., Die Baumalleen um Bern, 2. Aufl., Aarau 1926 · Poeschel E., Die Kunstdenkmäler des Kantons St. Gallen, Bd. II: Die Stadt St. Gallen I, Basel 1957

Der Landschaftsgarten
Bachmann E., Anfänge des Landschaftsgartens in Deutschland. Zeitschrift für Kunstwissenschaft, Jg. 5, Berlin 1951, S. 203f. · Clarik H. F., The English Landscape Garden, Pleiades Books Ltd 1948 · Dutton Ralph. The English Garden, Batsford 1950 · Gesner S., Daphnis, 1751 · Hadfield M., A History of British Gardening, Spring Books 1970 · Haller A. v., Die Alpen, Bern 1729 · Heyer H. R., Die Kunstdenkmäler des Kantons Basel-Landschaft, Bd. I: Der Bezirk Arlesheim, Basel 1969 · Heyer H. R., Shifting Meanings in a Garden Landscape. In: Landscape Architecture, may 1976, Louisville, Kentucky · Hoffmann A., Geschichte der deutschen Gartenkunst, Bd. III, Hamburg 1963 · Honholz J., Der englische Park als landschaftliche Erscheinung. Diss. Tübingen 1964 · Hunt W. D./Willis P., The Genius of the Place: The English Landscape Garden 1620–1820, Elek. 1975 · Hussey Chr., English Gardens and Landscapes 1700–1750, Country Life, London 1967 · Kreisel H., Das Rokoko und die Gartenkunst. Festschrift Eberhard Hanfstaengl, München 1961 · Kuča O., Zur Entwicklung der europäischen Park- und Gartenlandschaft, Berlin 1974 · Lohmeyer K., Südwestdeutsche Gärten des Barocks und der Romantik, Saarbrücken 1937 · Lutz M., Ein Tag auf Billstein. In: Rauracis, Basel 1827 · Lutz M., Die Felskluft auf Billstein. In: Rauracis, Basel 1828 · Lutz M., Neue Merkwürdigkeiten der Landschaft Basel, Bd. 2, S. 207–210, Basel 1805 · Morus Th., Utopia. Rowohlt Taschenbuchverlag, Reinbek 1960, S. 26f. · Rousseau J.-J., La Nouvelle Héloïse, 1761 · Wiebenson D., The Pituresque Garden in France, Princeton N. J. 1978

Der englische Park
Anderes B., Kunstführer Kanton Tessin, Bern 1977 · Boerlin P. H., Basler Gärten – Bäumlihof, Basel 1972 · Burckhardt-Werthemann D., Das Baslerische Landgut vergangener Zeiten. In: Basler Kunstverein, Berichterstattung 1911, Basel 1912 · Carl B., Klassizismus, 1770–1860, Zürich 1963 · Courvoisier J., Die Kunstdenkmäler des Kantons Neuenburg, Bd. I: Die Stadt Neuenburg, Basel 1955 · Escher K., Hoffmann H., Kläui P., Die Kunstdenkmäler des Kantons Zürich, Bd. V: Die Stadt Zürich, 2. Teil, Basel 1949 · Gantner/Reinle, Kunstgeschichte der Schweiz, Bd. IV, Frauenfeld 1962 · Gubler H. M., Knowledge is power. In: Unsere Kunstdenkmäler, XXX, 1979, Heft 2, S. 233–240 · Hallbaum F., Der Landschaftsgarten. Sein Entstehen und seine Einführung in Deutschland durch Friedrich Ludwig von Sckell, 1750–1823, München 1927 · Heyer H. R., Die Kunstdenkmäler des Kantons Basel-Landschaft, Bd. I: Der Bezirk Arlesheim, Basel 1969 · Heyer H. R., Brüglingen. Schweizerische Kunstführer, Bern 1977 · Hirschfeld C. C. L., Theorie der Gartenkunst, Bd. I–V, Leipzig 1779–85 · Hirschfeld C. C. L., Briefe die Schweiz betreffend, Frankfurt und Leipzig 1783 · Hugentobler J., Die Familie Bonaparte auf Arenenberg, 4. Aufl. Basel 1949 · Hugentobler J., Geschichte von Schloss, Freisitz und Gut Wolfsberg. Thurgauische Beiträge zur vaterländischen Geschichte, Heft 84, Frauenfeld 1948 · Kunstführer durch die Schweiz, Bd. 1 und 2, Zürich 1971/1976 · Lehmann F. und Frey L., Die Sarasinschen Güter in Riehen. In: Basler Zeitschrift für Geschichte und Altertumskunde 1966 · Lerber H. v., Bernische Landsitze. Berner Heimatbücher Nr. 7 · Loertscher G., Kunstführer Kanton Solothurn, Bern 1976 · Poeschel E., Die Kunstdenkmäler das Kantons St. Gallen, Bd. II: Die Stadt St. Gallen I, Basel 1957 · Pückler-Muskau, H. Fürst v., Andeutungen über Landschaftsgärtnerei, Stuttgart 1834 · Reinle A., Die Kunstdenkmäler des Kantons Luzern, Bd. III: Die Stadt Luzern, Basel 1954 · Stettler M., Die Kunstdenkmäler des Kantons Aargau, Bd. I: Die Bezirke Aarau, Kulm, Zofingen, Basel 1948 · Stroud D., Capability Brown, London 1957 · Stroud D., Humphrey Repton, London 1962 · Willis P., Charles Bridgeman and the English Landscape garden. London 1977 · Winterthur und seine Gärten. Katalog der Ausstellung, Winterthur 1975

Öffentliche Promenaden und Parks im 19. Jahrhundert
Baer C. H., Die Kunstdenkmäler des Kantons Basel-Stadt, Bd. I: Geschichte und Stadtbild etc., Basel 1932, Nachdruck 1971 · Birkner O., Bauen und Wohnen in der Schweiz, 1850–1920, Zürich 1975 · Chadwick G. F., The Park and the Town: Public Landscape in the 19th and 20th Centuries, London 1978 · Courvoisier J., Die Kunstdenkmäler des Kantons Neuenburg, Bd. I: Die Stadt Neuenburg, Basel 1955 · Davatz J., Der Volksgarten von 1874/1876 in Glarus. In: Unsere Kunstdenkmäler, XXVII, 1976, Heft 4 · Frauenfelder R., Die Kunstdenkmäler des Kantons Schaffhausen, Bd. I: Die Stadt Schaffhausen, Basel 1951 · Gemälde der Schweiz, Bde. I–XIX, St. Gallen und Bern 1834–1844. (Historisch-geographisch-statistisches Gemälde der Schweiz) · Genève cité des parcs, éditée par la ville de Genève, Genève 1965 · Hennebo D., Geschichte des Stadtgrüns, Berlin/Hannover 1978 · Hinz G., Peter Joseph Lenné, Landschaftsgärtner und Städteplaner, Göttingen/Zürich/Frankfurt 1977 · Hofer P., Die Kunstdenkmäler des Kantons Bern, Bd. I: Die Stadt Bern, Basel 1952 · Meyer F. H., Bäume in der Stadt, Stuttgart 1978 · Stettler M., Die Kunstdenkmäler des Kantons Aargau, Bd. I: Die Bezirke Aarau, Kulm, Zofingen, Basel 1948 · Strub M., Die Kunstdenkmäler des Kantons Freiburg, Bd. I: Die Stadt Freiburg, Basel 1964 · Winterthur und seine Gärten. Katalog der Ausstellung, Winterthur 1975 · Wyss R. v. und Senti A., Zürichs Parkanlagen und Grünflächen. S. A. Zürcher statistische Nachrichten, Heft 1, 1952

Botanische Gärten
Burckhardt Fr., Geschichte der botanischen Anstalt in Basel. In: Verh. der Naturf. Gesell. in Basel, Bd. 18, Basel 1906, S. 82–118 · Ein Baum wächst in Bern. Benteli Verlag, Bern 1977 · Fischer H., Conrad Gesner, Leben und Werk, Zürich 1966 · Gothein M. L., Geschichte der Gartenkunst, 2 Bde., Jena 1926 · Hennebo D. und Hoffmann A., Geschichte der deutschen Gartenkunst, Bd. II, Hamburg 1965 · Roesli F. und Wick P., Gletschergarten Luzern, 3. Aufl., Luzern 1977 · Turicum, Frühling 1977, Zürich 1977 · Weitere Literatur in den einschlägigen Jahresberichten der botan. Anstalten und Naturf. Gesellschaften

Quai- und Kuranlagen
Ammann F., Die Giessbachhotels. In: Jahrbuch Thuner- und Brienzersee 1977 · Baedeker K., Die Schweiz. 26. Aufl., Leipzig 1895 · Bad Pfäfers, Bad Ragaz 1868–1968, St. Gallen 1968 · Beschreibung aller berühmten Bäder in der Schweiz, Aarau 1830 · Fricker B., Illustrierter Fremdenführer für die Stadt und Bäder in Baden in der Schweiz, Baden 1874 · Genève, cité des parcs, édité par la ville de Genève, Genève 1965 · Guyer E., Das Hotelwesen der Gegenwart, Zürich 1874 · Jenny H., Kunstführer der Schweiz, 4. Aufl., Bern 1945 · Kunstführer durch die Schweiz, Bd. 1 und 2, Bern 1971, 1976 · Kurorte, Bäder und Ausflugspunkte aus Basel's Umgebung, Basel o. J. · Loert-

scher H., Schweizer Reise- und Kur-Almanach. Die Kurorte und Heilquellen der Schweiz. 14. verb. Aufl., Zürich 1907 · Meyer A., Luzerns Architektur im 19. Jahrhundert. In: Beiträge zur Geschichte der Stadt, Luzern 1978 · Meyer-Ahrens C., Die Heilquellen und Kurorte der Schweiz, Zürich 1860, 2. Aufl., Zürich 1867 · Riess C., St. Moritz. Die Geschichte des mondänsten Dorfes der Welt, Zürich 1968 · Rüesch E., Luzerns Entfestigung. In: Beiträge zur Geschichte der Stadt, Luzern 1978 · Rüesch G., Anleitung zu dem richtigen Gebrauche der Bade- und Trinkcuren überhaupt, mit besonderer Betrachtung der schweizerischen Mineral- und Badeanstalten, St. Gallen 1826 · Unsere Kunstdenkmäler XXIX, 1978, Heft 4 (Beiträge über Hotels, Kur- und Badehäuser) · Wyss R. v. und Senti A., Zürichs Parkanlagen und Grünflächen. S. A. Zürcher statistische Nachrichten, Heft 1, 1952

Gartenkunst zweite Hälfte 19. Jahrhundert
Anderes B., Kunstführer Kanton Tessin, Bern 1977 · Birkner O., Bauen und Wohnen in der Schweiz, 1850–1920, Zürich 1975 · Carl B., Klassizismus, 1770–1860, Zürich 1963 · Fischer H. v., Historismus und Jugendstil, Zur Eröffnung des Schlosses Hünegg in Hilterfingen als Intérieurmuseum. In: Unsere Kunstdenkmäler XVII, 1966, 3 · Gantner/Reinle, Kunstgeschichte der Schweiz, Bd. IV, Frauenfeld 1962 · Hofer P., Die Schadau und ihre Besitzer, Thun 1938 · Hoffmann A., Geschichte der deutschen Gartenkunst, Bd. III, Hamburg 1963 · Hohnholz J., Der englische Park als landschaftliche Erscheinung, Tübingen 1964 · Jäger H., Gartenkunst und Gärten sonst und jetzt, Berlin 1888 · Meyer A., Siedlungs- und Baudenkmäler im Kanton Luzern, Luzern 1977 · Ravensway Ch. v., A Nineteenth-Century Garden. Universe Book, New York 1977 · Schepers W., Zu den Anfängen des Stilpluralismus im Landschaftsgarten und dessen theoretische Begründung in Deutschland. In: B. Michael Brix/Monika Steinhauser, Geschichte allein ist zeitgemäss. Historismus in Deutschland, Lahn-Giersen 1978, S. 73–92 · Schultze-Naumburg P., Häusliche Kunstpflege, 4. Aufl., Leipzig 1902 · Stettler M., Bernerlade, Bern 1967 (Schloss Oberhofen) · Winterthur und seine Gärten. Katalog der Ausstellung, Winterthur 1975 · Zeller W., Die Brissago-Inseln, Luzern o.J.

Tiergräben · Tiergärten · Zoologische Gärten
Der Basler Zoologische Garten. Sein Werden und Bestehen, 131. Neu-Jahrsblatt, Basel 1953 · Der Zoologische Garten. Zeitschrift für die gesamte Tier-Gärtnerei, Gustav Fischer, Jena · Escher C., Der Hirschengraben und die Messen. Zürcher Wochenchronik 1912, Nr. 13 · Hancocks D., Animals and Architecture, London 1971 · Hediger H., Zoologische Gärten. Gestern – heute – morgen, Bern 1977 · Hofer P., Die Kunstdenkmäler des Kantons Bern, Bd. I: Die Stadt Bern, Basel 1952 · 100 Jahre Zoologischer Garten Basel, 1874–1974, Basel 1974 · Kirchshofer R. E., Zoologische Gärten der Welt. Die Welt der Zoos. Umschau Verlag, Frankfurt a. M. 1966 · Kirschbaum E. u. a., Ein Jahrhundert Tierpark «Lange Erlen». Festschrift zum 100jährigen Bestehen des Erlenvereins 1871–1971, Basel 1971 · Klös H.-G., Von der Menagerie zum Tierparadies. Haude & Spencer, Berlin 1969 · Volmar, F. A., Das Bärenbuch, Bern 1940

Denkmalgärten und Friedhöfe
Birkner O., Bauen und Wohnen in der Schweiz, 1850–1920, Zürich 1975 · Carl B., Klassizismus, 1770–1860, Zürich 1963 · Gantner/Reinle, Kunstgeschichte der Schweiz, Bd. IV, Frauenfeld 1962 · Hueppi A., Kunst und Kult der Grabstätten, Olten 1968 · Inselwelt. In: Schweiz 7/77, 50. Jg. Monatszeitschrift der SBB etc. · Schweizer Joh., Kirchhof und Friedhof, Linz 1956 (mit umfangreichem Literaturverzeichnis) · Streifzug durch historische Landschaft. Die Innerschweiz in Vergangenheit und Gegenwart, Atlantis Verlag Zürich 1969 · Wyss B., Löwendenkmal in Luzern. Schweiz. Kunstführer 1977

Gartenkunst des 20. Jahrhunderts
Baumann A., Neues Planen und Gestalten für Haus und Garten, Münsingen 1954 · Blomfield R., The Formal Garden in England, London 1893 · Der Gartenfreund, 50 Jahre SFGV, Heft 4, 1975 · Freizeit und Familiengarten. Der Familiengarten gestern, heute und morgen. Herausg. vom Schweiz. Familiengärtnerverband, Bern o.J. · Gubler J., Nationalisme et Internationalisme dans l'architecture moderne de la Suisse, Lausanne 1975 · Harbers G., Der Wohngarten, seine Raum- und Bauelemente, München 1933 · Jahresberichte und Tätigkeitsberichte des Schweizer Familiengärtnerverbandes · Jekyll G., Wood and Garden, London 1899 · Lange W., Gartengestaltung der Neuzeit, Leipzig 1922 · Lange W., Gartenpläne, Leipzig 1927 · Medici-Mall K., Das Landhaus Waldbühl von M. H. Baillie Scott, Bern 1979 · Schultze-Namburg P., Kulturarbeiten, München 1904 · Tunnard C., Gardens in the Modern Landscape, 1938 u. 1949 · Winterthur und seine Gärten. Katalog der Ausstellung, Winterthur 1975 · Wocke E., Der Steingarten, seine Herstellung, Bepflanzung und Pflege, Berlin 1932

Bildnachweis

6 Widmer · *10, 12/13, 14, 15* Marie Luise Gothein, Geschichte der Gartenkunst · *16, 17* Heyer · *18/19* Widmer · *20, 22/23* Stiftsbibliothek St. Gallen · *24* Stadtarchiv St. Gallen · *25* Museum Allerheiligen Schaffhausen · *26* Staatsarchiv Schaffhausen · *27* Heyer · *28* Widmer · *29* (oben u. unten) Merian, Topographiae Helvetiae · *30* Stiftsarchiv Einsiedeln · *31* Zentralbibliothek Zürich · *32* Denkmalpflege Zürich · *33* Widmer · *34* Jahrheft von Schlieren 1967 · *36* Merian, Topographiae Helvetiae · *37, 38/39, 40, 41* Heyer · *42* Hauser · *43* Heyer · *44* Historisches Museum Basel · *46* Städelsches Kunstinstitut Frankfurt · *47* Universitätsbibliothek Heidelberg · *48* Kunstmuseum Solothurn · *49* Schweiz. Landesmuseum Zürich · *50* (oben u. unten) Staatsarchiv Liestal · *51, 52* Heyer · *54, 55* (unten) Merian, Topographiae Helvetiae · *55* (oben) Zentralbibliothek Zürich · *56* Heyer · *57* Widmer · *58* Stadtarchiv St. Gallen · *60* Turicum Zürich 1977 · *62* Museum Allerheiligen Schaffhausen · *64* Kunstmuseum Basel · *65* Historisches Museum Bern · *66* (oben u. unten) Staatsarchiv Liestal · *67* (oben u. unten) Widmer · *68, 69, 70* (oben) Kupferstichkabinett Basel · *70* (unten) Heyer · *71* Rätisches Museum Chur · *74* Burgerbibliothek Bern · *75* Kupferstichkabinett Basel · *76, 77* (unten) Widmer · *77* (oben) Kantonsbibliothek Solothurn · *78* (oben) Widmer · *78* (unten), *79* (oben und unten rechts) Kantonsbibliothek Solothurn · *80, 81* (oben) Widmer · *81* (unten) Heyer · *82* (oben) PTT-Museum Bern · *82* (unten) Widmer · *83* Heyer · *84, 85* (oben links u. unten rechts) Widmer · *85* (oben rechts) Burgerbibliothek Bern · *85* (unten links), *86/87, 88* Heyer · *89, 90* Staatsarchiv Basel · *91, 92, 93* Staatsarchiv Liestal · *94, 95* Zentralbibliothek Zürich · *96* (oben) Widmer · *96* (unten), *97* (oben) Zentralbibliothek Zürich · *97* (unten), *98* Bürgerhaus der Schweiz · *99, 100,* Widmer · *101* Heyer · *102* (links) Widmer · *102* (rechts) Musée du Vieux Genève · *103, 104, 105, 106/107* Widmer · *106* (links) Musée du Vieux Genève · *108* (oben links u. rechts) Bürgerhaus der Schweiz · *108* (unten) Musée du Vieux Genève · *109* Musée du Vieux Genève · *110* (oben) Mairie de Colombier · *110* (unten) Bürgerhaus der Schweiz · *111* Heyer · *112* Widmer · *113* (oben) Bürgerhaus der Schweiz · *113* (unten) Heyer · *114, 115* Widmer · *116* (oben u. unten) Bibliothèque Municipale in Besançon · *117* Heyer · *118* Burgerbibliothek Bern · *120* Zentralbibliothek Zürich · *122* (oben u. unten) Widmer · *123* Heyer · *124* (oben) Historisches Museum Bern · *124* (unten) Schweiz. Landesbibliothek Bern · *125* Denkmalpflege Luzern · *126* Heyer · *127* Baugeschichtliches Archiv der Stadt Zürich · *128* Denkmalpflege Baselland · *130/131, 132* Heyer · *133, 134, 135, 136,* Denkmalpflege Baselland · *137* Heyer · *138, 139, 140* Denkmalpflege Baselland · *141* Heyer · *142, 143, 145, 147, 148, 150* (links) Denkmalpflege Baselland · *150* (rechts) Staatsarchiv Basel · *151* Widmer · *152* Bürgerhaus der Schweiz · *153* Staatsarchiv Basel · *154, 155, 156* (oben) Heyer · *156* (unten), *157* Burgerbibliothek Bern · *158, 159, 160/161, 162* (unten) Heyer · *162* (oben) Zentralbibliothek Zürich · *163* Stadtbibliothek Winterthur · *164* (oben) Heyer · *164* (unten) Widmer · *165* Heyer · *166* (oben) Widmer · *166* (unten), *167* Heyer · *168, 169* (unten) Kunstdenkmäler Lausanne · *169* (oben) Widmer · *170* Kunstdenkmäler Neuenburg · *171, 172, 173* Widmer · *174* Kunstdenkmäler Schaffhausen · *175* (oben) Heyer · *175* (unten) Birkner · *176* Staatsarchiv Basel · *177, 178, 179* Heyer · *179* (unten) Musée du Vieux Genève · *179* (oben) Widmer · *180* Heyer · *181* (oben) Birkner · *181* (unten), *182* Heyer · *183* (oben u. unten), *184, 185* Widmer · *186* Turicum Frühling 1977 · *187* Jäggi Grün 80 · *188* Heyer · *189* Zentralbibliothek Luzern · *190* (oben) Widmer · *190* (unten) Zentralbibliothek Zürich · *191* Heyer · *192* Semper-Archiv der ETH · *194* (oben) Widmer · *194* (unten) Birkner · *195* Widmer · *196* Zentralbibliothek Luzern · *197* Musée du Vieux Genève · *198* (oben) Heyer · *198* (unten) Widmer · *199, 200* (oben) Heyer · *200* (unten) Kunstführer Tessin · *201* Heyer · *202* (oben) Zentralbibliothek Luzern · *202* (unten) Führer durch Baden, 1874 · *203* Heyer · *204* Semper-Archiv der ETH · *205* Heyer · *206* (oben) Kunstdenkmäler Glarus · *206* (unten) Denkmalpflege Baselland · *207* (oben) Heimatmuseum Davos · *207* (unten) Denkmalpflege Baselland · *208* Heyer · *209* (oben) Zentralbibliothek Zürich · *209* (unten), *210, 211* Heyer · *212, 213* (oben) Widmer · *213* (unten) Heyer · *214* Widmer · *215* Denkmalpflege Zürich · *216/217* Widmer · *218* Heyer · *219* Widmer · *220* Spinnerei an der Lorze, Baar · *221* Heyer · *222* Kunstdenkmäler Bern · *224* (oben) Zentralbibliothek Zürich · *224* (unten) Staatsarchiv Basel · *225* Heyer · *226* Zoologischer Garten, Basel · *227, 228, 229* Heyer · *230* Turicum Frühling 1977 · *231* Zentralbibliothek Zürich · *232* (oben) Zentralbibliothek Luzern · *232* (unten) Heyer · *233* (links) Bruno Carl · *233* (rechts) Heyer · *234, 235, 236, 237* Widmer · *238* Hüppi · *239* Heyer · *240* Widmer · *241* (oben) Heyer · *241* (unten) Denkmalpflege Zürich · *242* Hüppi · *242/243, 244, 246* (oben) Widmer · *246* (unten) Winterthur und seine Gärten · *247, 248* Widmer · *249* K. Medici-Mall · *250* (oben) Widmer · *250* (unten) Staatsarchiv Basel · *252, 253* Heyer · *254* Widmer · *255* Winterthur und seine Gärten · *256* Denkmalpflege Baselland · *257* Stadtbibliothek Winterthur · *258, 259, 260* Heyer · *261* Stuker · *262, 263* Widmer · *264* Heyer · *264* (unten) Stadtbibliothek Winterthur · *265* Widmer · *266* (oben links) Jäggi Grün 80 · *266/267* Heyer.

Widmer: Eduard Widmer, Fotograf, Zürich.

Namen- und Ortsregister

Kursiv gesetzte Ziffern beziehen sich auf Abbildungen.

Aarau: Grabenpromenade, 180, *181*
- Hérosé-Gut, 165
- Säulenhaus Laurenzen-Vorstadt, 165
Abeille Joseph, Architekt, 83, 88
Ahorn Lukas, Bildhauer, 233
Aigle VD, Grand-Hôtel-Park, 208
Alberti Leon Battista, 61
Albertus Magnus, 45
Alp Grüm GR, Alpengarten, 190
Altdorf UR, *36*
Altishofen LU, Schloss, 66, *67*
Ammann Gustav, Gartenarchitekt, 252
A Pro UR, Schlösschen, 66
Arenenberg TG, Schloss, *158*, 159
Arlesheim BL, Eremitage, *128*, *130/131*, 132, 133ff., *133*, *134*, *135*, *136*, *137*, *138*, *139*, *140*, *141*, *142*, *143*, 231
Aubonne VD, Arboretum, 190
Augst BL: P:ömerhaus, *18/19*, 19
- Villa Clavel, *250*, 251
Axenstein SZ, Hotel, 208, *209*

Baar ZG, Spinnerei an der Lorze, 219, *220*
Baden AG, Kurpark, *192*, 201, 202, *202*, 218
Bäretswil-Neuthal ZH, Park, 154
Balerna TI, Palazzo Belvedere, 102
Balgach SG, Denkmal für Jakob Laurenz Kuster, 233, *233*
Basel: Aeschengraben, 176, *177*
- Arbeitersiedlung in der Breite, 255
- Bäumleingasse, 54
- Bäumlihof bei Riehen, 90, *90*, 97, 153, *153*, 154
- Botanischer Garten, 187
- Elisabethenanlage, *177*
- Elisabethenschanze, 176, *176*
- Faesch-Leissler'scher Landsitz, *89*, 90
- Fürstengarten, 251, *251*
- Haus Zum Raben, 89
- Hebel-Denkmal, 234
- Hirschengraben, 223, *224*
- Hirzbrunnenquartier, 258
- Historisches Museum, Liebesgartenteppiche, *44*, 47
- Hörnli-Friedhof, *241*, 242, *242*
- Holsteinerhof, 89
- Kannenfeld-Gottesacker, 240, 263
- Kollegiengebäude der Universität, 254
- Lindenberg, 54
- Münsterplatz, 53, 123
- Petersplatz, 54, *55*, 125
- Pfalz, 53, *54*, 123
- Rosenfeldpark, *266*
- Landsitz Sandgrube, 91, 152, *152*
- Schützenmattpark, 263
- Sommercasino, 154, *155*
- St.-Margarethen-Park, 154, 181
- Strassburger Denkmal, 234
- Tierpark Lange Erlen, 223
- Wolf-Gottesacker, 239, *239*
- Württemberger hof, 89
- Zoologischer Garten, 225, *226*, *227*, *228*, *228/229*
Basel/Brüglingen, «Grün 80», 266
Bauhin Caspar, Botaniker, 64
Bauhin Johannes, Botaniker, 64
Baumann, Gartenarchitekt, 157
Beer Franz, Architekt, 30
Belp BE, Schloss Oberried, *85*, 86
Bern: Aargauerstalden, 123

Bern: Bärengraben, *222*, 223
- Beatrice v. Wattenwyl-Haus, 86
- Botanische Anlage oder Kessisood-Anlage, 187
- Botanischer Garten, 42, 187
- Bundeshausterrasse, *181*, 182
- Elfenau-Park, 157
- Engeallee, 123, *124*
- Friedhof Monbijou, 238
- Grabenpromenade, 123, *124*
- Grosser Muristalden, 123
- Grosse Schanze, 178, 265
- Historisches Museum, 182
- Kleine Schanze, 176, *178*
- Länggassleist, 259
- Mattenhofleist, 259
- Münsterplattform, 64, *64*, 122
- Rosengarten, 242, 263
- Tierpark Dählhölzli, 223, *225*
- Weltpostdenkmal, 234
- Weltelegraphendenkmal, 234
Beromünster LU, Stift, 68
Berri Melchior, Architekt, 154
Bex VD, Hôtel des Salines, 204
Biel BE, Stadtpark, 181, *182*
Bienenberg bei Liestal BL, Bad, 205, *206*
Blondel François, Architekt, 103
Bondo GR: Palazzo Salis, *101*
- Salishäuser, 101
von Bonstetten Albrecht, 36
Bottmingen BL, Weiherschloss, 88, *89*
Brägger Kurt, Landschaftsarchitekt, 227
Brestenberg AG, Bad, 204
Brig VS, Stockalperpalast, 69
Brissago TI: Brissago-Inseln, 190, 219, *221*
- Villa Gina, 214
Brown Lancelot («Capability»), Landschaftsarchitekt, 149
Brüglingen BL, Botanischer Garten, 187, *187*
Brugg AG: Schützenlinde, 57, 59
- Schützenpavillon, *57*
Bubendorf BL, Hofgut Beuggenweid, 93
Bülach ZH, Lindenhof, 56
Bühler Richard, Gartenarchitekt, 245, 247
Bümpliz BE, Neues Schloss, 85
Bürgenstock NW, Parkhotel, 208
Bürkli-Ziegler, Arnold, Ingenieur, 195
Bulle FR, Linde, *56*, 59

de Castella Charles, Architekt, 122
Caux VD, Palace-Hotel, 208
Chamblon, Schloss bei Yverdon VD, 110
Champex VS, Alpengarten, 190
Christ Hermann, Botaniker, 251
Chur GR: Altes Gebäu, 97, *97*
- Scaletta-Friedhof, 237, 240, 263
- Stadtgarten, 182
de Clairville Philippe, Botaniker, 163, 215
Cochet Donat, Architekt, 108
Colombier NE: Alleen, 110, *110*
- Landsitz Le Bied, 113, *114*, *115*
- Landsitz Vaudijon, 114, *114*
Colonna Francesco, monacus, 61
Coppet VD, Schloss, 104, *108*, 152
Le Corbusier, 252
Cormondrèche NE, Manoir Grand-Rue 56, *113*, 114
Courvoisier-Clément Auguste, Gärtnermeister, 114
Crans GE, Schloss bei Céligny, *108*,109
de Crescentius Petrus, 45
Cysat Renward, 37, 63

Davos GR: Kurgarten, 207, *207*
- Waldfriedhof, 240
Dufour Henri, Ingenieur, 180, 197

von Effner C., Hofgartendirektor, 175, 195
Einsiedeln SZ, Kloster, 30, 31
Emmental BE, Bauernhaus bei Signau, *38/39*
Engelberg OW, Kloster, 29, *29*
Erlenbach ZH, Landsitz Mariahalden, 94, *95*
Eugensberg, Schloss, TG, 159, *159*, *160/161*

Fahr AG, Frauenkloster, *28*, 29
Farnsburg BL, Burg, 51
Fechter Rudolf, Architekt, 239
Feldmeilen ZH, Skulpturen-Garten, *262*
Franque François, Architekt, 108
Freiburg: Fischmarkt, 122, *123*
- Jardin de Pérolles, 182
- La Poya, 110
- Murtener Linde, 54, 59, 64
- Promenade du Jet d'eau oder du Zigzag, 178
- Promenade des Neigles, 178
- Square des Places oder Welscher Platz, 178
Fries Johann Caspar, Schanzenherr, 125
Fröbel Otto, Gartenarchitekt, 195, 218
Fröbel Theodor, Gartenarchitekt, 189
Fürstenau GR, Schauenstein'sches Schloss, 100
Furttenbach Josef, Architekturtheoretiker, 237

Gelterkinden BL: Bauerngarten, *40*
- Ernthalde mit Eremitage, 144
Genf: Alpengarten, 190
- Arboretum, 190
- Botanischer Garten, 187, *188*
- Gartenstadt Aïre, 256
- Jardin anglais, *179*, 180, *180*, 197, *197*, *198*
- Landhaus Les Délices, 105, *106*
- La Perle du Lac, *198*, 201, 263
- Monument Brunswick, *233*, 234
- Monument National, 234
- Palais Eynard, 165
- Parc Alfred Bertrand, 182
- Parc des Eaux-Vives, 167
- Parc de La Grange, 105, *151*, *166*, 167
- Promenade des Bastions, 121, *122*, 180
- Promenade des Observatoires, 180
- Promenade du Pin, 180
- Promenade St-Antoine, 180
- Promenade St-Jean, 180
- Promenade de la Treille, 121, *122*
- Quaianlagen, 197
- Quai du Mont-Blanc, *199*
- Reformationsdenkmal, 234, *235*
- J.J. Rousseau-Insel, *179*, 180, *198*, 233, 234
- Villa Bartholoni, *166*, 167
- Villa Barton, 167
- Villa Mon Repos, 167, *167*, 263
- (Petit-Saconnex), Landhaus Rigot, 105
Genthod GE: Landhaus de La Rive, 105, *108*
- Landsitz Creux-de-Genthod, 103, *104*, *105*, 152
Gentilino TI, Zypressenallee, *237*
Gerzensee BE, Altes Schloss, *261*

Gesner Conrad, Naturforscher, 37, 56, 59, 62, *62*, 63, 189, 190, 225, *230*
Gessner Salomon, Dichter und Maler, 126, 132, 138, *231*
Giessbach BE, Parkhotel, 209
Glarus, Volksgarten, 182, *183*
Göthe, Gartendirektor in Bern, 176
Grässel Hans, Gartendirektor in München, 239
Grange-Verney, Landhaus bei Moudon VD, 110
Grenchenbad SO, 204
Greyerz FR, Schloss, *51*, 53
Grüningen ZH, Arboretum, 191
Gümligen BE: Hofgut, *6*, 84, *84*
- Schloss, 83, 85, *118/119*, 119
Guérin Pasquier, Gärtner, 110
Gunten BE, Parkhotel, 208, *208*
Gurnigelbad BE, 204

Haas, Topograph, 125
Hauteville VD, Schloss, 108, *109*, 168, *171*
Heer Oswald, Botaniker, 189
Hegenschwiler Urs, Bildhauer, 226
Heidegg LU, Schloss, 53
Heinrichsbad bei Herisau AR, 205
Hilterfingen BE, Schloss Hünegg, 211, *211*
Hindelbank BE, Schloss, 83, *83*
Hinter Bleichenberg SO, Landsitz, *78*, 79, *210*
Hirschfeld, C. C. L., Gartentheoretiker, 117, 133, 149, 238
Hoechel Arnold, Architekt, 256
Huber Achilles, Architekt, 153, 154
Huber-Wertmüller, Ingenieur, 195

Jaillet, Architekt, 109
Jegenstorf BE, Schloss, 86, *86/87*

Kastelen AG, Schloss, 69, *70*
Kehrsatz BE, Landsitz Lohn, 86, *88*
Kelterborn Gustav, Architekt, 225
Knutwil LU, Bad, *202*
Küsnacht-Goldbach ZH, Landhaus, 94, *94*
Küsnacht ZH, Lochmannshäuser, 94

La Chaux-de-Fonds NE:
Avenue Léopold-Robert, 184
- Parc des Crêtets, 182
- Parc Gallet, 182
La Clergère, Landhaus bei Moudon VD, 110
La Gordanne, Landsitz bei Perroy VD, 168, *169*
Lancy GE, Landsitz, 165
Langenbruck BL: Alpgut Bilstein mit Eremitage, *145*, 146, *147*, 231
- Kurhaus, 205, *207*
La Rochette, Landsitz bei Moudon VD, 110
Lausanne VD: Botanischer Garten, 187
- Landsitz Mon Repos, 168, *168*, *169*
- Montbenon, 182
- Seeuferanlagen, 265
Lausanne-Montrion VD, Alpengarten, 190
Lausanne-Ouchy VD: Hotel Beau-Rivage, 208
- L'Elysée, 108
- Park Denantou, 168
- Quaianlagen, *200*
Lauwil BL, Hofgut Mittlerer St. Romai, *37*
Lavey VD, Bains, 204
de Léchelles FR, Schloss, 110
Leukerbad VS, 205

Liebefeld BE, Gartenstadt, 258

271

Liestal BL, Mühle im Gestadeck, 93
Ligornetto TI, Museo Vela, 214, *214*
L'Isle VD, Schloss, 103, *103*
Locarno TI: Camposanto, 240, *242/243*
- Hôtel du Parc, 208
Löwe Konrad, Gartenarchitekt, 215, 216, 218
Loverciano TI, Palazzo Turconi, 102, *102*
Lützelflüh BE, Bauerngarten, *41*
Lugano TI: Hôtel du Parc, 208
- Parco Civico, 182
- Quaianlagen, *172, 185*, 199, *200*
- Stadtpark, 199
- Tell-Denkmal, 234
- Villa Ciani, 165
von Luternau Samuel, Gärtnermeister, 157
Luzern: Carl-Spitteler-Quai, 196
- Gletschergarten, *189*, 190, *191*
- Hirschengraben, 223
- Landgut Hitzlisberg, 158
- Landgut Kreuzmatt, 158
- Landgut Zum zerleiten Baum, 59
- Landsitz Guggi, 96, *96*
- Landsitz Himmelrich, 96, *97*
- Lindengarten, 125, *125*
- Löwendenkmal, 231, *232*, 233
- Quai National, 196
- Ritterscher Palast, 68
- Schloss Steinhof, 96, 158
- Schlossgut Meggenhorn, 212, *213*
- Schweizerhofquai, 196, *196*

Maienfeld GR, Schloss Salenegg, 98, *101*
Malans GR, Schloss Bothmar, 98, *98, 99*
Mammern TG, Kuranstalt, 205
Marly-le-Grand FR, Landsitz, 110
Marschlins GR, Schloss, 69, *71*, 101
Marthalen ZH, Lindenhof, 56
Mathod, Schloss bei Yverdon VD, 110
Martin Camille, Architekt, 256
Meggenhorn LU, Altstad-Insel, Nationaldenkmal, 231, *232*
Meilen ZH, Seehalde, 94
- Seehof, 94
Mendrisio TI, Villa Argentina, 214
Merian Amadeus, Architekt, 239
Merlinge GE, Schloss, 105
Mertens Evariste, Gartenarchitekt, 216, 218, 248
Mertens Oskar, Gartenarchitekt, 254
Meyer Franz Joseph, Kunstgärtner, 31
Meyer Hannes, Architekt, 256
Monsaillier, Landschaftsarchitekt, 168
Montreux VD, Quaianlagen, 199
Morillon, Landgut bei Bern, 157
Müller, Kunstgärtner, 158
Münchenstein BL: Bruckgut, 93
- Brüglingen, «Grün 80», *266*
- Landgut Brüglingen, *150*, 154, *155*
- Ehingersches Landgut, 154
von Muralt Johannes, Historiker, 38
Muri AG, Kloster, 29, 30, *31*
Muttenz BL, Freidorf, 256, *256*

Näfels GL, Freulerpalast, 69
Neftenbach ZH, Schloss Wart, 218
Firma Neher & Mertens, Gartenarchitekten, 216
Neuenburg: Collégiale, 27, 64
- Hôtel du Peyrou, 88, 112, *112, 113*
- Jardin anglais, 170, 180
- Jardin du Prince, 170, *170*
- Landsitz Grande Rochette, *111*, 112
- Landsitz Petite Rochette, 110, *111*, 112

Neuenburg: Parc Dubois, 170
- Quaianlagen, 199
- Steinbruch der Evole, 180
Neuhausen am Rheinfall SH: Charlottenfels, 218
- Hotel Schweizerhof, 209

Oberdiessbach BE, Schloss, 81, *81*
Oberhofen BE, Schloss, 212, *212*
Oberstammheim ZH, Chilebuck, 164, *165*
Oeschberg BE, Arboretum, 191
Olten SO, Villa Munzinger, 154
Ortenstein GR, Schloss, 53, 101

Pappenschuhe Johann Caspar, Gärtner, 31
Pâris Pierre-Adrien, Architekt, 114
Perrier F., Kantonsingenieur, 178
Pfeffingen BL, Landgut, 154
Platter Felix, Arzt, 63, *64*, 225
Potanus Jovianus, Gartentheoretiker, 61
Prangins VD, Schloss, 108, *109*
Pratteln BL, Landsitz Maienfels, 88, *89*
- Weiherschloss, 51, 66, *66*
Pregny GE, Maison Rothschild, 219
Pruntrut JU, Fürstbischöfliche Residenz, 114, *116*, 133

Racle Léonhard, Architekt, 109
Ragaz Bad SG, 203, *203*, 204
Ramsach BL, Bad, 93
Reichenau GR, Schloss, 100, 165
Reichenbach BE, Schloss, *82*, 83
Reigoldswil BL, Hofgut Marchmatt, *43*
Repton Humphrey, Landschaftsgärtner, 149
Rhagor Daniel, 37
Rheinau ZH, Kloster, 31, *32*
Rheinfelden AG: Kurpark, 204, *205*
- Salinespark, *264*
Riehen BS: Glöcklihof, *150*, 153
- Landgut Elbs-Birr, 153
- Schloss Hiltelingen, 68, *69*
- Wenkenhof, 90, 91, *91*, 153
Ritter Erasmus, Architekt, *72*, 88, 112, 168
Rittmeyer / Furrer, Architekten, 247
Rochers-de-Naye VD, Alpengarten, 190
Römer, Ingenieur, 126
Rolle VD, Ile de la Harpe, 233, *234*
Rousseau Jean-Jacques, 132

Schaffhausen: Fäsenstaubpromenade, 173, *174*
- Herrenbaumgarten, 57
- Junkernfriedhof, *236*, 238
- Kloster Allerheiligen, *25*, 26, *26*
- Tiergraben beim Munot, 225
- Waldfriedhof, 239, *240*
Schalch, Stadtgärtner in Schaffhausen, 164
Schatzalp GR, Alpengarten, 190
Scherer Franz Josef, Architekt, 125
Schiller-Stein, Vierwaldstättersee, 231
Schinznach AG, Bad, 204, 218
Schipf, Landsitz bei Herrliberg ZH, 94
Schlieren ZH, Pfarrhaus, *34*
Schlosswil BE, Schloss, 86
Schmidlin, Landschaftsgärtner, 209
Schönenwerd SO, Haus zum Felsengarten, 154, *156*, 218
Schreber Daniel, Arzt, 259
Schultze-Naumburg, Paul, 245
Schweizerhalle BL, Solbad, 204
- Villa beim Solbad, *218*
Schwyz: Familiensitze, 66
- Ital-Reding-Haus, 66, *67*
Schynige Platte BE, Alpengarten, 190

von Sckell Friedrich Ludwig, Landschaftsarchitekt, 151, 238
Scott M. H. Baillie, Architekt, 248
Seeburg LU, Jesuitenhof, 96
Semper Gottfried, Architekt, 201, 203
Sils GR, Palazzo Donatz, 98, *100*
Sissach BL, Schloss Ebenrain, 92, 93, *93*, 148, 152, 219
Sitten VS, 68, *68*
Soderini, Architekturtheoretiker, 61
Soglio GR, Salishäuser, 101
Solothurn: Botanischer Garten, 190
- Frauenkloster der Visitation, 29, *33*
- Grünring, 180, *181*
- Hallerhaus, 154
- Katharinenfriedhof, 237, *238*
- Kunstmuseum, Madonna in den Erdbeeren, 48, *48*
- Landgut Weisse Laus, *75*, 76, *78*, 79, *79*
- Palais Besenval, 77
- Riedholzschanze, *173*
- Schloss Blumenstein, 79, *79*
- Schloss Steinbrugg, 76, *76*
- Schloss Waldegg, 76, *77*, 83
- Sommerhaus v. Vigier, 76, 80, *80*
Sorengo TI, Villa Lampugnani, *164*, 165
Souaillon, Landsitz bei St-Blaise NE, 113, *117*
Sprüngli Niklaus, Architekt, 86, 88, 93
Stachelberg Bad GL, 205, *206*
Stadler Konrad, Architekt, 233
Stehlin Johann Jakob, Architekt, 175, 255
Stein am Rhein SH, Kloster St. Georgen, 27
St. Gallen: Brühl, 121
- Gartengut «Zum Acker», 164
- Kloster, 24
- Klosterplan, *20*, 21, *22/23*, 36, 238
- Scherersche Besitzung, heute Stadtpark, 164, 181
- St. Fiden, 31
St. Moritz GR: Bad, 205
- Waldpromenade, 207
Strabo Walahfrid, monacus, 24
Studer, Kunstgärtner, 154
Stürler Albrecht, Architekt, 83, 88
St. Urban LU, Kloster, 30, *30*, 31
Sulzer Johann Georg, Philosoph, 164

Teufen ZH, Schloss, 218
Thun BE: Kurgarten, 205
- Schloss Schadau, 157, 211, *213*
- Thunerhof, 208
Thunstetten BE, Schloss, 74, *82*, 83
Thurneyser Leonhard, Arzt, 64
Toffen BE, Schloss, *81*, 85, *85*
Troids-Rods, Schloss bei Boudry NE, 113

Uetendorf BE, Landsitz Eichberg, 156, *156*, 157
Utzigen BE, Schloss, 81, *81*
Uzwil SG, Landhaus Waldbühl, 248, *249, 250*

Vevey VD, Quaianlagen, 198
Vezia TI, Palazzo Morosoni, 214, *214*
Vincy VD, Schloss bei Gilly, 108, 168
Vitznau LU, Hôtel du Parc, 208
Vuillerens VD, Schloss, 106, *106/107*

Waldenburg BL, Schloss, *50*
Wartenfels, Schloss bei Lostorf SO, *52*, 53, 79
Weissenstein SO, Alpengarten, 190
Wettingen AG, Kloster, 29, *29*
Wildegg AG, Schloss, 70, *70*

Wildenstein BL, Schloss, 50, 53
Winterthur ZH: Adlergarten, 163, *163*
- Brühlgutpark, 215
- Friedhof Rosenberg, *241*, 243
- Grünring, 174, *175*
- Landgut Bühl, 215
- Lindengut, 162
- Im Mockentobel, 248
- Siedlung Firma Rieter, 255, *257*
- Siedlung Selbsthilfe, 256, *257*
- Siedlung Firma Sulzer, 255
- Siedlung Weberstrasse, 256
- Villa Bühler, 215, *216/217*
- Villa Bühlhalde, *215*
- Villa Bühlstein, *215*
- Villa Flora, 247
- Villa Müller-Renner, 247
- Villa Am Römerholz, 248
- Villa Rychenberg, *219*
- Villa Tössertobel, *244*, 246, 247, *247*
- Villa Wehntal, 215
Winterthur-Wülflingen ZH, Freibad Wässerwiesen, *264*
Wolfsberg TG, Schloss, 159
Wolfwil SO, Gasthaus Zum Kreuz, Bauerngarten, *42*

Yverdon VD, Kurpark, 204, *205*

Zeyher Johann Michael, markgräflich-badischer Hofgärtner, 153, 173, 187
Zizers GR, Unteres Schloss, 97
Zofingen AG: Heiternplatz, 125, *126*
- Landhaus Hirzenberg, *253*
- Schützenplatz, 57
Zollikon ZH, Friedhof, 243
Zürich: Arboretum, *195*
- Bahnhofstrasse, *183*, 184
- Baugarten, 174
- Bauschänzli, 174, *175*
- Beckenhof, 93
- Belvoir-Park, 161, *162*, 182, *184*
- Bollwerk «Die Katz», 125, 174, *186*, 189, *190*
- Botanischer Garten, *186*, 189, 190
- Bürkliplatz, *194*
- Friedhof Enzenbühl, 243
- Friedhof auf Manegg, 239
- Conrad-Gesner-Denkmal, *230*
- Salomon-Gessner-Denkmal, 231, *231*
- Grand-Hotel Dolder, 208
- «G 59», 263, *263*
- Hirschengraben, 223, *224*
- Hohe Promenade, 127, 174
- Hotel Baur au Lac, 161, 208
- Landsitz Freudenberg, 159, *162*
- Landsitz Rechberg, 94, *96*
- Lindenhof, *55*, 56, 125
- Parkfriedhof Manegg, 243
- Platzspitz, *120*, 125, *127*
- Quaianlagen, 193, *194*, 218
- Rieterpark, 164
- Scheuchzer'sches Rebgut, 94, *94*
- Seidenhof, 68
- Sihlhölzli, 126, *127*
- Uetliberg, *209*
- Villa Buchenhof, 162
- Villa Forcart, 161
- Villa Rosenbühl, 162
- Villa Schönbühl, 162
- Villa Seeburg, 162
- Villa Wesendonck, 161
- Villa Zum Sihlgarten, 159
- Wohnkolonie Hardturmstrasse, 256
- Zoologischer Garten, 229
- Zürichhorn, 127
Zürich-Enge, Freigut, 94, *95*
Zürich-Seefeld, Seeufer, *265*
Zug: Quaianlage, 218
- Zurlaubenhof, 96
Zurzach AG, Promenade, 181